名师名校名校长

凝聚名师共识
回应名师关怀
打造名师品牌
培育名师群体

程明远题

高中数学的
教与研

高应洪 / 著

辽宁大学出版社
Liaoning University Press

图书在版编目（CIP）数据

高中数学的教与研/高应洪著. —沈阳：辽宁大
学出版社，2022.11
（名师名校名校长书系）
ISBN 978-7-5698-0762-2

Ⅰ.①高… Ⅱ.①高… Ⅲ.①中学数学课－教学研究
－高中 Ⅳ.①G633.602

中国版本图书馆 CIP 数据核字（2022）第 092349 号

高中数学的教与研
GAOZHONG SHUXUE DE JIAO YU YAN
————————————————————————————————
出 版 者：辽宁大学出版社有限责任公司
　　　　　（地址：沈阳市皇姑区崇山中路 66 号　邮政编码：110036）
印 刷 者：沈阳海世达印务有限公司
发 行 者：辽宁大学出版社有限责任公司
幅面尺寸：170mm×240mm
印　　张：15.5
字　　数：270 千字
出版时间：2022 年 11 月第 1 版
印刷时间：2022 年 11 月第 1 次印刷
责任编辑：李珊珊
封面设计：高梦琦
责任校对：冯　蕾
————————————————————————————————
书　　号：ISBN 978-7-5698-0762-2
定　　价：58.00 元

联系电话：024-86864613
邮购热线：024-86830665
网　　址：http://press.lnu.edu.cn
电子邮件：lnupress@vip.163.com

我与数学结缘

——兴趣是学好数学的前提

　　我是 1980 年 9 月从一所农村初级中学考到思南中学读书的一名学生，当年思南中学的生活条件和环境根本不能与今天相比。当时正值改革开放初期，各种物资相对匮乏，学生生活比较艰苦。但同学们的学习积极性并没有因为生活困难而受到影响，相反，却是更加刻苦用功。"文革"后的几年里，思南中学师资力量较薄弱，我们那一届又正值思南中学由二年制转为三年制教学模式，我们就成了当年的"试验品"。可谓是"误了韶光，也失去了阳光"。在 1983 年高考的时候，我们高三（1）班 64 个学生，好不容易才有 5 个人考取专科以上，我成为其中的一名"幸运儿"考到了铜仁师专数学科（现在铜仁学院数学系）。数学是我一生所偏爱的学科，从小就喜欢跟数字打交道，从小学、初中、高中到大学，可以说对它都有着浓厚的兴趣，以至于后来选择终身与数学为伴。

　　我在读书阶段遇到过三位恩师，他们对我喜欢学数学、选择教数学都有很大的影响。在小学、初中遇到了杨明英老师教数学，她生动、有趣的教学风格和严谨教学的态度以及对学生十分的关爱让我喜欢上了数学。在读高三时遇到李开忠老师来接我们班的课，让我们班"沉睡"了高中两年的数学课一下子活起来了，也让我这个偏爱数学的学生找到"挚友"，特别是李老师对数学教学那种执着和对中学数学的钻研精神感染着每位同学，同学们学习数学的兴致高涨起来了。1990 年至 1992 年我到贵州省教育学院数学系进修，遇到了我人生中第三位恩师李长明先生，他把学数学变成"玩数学"，我从他那里真正感受到学习数学的乐趣。

我在贵州省教育学院数学系进修时，李长明先生已经退休了，他是被贵州省教育学院返聘回校的资深教授。他虽然 65 岁了，但在给我们上课的两年时间里，课堂上仍然保持着很高的激情，思维敏捷，课堂上那幽默风趣的语言，诗人一般的奔放，吸引着每一位同学，听他的课简直就是一种享受。

我和李长明老师成为好朋友源于一次"高等几何"考试。李先生在出高等几何学期考试题时出现一个错题，他自己都没发现漏洞，考完试阅卷时才从我的解答中了解到此题的漏洞。李先生是一位很爱才的师长，他发现我是一个爱思考和对数学有热情的学生，就把我叫到家里去交流，指导我怎样搞数学研究。在他的介绍下我加入了中国数学会。在省教育学院那两年，在李老师的指导下我真是受益匪浅。毕业后来到思南中学教书，我仍然保持和李长明先生书信往来，在他的指导下我进步很大，解题能力得到提高，当时我主攻中学数学教育教学和竞赛。我于 1995 年在《数学教学通讯》发表了我的处女作《一道联赛题的新解法》，李先生知道后大加赞赏，鼓励我要不断钻研。他当时是贵州省数学会会长，我于 1996 年受邀参加贵州省数学年会，成为贵州省初等数学研究会会员。20 多年来我坚持务实求真，搞好教学和钻研，先后有 30 多篇论文发表、获奖，这些都是恩师李长明先生当年鼓励和指导的结果。有人说，人生得一知己足矣；其实人生能遇上影响一生的恩师才是真正的幸福。

我 1986 年 8 月走上讲坛，当年铜仁师专毕业分配到思南县许家坝中学（现在的思南九中），在那里教了四年书，从初中教到高中。在教书的过程中我深知学生喜欢什么，需要什么。我经常利用课余时间带学生到郊外去进行课外实践活动，把课本所学知识应用到实际中去，培养学生学习数学的兴趣，学生对数学产生了兴趣才能把它学好。1992 年 8 月我从贵州教育学院数学系毕业后分到我高中时的母校贵州省思南中学教书，与我的恩师李开忠老师一起工作，他作为思南中学数学教研组组长对我怀着极大的期望。他安排我承担学生竞赛辅导工作，我从 1992 年 9 月开始直到 2005 年独立完成数学竞赛辅导工作，辅导的学生中获全国高中数学联赛贵州赛区一等奖 15 人、二等奖 31 人、三等奖 53 人，学生参加贵州省中学生数学竞赛获一等奖 21 人、二等奖 38 人、三等奖 37 人。其中，2000 年 10 月、2007 年 10 月本人获全国高中数学竞赛优秀教练员证书（中国数学会颁发）。

现在回想起来，如果没有当年老师对我"狠"，我怎么会取得这些成绩？特别值得一提的是，从 1995 年到 2000 年，我和李开忠老师连续担任高三年级数学教学工作期间，得到李老师的悉心帮助和指导，我们经常一起为某道难题进行研究、讨论，我从李老师那里学到许多宝贵的教学经验，不断改进自己的教学方法，让学生喜欢学习数学，喜欢我的教学。

从我个人的学习过程和教学过程中感觉到，学生要是没有兴趣和好奇心就不会主动去学习，在他们幼小的心灵里就会认为只是为了考大学才要学。这样就只能造就一大批"高分低能"的考试机器，浪费了国家资源，培养不出理想的有用人才。教育改革的目的就是要避免这种状况，从小学、初中到高中的教材都进行了改革，教材中增加了一些探究问题、增设了实习作业等。出发点很好，但为了应对中考、高考，我们的实际教学情况又是怎样的呢？课堂上学习课本知识时，学生不感兴趣、精神疲惫不堪，老师为了完成教学任务不得不要求学生坚持，坚持，再坚持！在这样的状态下能学好知识吗？一节课时间浪费，师生都饱受煎熬。课堂教学中如何调动学生学习的积极性，激发学生的求知欲，培养学生的学习兴趣，是我们教育工作者应该思考的问题。

人在社会生活中要喜欢某人或某物，也一定要先对其产生兴趣。生活中尚且如此，对枯燥乏味的学习来说更得培养兴趣。我在教学过程中常为了培养学生学习数学的兴趣，适当安排学生把从教材中学到的知识应用到实际生活中去，让他们学会观察身边的事物，了解到数学和生活的密切联系，让他们坚定学好数学的信心；通过让学生们写心得体会，了解学生学习数学时遇到的困难，便于及时调整教学方案。

总之，兴趣是最好的老师，兴趣是一种驱动力，兴趣是良师益友，兴趣是最好的学习动力。在教学活动中，培养和调动学生的学习兴趣是课堂教学成功的关键！

高应洪

2022 年 3 月于贵州省思南中学

目　录

第三篇　高中数学典型案例解析

第一篇

高中数学基本方法的实施

基本概念在复习与总结中的重要性

本文所指的基本概念，是一些大家熟悉又显而易见，无须过多理由说明，但又是易忽略和出错的地方。

在数学的阶段复习或毕业前总复习打基础的时候，常会遇到一些基本概念，当我们在处理这些基本概念时，不要因为它过分明显，就一笔带过，或不管不问，或不作深刻剖析。我们在基本概念教学时要格外小心，引起足够重视，重视基本概念也是打好基础的重要环节。若对基本概念理解不透，常常会导致错误，更谈不上用基本概念来解题。本文从几个方面谈谈基本概念的作用，以期引起对它的关注。

一、忽视"零"的特殊情况，常常导致错误

例1. 若 $z = \dfrac{a+1}{a^2+2a-3} + (a^2+a-6)\mathrm{i}$ 是实数，则实数 a 的值是（   ）

A. -2 B. -3 C. -3 或 2 D. 2

错解：由 $a^2+a-6=0$ 解得 -3 或 2，故选 C。

错因：忽视分式的分母不能为零。

改正：因当 $a=-3$ 时，$a^2+2a-3=0$，则应选 D。

例2. 集合 $A = \{x \mid ax^2+2x+1=0\}$ 是一个单元素集合，则 a 的值为（   ）

A. 0   B. 0 或 1   C. 1   D. 不确定

错解：由 $\Delta = 4-4a=0 \Rightarrow a=1$，故选 B。

错因：忽视应用判别式"Δ"来处理问题时，二次项系数不能为零。

改正：①当 $a=0$ 时，$x=-\dfrac{1}{2}$。

②当 $a \neq 0$ 时，由 $\Delta = 4 - 4a = 0 \Rightarrow a = 1$，故 $a = 0$ 或 1，选 C。

例 3. $x = \sqrt{ab}$ 是 a，x，b 成等比数列的（　　）

A. 充分但不必要条件　　　　　　　　B. 必要但不充分条件

C. 充要条件　　　　　　　　　　　　D. 既不充分也不必要条件

错解：由 $x = \sqrt{ab} \Rightarrow x^2 = ab \Rightarrow \dfrac{x}{a} = \dfrac{b}{x}$，即 a，x，b 成等比数列。但由 1，

-1，1 是等比数列，但推不出 $-1 = \sqrt{1 \times 1}$，故选 A。

错因：忽视零不能作等比数列中的项。

改正：当 $a = b = x = 0$ 时，则由 $x = \sqrt{ab}$ 推不出 a，x，b 成等比数列，故应选 D。

二、忽视空集特殊性所产生的错误

例 4. 集合 $N = \{x \mid 2a + 1 \leqslant x < 4a - 1，a \in \mathbf{R}\}$，$M = \{x \mid -2 \leqslant x \leqslant 5\}$，$N \subseteq M$，则 a 的取值范围是（　　）

A. $1 < a \leqslant 1\dfrac{1}{2}$　　B. $1 \leqslant a \leqslant 1\dfrac{1}{2}$　　C. $a \leqslant 1\dfrac{1}{2}$　　　　D. $a \geqslant 1$

错解：因为 $N \subseteq M$，则 $\begin{cases} -2 \leqslant 2a + 1 \\ 4a - 1 \leqslant 5 \\ 2a + 1 < 4a - 1 \end{cases} \Rightarrow \begin{cases} a \geqslant -\dfrac{3}{2} \\ a \leqslant \dfrac{3}{2} \\ a > 1 \end{cases} \Rightarrow 1 < a \leqslant 1\dfrac{1}{2}$，故

选 A。

错因：忽视 $\varPhi \subseteq M$，即 $N = \varPhi$ 时的情形。

改正：当 $N = \varPhi$ 时，有 $2a + 1 \geqslant 4a - 1 \Rightarrow a \leqslant 1$；

当 $N \neq \varPhi$ 时，$1 < a \leqslant 1\dfrac{1}{2}$。

故 $a \leqslant 1\dfrac{1}{2}$，应选 C。

例 5. 已知 $A = \{x \mid x^2 + (a + 2)x + 1 = 0\}$，若 $A \cap \mathbf{R}^* = \varPhi$，求实数 a 的取值范围。

错解：因为 $A \cap \mathbf{R}^* = \varPhi$，

则有 $\begin{cases} \Delta = (a+2)^2 - 4 \geqslant 0 \\ x_1 + x_2 = -(a+2) < 0（两根为负） \\ x_1 \cdot x_2 = 1 > 0 \end{cases} \Rightarrow \begin{cases} |a+2| \geqslant 2 \\ a+2 > 0 \end{cases} \Rightarrow a \geqslant 0$。

错因：忽视 $\Phi \cap \mathbf{R}^* = \Phi$。

改正：当 $A = \Phi$ 时，$A \cap \mathbf{R}^* = \Phi$ 仍然成立，即方程 $x^2 + (a+2)x + 1 = 0$ 无实根，

即 $\Delta = (a+2)^2 - 4 < 0 \Rightarrow -4 < a < 0$。

当 $A \neq \Phi$ 时，$a \geqslant 0$，故实数 a 的取值范围是 $a > -4$。

例 6. 设集合 $M = \{(x, y) \mid x^2 + y^2 \leqslant 16\}$，$N = \{(x, y) \mid x^2 + (y-2)^2 \leqslant a - 1\}$，若 $M \cup N = M$，则 a 的取值范围是 _____。

错解：因为 $M \cup N = M$，即以 $(0，2)$ 为圆心，$\sqrt{a-1}$ 为半径的圆不应在以 $(0，0)$ 为圆心，4 为半径的圆外，则应有 $2 \geqslant \sqrt{a-1} \Rightarrow 1 \leqslant a \leqslant 5$。

错因：忽视 $M \cup \Phi = M$。

改正：当 $N = \Phi$ 时，则有 $a - 1 < 0$；即 $a < 1$；当 $N \neq \Phi$ 时，有 $1 \leqslant a \leqslant 5$。

因此，a 的取值范围是 $a \leqslant 5$。

三、灵活利用基本结论巧解题

结论：异号两数相加，和的符号总是与绝对值较大那个数的符号相同。

例 7. 若 $0 < x < 1$，$a > 0$，$a \neq 1$，试比较 $|\lg a^{(1-x)}|$ 和 $|\lg a^{(1+x)}|$ 的大小。

解：因为 $0 < x < 1$，所以 $0 < 1 - x < 1$，$1 < 1 + x < 2$，$0 < 1 - x^2 < 1$，所以当 $a > 0$，$a \neq 1$ 时，$\lg a^{(1-x)}$ 与 $\lg a^{(1+x)}$ 异号，又 $\lg a^{(1-x)} + \lg a^{(1+x)} = \lg a^{(1-x^2)}$，而 $\lg a^{(1-x)}$ 与 $\lg a^{(1-x^2)}$ 同号，根据以上结论，则有 $|\lg a^{(1-x)}| > |\lg a^{(1+x)}|$。

结论：对任意 $x \in \mathbf{R}$，$f(x) + ag(x) > 0$，且 $f(x) \geqslant 0$ 恒成立。若对任意 $x \in \mathbf{R}$，有 $g(x) > 0$，则 $a > 0$。若对任意 $x \in \mathbf{R}$，有 $g(x) < 0$，则 $a < 0$。

例 8. 函数 $f(x) = \dfrac{kx + 7}{kx^2 + 4kx + 3}$ 的定义域为 $\mathbf{R}$，求 k 的取值范围。

解：令 $g(x) = kx^2 + 4kx + 3 = k(x+2)^2 + 3 - 4k$。由已知定义域为 $\mathbf{R}$，则问题即为求 k 使 $g(x) \neq 0 (x \in \mathbf{R})$。则由以上结论得：

（1）当 $k \geqslant 0$ 时，只需 $3 - 4k > 0$，即 $0 \leqslant k < \dfrac{3}{4}$；

（2）当 $k < 0$ 时，只需 $3 - 4k < 0$，即 $k > \dfrac{3}{4}$，又 $k < 0 \Rightarrow k \in \Phi$；

由（1）（2）得 $0 \leqslant k < \dfrac{3}{4}$ 为所求。

四、注意幂的变化

结论：若 $0 < a < 1$，则 $a > a^2$，$a > a^3$，$\cdots$

例 9. 已知 a，b，$c \in \mathbf{R}^*$，且 $a + b + c = 1$，求证：$\sqrt[3]{3a + 1} + \sqrt[3]{3b + 1} + \sqrt[3]{3c + 1} > 2\sqrt[3]{4}$。

证明：由已知得 $0 < a < 1$，所以 $a > a^2$，$a > a^3$，故

$$\sqrt[3]{3a + 1} = \sqrt[3]{\dfrac{1}{2}(6a + 2)} = \sqrt[3]{\dfrac{1}{2}(a + 3a + 2a + 1 + 1)} > \sqrt[3]{\dfrac{1}{2}(a^3 + 3a^2 + 3a + 1)}$$

$= \sqrt[3]{\dfrac{1}{2}}(a + 1)$。同理可得 $\sqrt[3]{3b + 1} > \sqrt[3]{\dfrac{1}{2}}(b + 1)$，$\sqrt[3]{3c + 1} > \sqrt[3]{\dfrac{1}{2}}(c + 1)$，

所以 $\sqrt[3]{3a + 1} + \sqrt[3]{3b + 1} + \sqrt[3]{3c + 1} > \sqrt[3]{\dfrac{1}{2}}(a + b + c + 3) = 4 \times \dfrac{\sqrt[3]{4}}{2} = 2\sqrt[3]{4}$。

五、一个显然不等式的应用

结论：若 $A > B > 0$，则 $A^2 > AB$ 或 $A > \sqrt{AB}$。

例 10. 设 $n \geqslant 2$，且 $n \in \mathbf{N}$，求证：$\left(1 + \dfrac{1}{3}\right)\left(1 + \dfrac{1}{5}\right)\left(1 + \dfrac{1}{7}\right)\cdots\left(1 + \dfrac{1}{2n - 1}\right) > \dfrac{\sqrt{2n + 1}}{2}$。

证明：令 $A = \dfrac{4}{3} \times \dfrac{6}{5} \times \dfrac{8}{7} \times \cdots \times \dfrac{2n}{2n - 1} > 0$，

$B = \dfrac{5}{4} \times \dfrac{7}{6} \times \dfrac{9}{8} \times \cdots \times \dfrac{2n + 1}{2n} > 0$，

因为 $\dfrac{4}{3} > \dfrac{5}{4}$，$\dfrac{6}{5} > \dfrac{7}{6}$，$\cdots$，$\dfrac{2n}{2n - 1} > \dfrac{2n + 1}{2n}$，所以 $A > B > 0$，

从而 $A > \sqrt{AB} = \sqrt{\dfrac{2n + 1}{3}} > \dfrac{\sqrt{2n + 1}}{2}$，

即 $\left(1 + \dfrac{1}{3}\right)\left(1 + \dfrac{1}{5}\right)\left(1 + \dfrac{1}{7}\right)\cdots\left(1 + \dfrac{1}{2n-1}\right) > \dfrac{\sqrt{2n+1}}{2}$。

通过以上几个问题的解析，我们意识到对基本概念不能疏忽，要在复习、总结时特别强调基本概念的重要性。

[该文发表于《贵州教育学院学报》 （自然科学版），1997 年第 8 卷第 2 期]

合理使用三角公式解题

解数学题应遵循严密的逻辑性和使用公式的合理性。解三角问题更需依赖于公式，公式的正确理解以及合理、准确使用都是解好三角题的关键。现行教材《代数》上册（必修本），也较少涉及使用三角公式的合理性。不少参考书、资料上盲目使用公式解题而出现了不应有的错误。本文拟从部分三角公式的使用谈其合理性，以引起人们对该问题的注意。

一、公式 $\tan(\alpha+\beta) = \dfrac{\tan\alpha+\tan\beta}{1-\tan\alpha\cdot\tan\beta}$ 的认识以及使用的合理性

教材 P_{211} 对该公式强调了 α，β，$\alpha+\beta$ 都不能取 $n\pi+\dfrac{\pi}{2}(n\in\mathbf{Z})$。该公式常常被变形成 $\tan\alpha+\tan\beta = \tan(\alpha+\beta)(1-\tan\alpha\cdot\tan\beta)$ 来使用。但人们在使用该公式时往往忽视了限制条件。

例1. 已知 $\tan A+\tan B+\sqrt{3}=\sqrt{3}\tan A\tan B$，且 $\cos A\cdot\sin A=\dfrac{\sqrt{3}}{4}$，则 $\triangle ABC$ 是（　　）

A. 直角三角形或正三角形　　　　B. 正三角形

C. 直角三角形或等腰三角形　　　D. 等腰三角形但非直角三角形

错解：由 $\tan A+\tan B+\sqrt{3}=\sqrt{3}\tan A\tan B$，即 $\tan A+\tan B=-\sqrt{3}(1-\tan A\tan B)$，得 $\tan(A+B)=-\sqrt{3}$，$\therefore A+B=120°$ ……①

由 $\cos A\cdot\sin A=\dfrac{\sqrt{3}}{4}$，得 $\sin 2A=\dfrac{\sqrt{3}}{2}$，$\therefore A=60°$ 或 $30°$ ……②

由①②得 $A=60°$，$B=60°$ 或 $A=30°$，$B=90°$，故选 A。

错因：当 $B=90°$ 时，$\tan B$ 不存在，故选 B。

例2. 设 $\tan\alpha = t$，求 $\tan\left(\dfrac{\pi}{4} + \alpha\right)$。

错解：$\tan\left(\dfrac{\pi}{4} + \alpha\right) = \dfrac{1 + \tan\alpha}{1 - \tan\alpha} = \dfrac{1 + t}{1 - t}$。

错因：忽略特殊情况，当 $t = 1$ 时，$\alpha = k\pi + \dfrac{\pi}{4}$，$k \in \mathbf{Z}$，

此时 $\dfrac{\pi}{4} + \alpha = k\pi + \dfrac{\pi}{2}$，$k \in \mathbf{Z}$，$\tan\left(\dfrac{\pi}{4} + \alpha\right)$ 不存在。

正确解法：①当 $\alpha = k\pi + \dfrac{\pi}{4}$，$k \in \mathbf{Z}$ 时，$\tan\left(\dfrac{\pi}{4} + \alpha\right)$ 不存在；

②当 $\alpha \neq k\pi + \dfrac{\pi}{4}$，$k \in \mathbf{Z}$ 时，$\tan\left(\dfrac{\pi}{4} + \alpha\right) = \dfrac{1 + t}{1 - t}$。

例3. 函数 $f(x) = \dfrac{2\tan x}{1 - \tan^2 x}$ 的最小正周期是 _____。

错解：$\because f(x) = \dfrac{2\tan x}{1 - \tan^2 x} = \tan 2x$，$\therefore f(x)$ 的最小正周期是 $T = \dfrac{\pi}{2}$。

错因分析：解题过程中用了公式 $\tan 2x = \dfrac{2\tan x}{1 - \tan^2 x}$ 化简原函数合理吗？先

让我们分析函数 $f(x) = \dfrac{2\tan x}{1 - \tan^2 x}$ 和 $g(x) = \tan 2x$，$f(x)$ 的定义域为 $x \neq \dfrac{k\pi}{2} +$

$\dfrac{\pi}{4}$，且 $x \neq k\pi + \dfrac{\pi}{2}$，$k \in \mathbf{Z}$。而 $g(x) = \tan 2x$ 的定义域为 $x \neq \dfrac{k\pi}{2} + \dfrac{\pi}{4}$，$k \in \mathbf{Z}$。

由此可见，将 $f(x)$ 化为 $g(x)$ 的过程中扩大了原函数的定义域，这就不合理。

但可化为 $f(x) = \tan 2x \left(x \neq k\pi + \dfrac{\pi}{2}, k \in \mathbf{Z}\right)$，易知 $f(x)$ 的最小正周期是 π。

二、公式 $\tan\dfrac{\alpha}{2} = \dfrac{\sin\alpha}{1 + \cos\alpha} = \dfrac{1 - \cos\alpha}{\sin\alpha}$ 的认识和使用的合理性

教材 P_{221} 只给出公式的推导过程，没有作过多的交代，造成人们盲目去接

受该公式，应用时只知生搬硬套。

公式 $\tan\dfrac{\alpha}{2} = \dfrac{\sin\alpha}{1 + \cos\alpha}$，$\cot\dfrac{\alpha}{2} = \dfrac{\sin\alpha}{1 - \cos\alpha}$ 是恒等式，即两边的取值范围相

同。而公式 $\tan\dfrac{\alpha}{2} = \dfrac{1 - \cos\alpha}{\sin\alpha}$，$\cot\dfrac{\alpha}{2} = \dfrac{1 + \cos\alpha}{\sin\alpha}$ 不是恒等式，$\tan\dfrac{\alpha}{2}$ 中 $\alpha \neq 2k\pi$

$+\pi$，$k \in \mathbf{Z}$，而 $\dfrac{1-\cos\alpha}{\sin\alpha}$ 中 $\alpha \neq k\pi$，$k \in \mathbf{Z}$，两边的取值范围不同，应用时要特别注意恒等式和非恒等式的区别。

例4. 化简 $1 - \sin4\alpha + \cot\left(\dfrac{3}{4}\pi - 2\alpha\right)\cos4\alpha$。

错解：原式 $= 1 - \sin4\alpha + \cot\dfrac{1}{2}\left(\dfrac{3}{2}\pi - 4\alpha\right)\cos4\alpha$ ①

$\qquad = 1 - \sin4\alpha + \dfrac{1 + \cos\left(\dfrac{3}{2}\pi - 4\alpha\right)}{\sin\left(\dfrac{3}{2}\pi - 4\alpha\right)}\cos4\alpha$ ②

$\qquad = 1 - \sin4\alpha + \dfrac{1 - \sin4\alpha}{-\cos4\alpha}\cos4\alpha$ ③

$\qquad = 1 - \sin4\alpha - (1 - \sin4\alpha)$ ④

$\qquad = 0$

错因分析：

对复杂式子化简是一种恒等变形，所使用的公式一定应是恒等式。上述解法中由①到②使用非恒等式，从③到④，分子、分母同时约去 $\cos4\alpha$，范围扩大了，这是化简式子中不允许出现的。

正确解法：原式 $= 1 - \sin4\alpha + \cot\dfrac{1}{2}\left(\dfrac{3}{2}\pi - 4\alpha\right)\cos4\alpha$

$\qquad = 1 - \sin4\alpha + \dfrac{\sin\left(\dfrac{3}{2}\pi - 4\alpha\right)}{1 - \cos\left(\dfrac{3}{2}\pi - 4\alpha\right)}\cos4\alpha$

$\qquad = 1 - \sin4\alpha + \dfrac{-\cos^2 4\alpha}{1 + \sin4\alpha} = \dfrac{1 - \sin^2 4\alpha - \cos^2 4\alpha}{1 + \sin4\alpha}$

$\qquad = \dfrac{\cos^2 4\alpha - \cos^2 4\alpha}{1 + \sin4\alpha}$

$\qquad = 0$

三、万能公式

$$\sin\alpha = \dfrac{2\tan\dfrac{\alpha}{2}}{1 + \tan^2\dfrac{\alpha}{2}}，\cos\alpha = \dfrac{1 - \tan^2\dfrac{\alpha}{2}}{1 + \tan^2\dfrac{\alpha}{2}}，\tan\alpha = \dfrac{2\tan\dfrac{\alpha}{2}}{1 - \tan^2\dfrac{\alpha}{2}}$$

均不是恒等式。不能用它们化简、证明恒等式。下面仍用例 4 采用"弦化切"来化简。

错解：原式 $= 1 - \dfrac{2\tan2\alpha}{1 + \tan^2 2\alpha} + \dfrac{1 - \tan2\alpha}{-1 - \tan2\alpha} \times \dfrac{1 - \tan^2 2\alpha}{1 + \tan^2 2\alpha}$ ①

$= 1 - \dfrac{2\tan2\alpha + (1 - \tan2\alpha)^2}{1 + \tan^2 2\alpha}$ ②

$= 1 - \dfrac{1 + \tan^2 2\alpha}{1 + \tan^2 2\alpha} = 0$

错因分析：化简过程中将 $\sin4\alpha$，$\cos4\alpha$，$\cot\left(\dfrac{3}{4}\pi - 2\alpha\right)$ 化为正切时，范围均变小了，由①到②时又忽视了 $1 + \tan2\alpha \neq 0$ 的限制。

由此可见，万能公式并不"万能"，当然主要针对用它们来化简、证明恒等式，而对具体角的三角函数值计算时是"万能"的。

四、教材中也常出现疏漏

如教材 P_{215} 第 12 题：已知 $a\sin(\theta + \alpha) = b\sin(\theta + \beta)$，

求证：$\tan\theta = \dfrac{b\sin\beta - a\sin\alpha}{a\cos\alpha - b\cos\beta}$。

本题为一道错题，事实上，由已知有：

$a\sin\theta\cos\alpha + a\cos\theta\sin\alpha = b\sin\theta\cos\beta + b\cos\theta\sin\beta$，

即 $\sin\theta(a\cos\alpha - b\cos\beta) = \cos\theta(b\sin\beta - a\sin\alpha)$ 为什么就一定会得出 $\tan\theta = \dfrac{b\sin\beta - a\sin\alpha}{a\cos\alpha - b\cos\beta}$ 呢？

综上所述，学习公式时仅仅把它背下来是不够的，要弄清它的来龙去脉，何时能用它，何时不能用它都要充分认识。数学本身是一门强调逻辑性的学科，做出解答要经得起严密逻辑检验。准确、合理使用公式本身就是严密逻辑必不可少的，所以我们必须要加强对合理性的认识。

三角函数易错、错解习题分析

在长期的教学过程中，教师普遍认为学生对三角部分的知识很难吃透，对知识的理解总是停在一知半解的状态上，正是由于这一知半解，解题时错误就不容易被自己发现。本文所选例题是学生易错的一些三角习题。

例1. 已知 $\csc\alpha = t$，求 $\cos\alpha$。

错解：由 $\csc\alpha = t$，可得 $\sin\alpha = \dfrac{1}{t}$，又 $\cot\alpha = \pm\sqrt{\csc^2\alpha - 1} = \pm\sqrt{t^2 - 1}$，

$\cos\alpha = \sin\alpha \cdot \cot\alpha = \pm\dfrac{1}{t}\sqrt{t^2 - 1}$（$\alpha$ 是第一、三象限的角时取正号，α 是第二、四象限的角时取负号）。

错因分析：只注意 α 角的终边在象限内的情况，而忽视了 α 角终边在坐标轴上的情形。

正解：由 $\csc\alpha = t$，可得 $\sin\alpha = \dfrac{1}{t}$，则 $t \neq 0$，即 α 角终边不在 x 轴上。

当 $t = \pm 1$ 时，α 角终边在 y 轴上，所以 $\cos\alpha = 0$，

当 $t \neq \pm 1$ 时，由上述得 $\cos\alpha = \pm\dfrac{1}{t}\sqrt{t^2 - 1}$（$\alpha$ 是第一、三象限的角时取正号，α 是第二、四象限的角时取负号）。

例2. 若 α 是第一象限的角，那么 $\sin\dfrac{\alpha}{2}$，$\sin 2\alpha$，$\cos 2\alpha$，$\cos\dfrac{\alpha}{2}\tan\dfrac{\alpha}{2}$ 四个值中，能确定为正值的有（　　）

A. 1个　　　　　　B. 2个　　　　　　C. 3个　　　　　　D. 4个

错解：由 α 是第一象限的角可知，$\sin\dfrac{\alpha}{2}$，$\sin 2\alpha$，$\cos\dfrac{\alpha}{2}\tan\dfrac{\alpha}{2}$ 均为正值，故

选 C。

错因分析：概念不清，把"第一象限的角"与"锐角"混淆使用。

正解：由 α 是第一象限的角可知，$\dfrac{\alpha}{2}$ 角的终边在第一或第三象限，2α 角的终边在第一或第二象限或 y 轴正半轴上。故只有 $\sin 2\alpha$ 能为正值，选 A。

例 3. 函数 $f(x) = \dfrac{3\tan x}{1 - \tan^2 x}$ 的最小正周期是_____。

错解：$f(x) = \dfrac{3\tan x}{1 - \tan^2 x} = \dfrac{3}{2} \cdot \dfrac{2\tan x}{1 - \tan^2 x} = \dfrac{3}{2}\tan 2x$，则 $f(x)$ 的最小正周期

$T = \dfrac{\pi}{2}$。

错因分析：不等价变形而造成的错解，变形后改变了原函数的定义域。

正解：原函数 $f(x) = \dfrac{3}{2}\tan 2x \left(x \neq k\pi + \dfrac{\pi}{2}, \ k \in \mathbf{Z} \right)$，则可知 $f(x)$ 的最小正周期 $T = \pi$。

例 4. 若方程 $(m + 1)\sin^2 x + 4\sin x - 4(m - 1) = 0$ 有实数解，求实数 m 的取值范围。

错解：令 $\sin x = t$，则方程变为 $(m + 1)t^2 + 4t - 4(m - 1) = 0$，

因方程有实数解，则 $\Delta = 16 + 16(m + 1)(m - 1) = 16m^2 \geqslant 0$，从而 m 可取任意实数。

错因分析：视 t 为任意实数来求解是导致错误的关键。因 $t = \sin x \in [-1, 1]$。

正解一：原方程可变为 $(\sin x + 2)[(m + 1)\sin x - 2(m - 1)] = 0$，

因 $\sin x + 2 \neq 0$，则 $(m + 1)\sin x - 2(m - 1) = 0$，即 $\sin x = \dfrac{2(m - 1)}{m + 1}$，显然 $m \neq -1$，则 $-1 \leqslant \dfrac{2(m - 1)}{m + 1} \leqslant 1$，解得 $\dfrac{1}{3} \leqslant m \leqslant 3$。

正解二：令 $\sin x = t$，则方程变为 $(m + 1)t^2 + 4t - 4(m - 1) = 0$，$t \in [-1, 1]$。

由解法一可得方程为 $(m + 1)t - 2(m - 1) = 0$ 在 $t \in [-1, 1]$ 有解。

令 $f(t) = (m + 1)t - 2(m - 1)$，则有 $f(-1) \cdot f(1) \leqslant 0$，

即有 $(-3m + 1)(-m + 3) \leqslant 0$，

即 $(3m-1)(m-3) \leqslant 0$ ，解得 $\dfrac{1}{3} \leqslant m \leqslant 3$ 。

例5. 已知 $\sin\theta_1 - \sin\theta_2 = -\dfrac{2}{3}$ ， $\cos\theta_1 - \cos\theta_2 = \dfrac{2}{3}$ ，且 θ_1 ， θ_2 均为锐角，求 $\tan(\theta_1 - \theta_2)$ 的值。

错解：两式平方相加并整理得 $\cos(\theta_1 - \theta_2) = \dfrac{5}{9}$ ，又 θ_1 ， θ_2 均为锐角，则

$-\dfrac{\pi}{2} < \theta_1 - \theta_2 < \dfrac{\pi}{2}$ ，从而 $\tan(\theta_1 - \theta_2) = \pm\dfrac{2\sqrt{14}}{5}$ 。

错因分析：因忽视了题设中的隐含条件，题中根据已知条件有" $\theta_1 < \theta_2$ "，则有 $-\dfrac{\pi}{2} < \theta_1 - \theta_2 < 0$ 。

正解：由题设得 $\theta_1 < \theta_2$ ，则有 $-\dfrac{\pi}{2} < \theta_1 - \theta_2 < 0$ ，

由错解中知 $\cos(\theta_1 - \theta_2) = \dfrac{5}{9}$ ，则 $\tan(\theta_1 - \theta_2) = -\dfrac{2\sqrt{14}}{5}$ 。

例6. 已知 $\sin\theta = -\dfrac{3}{5}$ ， $3\pi < \theta < \dfrac{7}{2}\pi$ ，那么 $\tan\dfrac{\theta}{2} = \underline{\hspace{3cm}}$ 。

错解：由 $3\pi < \theta < \dfrac{7}{2}\pi$ ，则 $\dfrac{3\pi}{2} < \dfrac{\theta}{2} < \dfrac{7}{4}\pi$ ，于是 $\tan\dfrac{\theta}{2} < 0$ ，

又 $\sin\theta = -\dfrac{3}{5}$ ，由万能公式得 $\sin\theta = \dfrac{2\tan\dfrac{\theta}{2}}{1 + \tan^2\dfrac{\theta}{2}} = -\dfrac{3}{5}$ ，

整理得 $3\tan^2\dfrac{\theta}{2} + 10\tan\dfrac{\theta}{2} + 3 = 0$ ，解得 $\tan\dfrac{\theta}{2} = -\dfrac{1}{3}$ 或 $\tan\dfrac{\theta}{2} = -3$ 。

错因分析：对" α 为第四象限的角时 $\tan\alpha < 0$ "形成了思维定式，以致产生了增解也未发现。

正解一：由 $3\pi < \theta < \dfrac{7}{2}\pi$ ，则 $\dfrac{3\pi}{2} < \dfrac{\theta}{2} < \dfrac{7}{4}\pi$ ，于是 $\tan\dfrac{\theta}{2} < -1$ ，所以上述解法中 $\tan\dfrac{\theta}{2} = -\dfrac{1}{3}$ 不合题意，故所求 $\tan\dfrac{\theta}{2} = -3$ 。

正解二：因 $\sin\theta = -\dfrac{3}{5}$ ， $3\pi < \theta < \dfrac{7}{2}\pi$ ，则 $\cos\theta = -\dfrac{4}{5}$ ，从而 $\tan\dfrac{\theta}{2} =$

$$\frac{\sin\theta}{1 + \cos\theta} = -3 \text{。}$$

例 7. 求方程 $x^2 - 2x\sin\frac{\pi x}{2} + 1 = 0$ 的实数解。

错解：因为方程有实数解，所以 $\Delta = \left(-2\sin\frac{\pi x}{2}\right)^2 - 4 \geqslant 0$ ，

即 $\sin^2\frac{\pi x}{2} \geqslant 1$ ，又因为 $\sin^2\frac{\pi x}{2} \leqslant 1$ ，

则 $\sin^2\frac{\pi x}{2} = 1$ ，解得 $x = 4k \pm 1$ ，$k \in \mathbf{Z}$。

错因分析：由于受平时对用判别式判断一元二次方程有实根形成的习惯性思维影响，致使一接触本题，就立刻想到用判别式求解，而不考虑方程是否是一元二次方程，这是消极的思维定式的影响所致。

正解一：由原方程可得 $\sin\frac{\pi x}{2} = \frac{x^2 + 1}{2x}$ ，则 $\left|\frac{x^2 + 1}{2x}\right| \leqslant 1$ ，又当 x 为任意实数时，有 $\left|\frac{x^2 + 1}{2x}\right| \geqslant 1$ ，则有 $\left|\frac{x^2 + 1}{2x}\right| = 1$ ，解得 $x = \pm 1$ ；

正解二：原方程即为 $\left(x - \sin\frac{\pi x}{2}\right)^2 + \cos^2\frac{\pi x}{2} = 0$ ，则 $\begin{cases} x = \sin\frac{\pi x}{2}, \\ \cos\frac{\pi x}{2} = 0, \end{cases}$ 从而得

$x = \pm 1$ 。

例 8. 判断函数 $f(x) = \frac{1 + \sin x - \cos x}{1 + \sin x + \cos x}$ 的奇偶性。

错解：$f(x) = \frac{1 + \sin x - \cos x}{1 + \sin x + \cos x} = \frac{2\sin\frac{x}{2}\cos\frac{x}{2} + 2\sin^2\frac{x}{2}}{2\sin\frac{x}{2}\cos\frac{x}{2} + 2\cos^2\frac{x}{2}} = \frac{\sin\frac{x}{2}}{\cos\frac{x}{2}} = \tan\frac{x}{2}$ ，

则知 $f(x)$ 是奇函数。

错因分析：一个函数是奇函数还是偶函数的必要条件是定义域关于原点对称，若不对称，则为非奇非偶函数。此题错因在于：一是忽视对定义域的考查，二是原函数 $f(x)$ 与 $\tan\frac{x}{2}$ 不是同一函数。

正解：由 $1 + \sin x + \cos x \neq 0$ ，得 $f(x)$ 的定义域为 $\{x | x \neq 2k\pi - \frac{\pi}{2}$ 且 $x \neq$

$2k\pi - \pi$, $k \in \mathbf{Z}$} , 它不是关于原点对称的区间, 所以 $f(x)$ 为非奇非偶函数。

例 9. 求函数 $y = \dfrac{\sin x}{4\sin^2 x + 9}$ 的值域。

错解：令 $\sin x = t$, 则 $-1 \leqslant t \leqslant 1$, $4yt^2 - t + 9y = 0$ ……①

关于 t 的方程①应有实数解, 得 $\Delta = 1 - 144y^2 \geqslant 0$, 即得 $-\dfrac{1}{12} \leqslant y \leqslant \dfrac{1}{12}$ 。

错因分析：应用 $\Delta \geqslant 0$ 只能保证①在实数范围内有解, 并不能肯定在 $[-1, 1]$ 内有解, 错因在于忽略了隐含条件 $-1 \leqslant \sin x \leqslant 1$ 的约束, 对判别式的有关概念模糊不清, 因而选用了不当的解法。

正解一：令 $\sin x = t$, 则 $-1 \leqslant t \leqslant 1$, $4yt^2 - t + 9y = 0$ 。

（1）当 $y = 0$ 时, $t = 0 \in [-1, 1]$;

（2）当 $y \neq 0$ 时, 得 $t^2 - \dfrac{1}{4y}t + \dfrac{9}{4} = 0$, 在 $t \in [-1, 1]$ 内有解,

设 $f(t) = t^2 - \dfrac{1}{4y}t + \dfrac{9}{4}$ 。

① 若方程在 $[-1, 1]$ 内只有一个解, 则 $f(-1) \cdot f(1) \leqslant 0$, 即得 $\left(1 + \dfrac{1}{4y} + \dfrac{9}{4}\right)\left(1 + \dfrac{9}{4} - \dfrac{1}{4y}\right) \leqslant 0$,

即得 $y^2 \leqslant \left(\dfrac{1}{13}\right)^2$, 即 $-\dfrac{1}{13} \leqslant y \leqslant \dfrac{1}{13}$ 且 $y \neq 0$;

② 若方程在 $[-1, 1]$ 内有两个解, 则 $\begin{cases} \Delta \geqslant 0, \\ f(-1) \geqslant 0, \\ f(1) \geqslant 0, \\ -1 \leqslant \dfrac{1}{8y} \leqslant 1 (对称轴), \end{cases}$ 解得 $y \in \varPhi$ 。

综上所述, $-\dfrac{1}{13} \leqslant y \leqslant \dfrac{1}{13}$, 所以原函数的值域是 $\left[-\dfrac{1}{13}, \dfrac{1}{13}\right]$ 。

正解二：①当 $\sin x = 0$ 时, $y = 0$;

②当 $\sin x \neq 0$ 时, $|y| = \dfrac{|\sin x|}{4\sin^2 x + 9} = \dfrac{1}{4|\sin x| + \dfrac{9}{|\sin x|}}$,

令 $|\sin x| = t$, $u = 4t + \dfrac{9}{t}$, $|y| = \dfrac{1}{u}$,

因为 $u = 4t + \dfrac{9}{t}$ ，在 $\left(0, \dfrac{3}{2}\right]$ 上递减，在 $\left[\dfrac{3}{2}, +\infty\right)$ 上递增，

所以 $u = 4t + \dfrac{9}{t} \geqslant 13$ ，从而 $0 < |y| \leqslant \dfrac{1}{13}$ 。

由①②得 $0 \leqslant |y| \leqslant \dfrac{1}{13}$ ，即 $-\dfrac{1}{13} \leqslant y \leqslant \dfrac{1}{13}$ ，则原函数的值域

是 $\left[-\dfrac{1}{13}, \dfrac{1}{13}\right]$ 。

例 10. 解方程 $\dfrac{\cot x + 1}{\cot x - 1} = \cos 2x$ 。

错解一：原方程转化为 $\dfrac{1 + \tan x}{1 - \tan x} = \dfrac{1 - \tan^2 x}{1 + \tan^2 x}$ ，因为 $\cot x \neq 1$ ，则 $\tan x \neq 1$ ，

故原方程可转化为 $\tan x(\tan x + 1) = 0$ ，

由此得原方程的解集为 $\left\{x \mid x = k\pi \text{ 或 } k\pi - \dfrac{\pi}{4}, \ k \in \mathbf{Z}\right\}$ 。

错因分析：上面解答过程中采用了非等价转化" $\tan x = \dfrac{1}{\cot x}$ "，在这样的

代换下失掉了使 $\cot x = 0$ 的 x 的取值，且增加了使 $\tan x = 0$ 的 x 的取值，故此解

法既失去一些根，又增加了一些根，从而解题失败。

错解二：原方程转化为 $\dfrac{\cos x + \sin x}{\cos x - \sin x} = (\cos x - \sin x)(\cos x + \sin x)$ ……（＊）

因为 $\cot x \neq 1$ ，所以 $\cos x - \sin x \neq 0$ ，则方程可化为 $(\cos x + \sin x)\sin 2x = 0$ ，

即得 $\cos x + \sin x = 0$ 或 $\sin 2x = 0$ ，得解集为 $\left\{x \mid x = \dfrac{k\pi}{2} \text{ 或 } k\pi - \dfrac{\pi}{4}, \ k \in \mathbf{Z}\right\}$ 。

错因分析：本解答所采用的转化" $\sin x \cdot \cot x = \cos x$ "同样是非等价转化，

在这样的转化下，得到的方程（＊）与原方程相比，定义域扩大，产生了

增根。

正解一：原方程可化为 $\dfrac{\cot x + 1}{\cot x - 1} = \dfrac{\cot^2 x - 1}{\cot^2 x + 1}$ ，即得 $\cot x(\cot x + 1) = 0$ ，

解得 $\cot x = 0$ 或 $\cot x = -1$ ，

则原方程的解集是 $\left\{x \mid x = k\pi + \dfrac{\pi}{2} \text{ 或 } k\pi - \dfrac{\pi}{4}, \ k \in \mathbf{Z}\right\}$ 。

正解二：要使 $\cot x$ 有意义，必须也只需 $\sin x \neq 0$ ，因此，在错解二中去

掉使 $\sin x = 0$ 的 x 的集合，则得原方程的解集是 $\left\{ x \mid x = k\pi + \dfrac{\pi}{2} \text{或} k\pi - \dfrac{\pi}{4}, \right.$

$\left. k \in \mathbf{Z} \right\}$。

例 11. 若 $\sin\alpha\cos\beta = \dfrac{1}{2}$，则 $\cos\alpha\sin\beta$ 的取值范围是_____。

错解一：设 $a = \cos\alpha\sin\beta$，则 $\sin(\alpha + \beta) = \sin\alpha\cos\beta + \cos\alpha\sin\beta = \dfrac{1}{2} + a$，

又 $-1 \leqslant \sin(\alpha + \beta) \leqslant 1$，得 $-1 \leqslant \dfrac{1}{2} + a \leqslant 1$，即得 $-\dfrac{3}{2} \leqslant a \leqslant \dfrac{1}{2}$。

错解二：设 $a = \cos\alpha\sin\beta$，则 $\sin(\alpha - \beta) = \sin\alpha\cos\beta - \cos\alpha\sin\beta = \dfrac{1}{2} - a$，

又 $-1 \leqslant \sin(\alpha - \beta) \leqslant 1$，得 $-1 \leqslant \dfrac{1}{2} - a \leqslant 1$，即得 $-\dfrac{1}{2} \leqslant a \leqslant \dfrac{3}{2}$。

错解三：由 $|\cos\alpha| \leqslant 1$，$|\sin\beta| \leqslant 1$，得 $|\cos\alpha\sin\beta| \leqslant 1$，

结合错解一、二得 $-1 \leqslant \cos\alpha\sin\beta \leqslant \dfrac{1}{2}$ 或 $-\dfrac{1}{2} \leqslant \cos\alpha\sin\beta \leqslant 1$。

错因分析：上述错因类似，由 $-1 \leqslant \sin(\alpha + \beta) \leqslant 1$ 和 $-1 \leqslant \sin(\alpha - \beta) \leqslant 1$ 来解扩大了范围，应该注意已知中的隐含条件。

正解一：由 $\sin\alpha\cos\beta = \dfrac{1}{2}$，得 $\sin^2\alpha \cos^2\beta = \dfrac{1}{4}$，

则 $\cos^2\alpha \sin^2\beta = (1 - \sin^2\alpha)(1 - \cos^2\beta) = 1 - (\sin^2\alpha + \cos^2\beta) + \sin^2\alpha \cos^2\beta$

$$= \dfrac{5}{4} - (\sin^2\alpha + \cos^2\beta) \leqslant \dfrac{5}{4} - 2\sin\alpha\cos\beta = \dfrac{1}{4},$$

则 $-\dfrac{1}{2} \leqslant \cos\alpha\sin\beta \leqslant \dfrac{1}{2}$。

正解二：设 $t = \cos\alpha\sin\beta$，又 $\sin\alpha\cos\beta = \dfrac{1}{2}$，

则有 $\cos\alpha\sin\beta \cdot \sin\alpha\cos\beta = \dfrac{1}{2}t$，

即 $\sin2\alpha\sin2\beta = 2t$，由 $|\sin2\alpha\sin2\beta| \leqslant 1$，得 $|2t| \leqslant 1$，

即得 $-\dfrac{1}{2} \leqslant \cos\alpha\sin\beta \leqslant \dfrac{1}{2}$。

当 $\alpha = \beta = \dfrac{\pi}{4}$ 时，$\cos\alpha\sin\beta = \dfrac{1}{2}$；当 $\alpha = \dfrac{3}{4}\pi$，$\beta = \dfrac{\pi}{4}$ 时，$\cos\alpha\sin\beta = -\dfrac{1}{2}$，

从而 $\cos\alpha\sin\beta$ 的取值范围是 $-\dfrac{1}{2} \leqslant \cos\alpha\sin\beta \leqslant \dfrac{1}{2}$。

例 12. 设 $\sin2\alpha = a$，$\cos2\alpha = b$，求 $\tan\left(\dfrac{\pi}{4} + \alpha\right)$。

错解一：$\tan\alpha = \dfrac{\sin2\alpha}{1 + \cos2\alpha} = \dfrac{a}{1 + b}$，

则 $\tan\left(\dfrac{\pi}{4} + \alpha\right) = \dfrac{1 + \tan\alpha}{1 - \tan\alpha} = \dfrac{1 + \dfrac{a}{1 + b}}{1 - \dfrac{a}{1 + b}} = \dfrac{1 + a + b}{1 + b - a}$。

错解二：$\tan\alpha = \dfrac{1 - \cos2\alpha}{\sin2\alpha} = \dfrac{1 - b}{a}$，

则 $\tan\left(\dfrac{\pi}{4} + \alpha\right) = \dfrac{1 + \tan\alpha}{1 - \tan\alpha} = \dfrac{1 + \dfrac{1 - b}{a}}{1 - \dfrac{1 - b}{a}} = \dfrac{1 + a - b}{a + b - 1}$。

错解三：$\tan\left(\dfrac{\pi}{4} + \alpha\right) = \tan\left(\dfrac{\dfrac{\pi}{2} + 2\alpha}{2}\right) = \dfrac{1 - \cos\left(\dfrac{\pi}{2} + 2\alpha\right)}{\sin\left(\dfrac{\pi}{2} + 2\alpha\right)}$

$$= \dfrac{1 + \sin2\alpha}{\cos2\alpha} = \dfrac{1 + a}{b}。$$

错解四：$\tan\left(\dfrac{\pi}{4} + \alpha\right) = \tan\left(\dfrac{\dfrac{\pi}{2} + 2\alpha}{2}\right) = \dfrac{\sin\left(\dfrac{\pi}{2} + 2\alpha\right)}{1 + \cos\left(\dfrac{\pi}{2} + 2\alpha\right)}$

$$= \dfrac{\cos2\alpha}{1 - \sin2\alpha} = \dfrac{b}{1 - a}。$$

错因分析：因由 $\tan\left(\dfrac{\pi}{4} + \alpha\right)$ 知 $\dfrac{\pi}{4} + \alpha \neq k\pi + \dfrac{\pi}{2}$，$k \in \mathbf{Z}$，即 $\alpha \neq k\pi + \dfrac{\pi}{4}$，

$k \in \mathbf{Z}$，错解一、二的公式成立的条件是 $\alpha \neq k\pi + \dfrac{\pi}{2}$ 且 $\alpha \neq k\pi + \dfrac{\pi}{4}$，$k \in \mathbf{Z}$，改

变了欲求式中 α 的范围；错解三中，应有 $\cos2\alpha \neq 0$，即 $\alpha \neq \dfrac{k\pi}{2} + \dfrac{\pi}{4}$，$k \in \mathbf{Z}$，

缩小了解集；错解四中，虽然 $\alpha \neq k\pi + \dfrac{\pi}{4}$，$k \in \mathbf{Z}$ 没变化，但忽视了特殊情况：

当 $a = 1$ ，即 $\alpha = k\pi + \dfrac{\pi}{4}$ ，$k \in \mathbf{Z}$ 时，$\tan\left(\dfrac{\pi}{4} + \alpha\right)$ 不存在。

正解：①当 $\alpha = k\pi + \dfrac{\pi}{4}$ ，$k \in \mathbf{Z}$ 时，$a = 1$ ，$b = 0$ ，$\tan\left(\dfrac{\pi}{4} + \alpha\right)$ 不存在。

② 当 $\alpha \neq k\pi + \dfrac{\pi}{4}$ ，$k \in \mathbf{Z}$ 时，$\tan\left(\dfrac{\pi}{4} + \alpha\right)$ 存在，由错解四得，

$\tan\left(\dfrac{\pi}{4} + \alpha\right) = \dfrac{b}{1 - a}$ 。

例 13. 已知 $\sin\theta$ ，$\sin2x$ ，$\cos\theta$ 成等差数列，$\sin\theta$ ，$\sin x$ ，$\cos\theta$ 成等比数列，则 $\cos2x$ 的值为（　　）

A. $\dfrac{1 - \sqrt{33}}{8}$　　　　　　　　B. $\dfrac{1 + \sqrt{33}}{8}$

C. $\dfrac{1 \pm \sqrt{33}}{8}$　　　　　　　　D. 以上都不对

错解：由已知有 $\begin{cases} \sin\theta + \cos\theta = 2\sin2x, \\ \sin\theta\cos\theta = \sin^2 x, \end{cases}$ 易得 $1 + 2\sin^2 x = 4\sin^2 2x$ ，

即得 $4\cos^2 2x - \cos2x - 2 = 0$ ，则 $\cos2x = \dfrac{1 \pm \sqrt{33}}{8} \in [-1, 1]$ ，故选 C。

错因分析：初看起来上述解法无懈可击，首先两边平方易产生增根，同时，还要保证 $\sin\theta$ ，$\cos\theta$ 均为实数，若不检验就下结论，难免错选。

正解：由已知有 $\begin{cases} \sin\theta + \cos\theta = 2\sin2x, \\ \sin\theta\cos\theta = \sin^2 x, \end{cases}$

易知 $\sin\theta$ ，$\cos\theta$ 是方程 $z^2 - 2z\sin2x + \sin^2 x = 0$ 的两个实数根，

则有 $\Delta = 4\sin^2 2x - 4\sin^2 x \geqslant 0$ ，即有 $\cos^2 x \geqslant \dfrac{1}{4} \Rightarrow \cos2x \geqslant -\dfrac{1}{2}$ ，

由错解中有 $\cos2x = \dfrac{1 \pm \sqrt{33}}{8} \in [-1, 1]$ ，因为 $\dfrac{1 - \sqrt{33}}{8} < \dfrac{1 - \sqrt{25}}{8} = -\dfrac{1}{2}$ ，

则舍掉 $\cos2x = \dfrac{1 - \sqrt{33}}{8}$ ，从而 $\cos2x = \dfrac{1 + \sqrt{33}}{8}$ ，故选 B。

综上所述，学习三角函数知识，背公式固然重要，但理解公式才是准确解好题的关键。通过上述例子希望读者能领悟到学习三角函数的要领。

两个方差公式的初等证明

现行的高中数学教材第三册（选修Ⅱ）P_{16}上只介绍了二项分布 $\xi \sim B(n, p)$，$P(\xi = k) = C_n^k p^k q^{n-k}$，其中 $k = 0$，1，2，$\cdots$，n，$q = 1 - p$，它的方差公式是 $D\xi = npq$；几何分布 $P(\xi = k) = g(k, p) = q^{k-1} p$，其中 $k = 0$，1，2，$\cdots$，$q = 1 - p$，其方差公式是 $D\xi = \dfrac{q}{p^2}$。高中数学教材中没给出证明，在大学教材里的证明也不是初等证法，本文根据求方差的公式 $D\xi = E\xi^2 - (E\xi)^2$ 用初等的方法给出这两个公式的证明。

一、第一个公式

若 $\xi \sim g(k, p)$，$p(\xi = k) = q^{k-1} p$，$k = 1$，2，3，$\cdots$，$q = 1 - p$，则 $D\xi = \dfrac{q}{p^2}$。

证明：因为几何分布的期望 $E\xi = \dfrac{1}{p}$，

由公式 $D\xi = E\xi^2 - (E\xi)^2$ 知，只需求出 $E\xi^2$ 即可。

因 $E\xi^2 = p + 2^2 qp + 3^2 q^2 p + \cdots + n^2 q^{n-1} p + \cdots$

$qE\xi^2 = qp + 2^2 q^2 p + 3^2 q^3 p + \cdots + n^2 q^n p + \cdots$

两式相减得，$(1 - q)E\xi^2 = p + 3qp + 5q^2 p + \cdots + (2n - 1)q^{n-1} p + \cdots$

由已知 $p = 1 - q$ 有，$E\xi^2 = 1 + 3q + 5q^2 + \cdots + (2n - 1)q^{n-1} + \cdots$

$qE\xi^2 = q + 3q^2 + 5q^3 + \cdots + (2n - 3)q^{n-1} + \cdots$

两式相减得，$(1 - q)E\xi^2 = 1 + 2q + 2q^2 + \cdots + 2q^{n-1} + \cdots = 1 + \dfrac{2q}{1 - q} = \dfrac{1 + q}{1 - q}$，

即 $E\xi^2 = \dfrac{1+q}{p^2}$ ，从而 $D\xi = E\xi^2 - (E\xi)^2 = \dfrac{1+q}{p^2} - \left(\dfrac{1}{p}\right)^2 = \dfrac{q}{p^2}$ 。

二、第二个公式

若 $\xi \sim B(n,p)$ ，$p(\xi = k) = C_n^k p^k q^{n-k}$ ，$k = 0,1,2,3,\cdots,n$ ，$q = 1-p$ ，则 $D\xi = npq$ 。

证法一：二项分布的期望 $E\xi = np$ ，

由公式 $D\xi = E\xi^2 - (E\xi)^2$ 知，只需求出 $E\xi^2$ 即可。

因 $E\xi^2 = C_n^1 q^{n-1} p + 2^2 C_n^2 q^{n-2} p^2 + 3^2 C_n^3 q^{n-3} p^3 + \cdots + n^2 C_n^n p^n$ ，

$k C_n^k = n C_{n-1}^{k-1}$ ，$k C_{n-1}^{k-1} = k(C_n^k - C_n^k) = k C_n^k - k C_{n-1}^k = n C_{n-1}^{k-1} - (n-1)C_{n-2}^{k-1}$ ，

则 $E\xi^2 = np \big[C_{n-1}^0 q^{n-1} + 2C_{n-1}^1 q^{n-2} p + 3C_{n-1}^2 q^{n-3} p^2 + \cdots$

$\qquad + k C_{n-1}^{k-1} q^{n-k} p^{k-1} + \cdots + n C_{n-1}^{n-1} p^{n-1} \big]$

$\qquad = np \big[n(C_{n-1}^0 q^{n-1} + C_{n-1}^1 q^{n-2} p + C_{n-1}^2 q^{n-3} p^2 + \cdots + C_{n-1}^{n-1} p^{n-1})$

$\qquad - (n-1)(C_{n-2}^0 q^{n-1} + C_{n-2}^1 q^{n-2} p + C_{n-2}^2 q^{n-3} p^2 + \cdots + C_{n-2}^{n-2} q p^{n-2}) \big]$

$\qquad = np \big[n(p+q)^{n-1} - (n-1)q(p+q)^{n-2} \big] = n^2 p - n(n-1)pq$

$\qquad = n^2 p^2 + npq \; (p+q = 1)$ ，

从而 $D\xi = E\xi^2 - (E\xi)^2 = n^2 p^2 + npq - (np)^2 = npq$ ，

即 $D\xi = npq$ ，得证。

证法二：在证法一中求 $E\xi^2$ 时可用如下方法，由证法一有

$E\xi^2 = np \big[C_{n-1}^0 q^{n-1} + 2C_{n-1}^1 q^{n-2} p + 3C_{n-1}^2 q^{n-3} p^2 + \cdots + k C_{n-1}^{k-1} q^{n-k} p^{k-1} + \cdots + n C_{n-1}^{n-1} p^{n-1} \big]$

$\qquad = np(C_{n-1}^0 q^{n-1} + C_{n-1}^1 q^{n-2} p + C_{n-1}^2 q^{n-3} p^2 + \cdots + C_{n-1}^{k-1} q^{n-k} p^{k-1} + \cdots + C_{n-1}^{n-1} p^{n-1})$

$\qquad + np \big[C_{n-1}^1 q^{n-2} p + 2C_{n-1}^2 q^{n-3} p^2 + \cdots + (k-1)C_{n-1}^{k-1} q^{n-k} p^{k-1} + \cdots$

$\qquad + (n-1)C_{n-1}^{n-1} p^{n-1} \big]$ 。

$\because (k-1)C_{n-1}^{k-1} = (n-1)C_{n-2}^{k-2}$ ，$k = 2,3,4,\cdots,n$ ，则

$E\xi^2 = np(p+q)^{n-1} + n(n-1)p^2 \big[C_{n-2}^0 q^{n-2} + C_{n-2}^1 q^{n-3} p + \cdots$

$\qquad + C_{n-2}^{k-2} q^{n-k} p^{k-2} + \cdots + C_{n-2}^{n-2} p^{n-2} \big] = np + n(n-1)p^2(p+q)^{n-2}$

$\qquad = np + n(n-1)p^2 = n^2 p^2 + np(1-p)$

$\qquad = n^2 p^2 + npq$ ，

以下同证法一。

谈数学解题能力的提高

数学能力包括四种基本能力：运算能力、逻辑思维能力、空间想象能力和运用数学知识分析解决实际问题的能力。这四种数学基本能力的提高，要靠提高解题能力来实现。

解题是牢固掌握数学基础知识和基本技能的重要手段，是培养能力，发展智力的有效途径。解题过程能使人学会辩证思维的方法，培养刻苦钻研的精神，磨炼不畏艰难的意志，提高独立工作的能力。

掌握数学，从某种意义上说是掌握解题技巧，而且不仅要善于解一些标准型的题，还要善于解一些要求独立思考、思路合理、见解独到和富有创新意识的题。因此，每个学生都必须注意提高自己的解题能力；每个数学老师都必须掌握解题教学的科学方法。

现就怎样提高解题能力，谈谈自己的浅见。

一、要具有"两个基本因素"

解题能力由多种因素构成。其中，知识因素和能力因素是最基本的因素。牢固掌握数学基础知识是提高解题能力的坚实基础和重要前提，要想提高解题能力必须在加强"双基"上狠下功夫。要熟练掌握数学的知识体系，深刻理解数学概念，准确掌握数学定理、公式、法则，熟练运用数学中常用的逻辑推理等方法，是解题的重要基础。解题者必须在掌握基本知识与基本技能的基础上不断扩大数学信息库容量，多思多练才能不断提高解题能力。

解题能力，表现为发现问题、思考问题、分析问题和解决问题的本领，其主要方面就是我们说到的四种基本数学能力，而核心则是能够掌握正确的思维方法，具备优良的思维品质。优良的思维品质使思维具有逻辑性、灵活性和创造性。用于解题的思维能力与过程要符合科学的解题程序、要能掌握数学中各种常用的解题方法、解题策略，能恰当选择对口的解题思路，使用巧妙的解题技巧。如此等等，都是提高解题能力应必备的能力因素。

知识因素和能力因素都是解题者必备的基本因素。解题者只有从这两个基本因素着手，不断增强数学素质，才能从根本上提高解题能力。

二、要掌握好"四个基本程序"

解题一般有四个程序，即：

（1）审题——弄清题意；

（2）探索——思索解法；

（3）表述——规范表达；

（4）回顾——检查验算。

把解题过程程序化，给解题思维一种定式框架，能有助于培养发散思维能力。培养思维能力必须遵循"定式—发散—定式"循环往复的规律，才能有效地发展和提高思维能力。

解题过程既需要定式思维，也需要发散思维，所以从解题的整体看，强调程序化是十分有益的。

1. 认真审题，养成良好习惯

审题是发现解法的前提。认真审题，可以为探索解法指明方向。审题，就是弄清题意，即掌握题目所提供的信息，弄清题目的初始状态、目标状态及结构特征，从而判明题型，为选择解法提供决策依据。

2. 学会探索，掌握思维方向

审题之后，进入解题的酝酿阶段，即探索解题途径，寻找解题方法，拟订解题计划的阶段。怎样展开解题思路呢？就思维形式而言，可以概括为综合法和分析法两种。

（1）综合法：综合法是由已知推演未知的思维方法，又叫"由因导果"法。它是从问题的条件入手的，一般说有三个思维层次，即充分利用条件、善于转化条件和积极创造条件。

充分利用条件：指解题的过程，要使所给的条件全部用上。题目的条件有明有暗。明者即明文给定的，暗者即隐含在图形或数、式的性质之中的。要把隐含的条件挖掘出来并且用上，才能做到充分利用条件。充分利用条件，必须正确地、完整地理解和把握题设条件，在解题过程中不断利用反馈调节的方法，在抗拒外界环境种种干扰的同时，克服种种错误的心理倾向。解题过程就是对题设信息不断作出反应，以探索出解题途径的过程。在对题设信息反应的过程中，解题者常常以对直接的、有效的信息反应，抑制对间接的、隐含的信息的反应。另外，解题者在感知题设信息时，还往往易受题设信息相互抑制的影响而忽视题设的某些信息。这些错误心理倾向，常受过去的经验与自己所期望的解题思路的影响，这都是一些有碍充分利用条件的不良因素，必须在解题实践中予以逐步排除。

例 1. 已知方程 $(\sin B - \sin C)x^2 + (\sin C - \sin A)x + (\sin A - \sin B) = 0$ 的两根相等，A，B，C 是 $\triangle ABC$ 的内角，其所对的边分别为 a，b，c，求证：三边 a，b，c 成等差数列。

分析：本题已知条件一目了然，容易找到解题思路，由两根相等得 $\sin B \neq \sin C$ 且 $\Delta = 0$。通过这一条件来建立关系，得 $(\sin C - \sin A)^2 - 4(\sin B - \sin C)(\sin A - \sin B) = 0$，由此，问题变得复杂了，也不易得到结论，这也是一种常规思维定式的表现。若能充分挖掘题目的隐含条件，则可能会出现新的转机，从题目已知条件中我们发现有隐含条件：

$(\sin B - \sin C) + (\sin C - \sin A) + (\sin A - \sin B) = 0$，即方程有一个根是 1，又由已知有两根相等，则该方程有两个等根为 1。由根与系数的关系，容易得到解决。

解：由已知有 $(\sin B - \sin C) + (\sin C - \sin A) + (\sin A - \sin B) = 0$，即一元二次方程三个系数之和为 0，从而可知该方程一定有一个根为 1。又由已知有两相等根，则该方程有两个等根为 1。由根与系数的关系得，$\dfrac{\sin A - \sin B}{\sin B - \sin C} = 1 \times 1$，即有 $\sin A + \sin C = 2\sin B$，因 A，B，C 是 $\triangle ABC$ 的内角，由正弦定理得 $a + c = 2b$，则三边 a，b，c 成等差数列。

充分利用条件不是一件简单的事，需要长期不断地努力，要培养这种意识方能打破常规思维定式，发现隐含在题目中的条件进而巧妙答题。

善于转化条件：解题的过程就是使条件和结论逐渐靠近的过程，而转化条件对"矛盾的统一"能起到促进作用。转化的方法多种多样，通常有等量转化、等价转化、对立转化、对称转化、数形转化、放缩转化、相似转化、近似转化等。

积极创造条件：积极创造条件是解题中不可缺少的思维层次。所谓创造条件，当然是指创造与题目相容的条件，例如引入辅助线、辅助式辅助方程、辅助函数和引入参数等。

例 2. 设 α，β 为相异两个锐角，且满足 $a\cos 2x + b\sin 2x = c$，求两点 $O(0, 0)$，$P(\cos\alpha, \cos\beta)$ 之间的距离。

解：依题意 α，β 满足方程，得：$a\cos 2\alpha + b\sin 2\alpha = c$，$a\cos 2\beta + b\sin 2\beta = c$，这表明过两点 $A(\cos 2\alpha, \sin 2\alpha)$，$B(\cos 2\beta, \sin 2\beta)$ 的直线方程为

$ax + by = c \cdots\cdots$①

另一方面，由两点 A，B 又得直线方程：

$x\cos(\alpha + \beta) + y\sin(\alpha + \beta) = \cos(\alpha - \beta) \cdots\cdots$②

①②两直线重合，故有 $\dfrac{a}{\cos(\alpha + \beta)} = \dfrac{b}{\sin(\alpha + \beta)} = \dfrac{c}{\cos(\alpha - \beta)} = t$，

则 $|OP|^2 = \cos^2\alpha + \cos^2\beta = 1 + \dfrac{1}{2}(\cos 2\alpha + \cos 2\beta)$

$= 1 + \cos(\alpha + \beta)\cos(\alpha - \beta) = 1 + \dfrac{ac}{t^2}$

$= 1 + \dfrac{ac}{t^2\left[\cos^2(\alpha + \beta) + \sin^2(\alpha + \beta)\right]}$

$= 1 + \dfrac{ac}{a^2 + b^2} = \dfrac{a^2 + ab + b^2}{a^2 + b^2}$，

即 $|OP| = \sqrt{\dfrac{a^2 + ac + b^2}{a^2 + b^2}}$。

分析：本题应用了等价转化、数形转化、相似转化等方法，对题设条件进行了多种转化处理，同时又构造了辅助式，引入了参数，为由"已知"到"未知"的转化创造了条件。

（2）分析法：分析法是将未知归结为已知的思维方法，也叫"执果溯因"法。它是从问题的结论入手的，一般说有三个思维层次，即回想、联想和猜想。

回想：回想是拉开解题思维的序幕，依据题目中涉及的主要概念，回想它的定义是怎样的？根据题目的条件和结论及其结构，回想与之有关的公式、定理、法则是什么？回想的思维基础往往是演绎推理，即把一般原理、法则、结论，套用在特殊情况上的推理。回想的结果可能出现直接套用定义、公式、定理或法则来解题。

联想：联想是接通解题思路的桥梁。当我们直接套用现成知识解决不了问题时，就必须进行联想。联想就是建立联系。人们在回忆时可由当前感知的事物想到有关的另一事物，或者又由所想起的某一事物想到相关的其他事物。解题时的联想，要求在解题者的知识信息库里找出与题目接近或相似的原理、方法、结论或命题，并变通使用这些知识，看能否解决问题。因此，联想的关键在于不断扩大知识信息库的容量，其容量越大，联想越丰富，认识就越深刻。数学常用的联想有接近联想、相似联想、对比联想、关系联想、定义联想、命题联想、方法联想、规律联想等。联想的思维基础往往是类比推理，体现了灵活运用现有数学知识的能力。

猜想：猜想是点燃创造思维的火花。如果联想仍解决不了问题，不妨进行大胆猜想。如果对解决问题的途径、原则和方法不能马上找到，可以选择一些接近问题的途径、原则和方法，先提出猜想，然后设法论证这个猜想是否真实。猜想的思维基础往往是归纳推理，即由特殊到一般的推理。

例3. 已知椭圆的二焦点分别是（9，20），（49，55），且与 x 轴相切，求椭圆的长轴长。

分析：题目涉及的主要概念是椭圆的概念。首先回忆椭圆的定义 $|PF_1| + |PF_2| = 2a$，x 轴与椭圆相切，设切点为 P，观察图形可联想 $|PF_1| + |PF_2|$ 两折线段的长度的和可用伸直为一条线段的长度表示，然后求此线段的长度即为长轴长，从而又联想到了对称原理，求出 $F_2(49，55)$ 关于 x 轴对称的点 $F_2'(49，-55)$。再由切线定义联想到法线定义及光学中光的反射定律，反射角等于入射角，证实 $|F_1F_2'|$ 即为所求。

例4. 如图1，三棱锥 $P-ABC$，OP 为其高，O 是底面 $\triangle ABC$ 的垂心，$BP = CP$，$CB = 2$，侧面 PBC 与底面 ABC 成60°的二面角，求其体积。

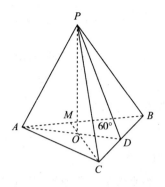

图 1

分析：如图 1，回想三棱锥的体积公式 $V_{P-ABC} = \dfrac{1}{3} \times$ 底面积 × 高，探索底面 $\triangle ABC$ 和高 OP 的求法，发现困难很大。

由已知和观察图形联想到，过一条棱及其对棱中点的截面分三棱锥所得两部分的体积相等，于是决定以截面 $\triangle APD$ 为底，则高 CD 是 1。

因此，$V_{P-ABC} = \dfrac{1}{3} \cdot \dfrac{1}{2} AD \cdot OP \cdot 2 = \dfrac{1}{3} AD \cdot OD \cdot \sqrt{3} = \dfrac{\sqrt{3}}{3} AD \cdot OD$，猜想 $AD \cdot OD$ 必为定值。然后，论证猜想是否真实。由 $AD \cdot OD$ 为定值联想等量代换，用乘积为定值的两个已知量的乘积换之，可能获得正解。又由此联想只要找到两个三角形相似，则可完成等量代换。由已知 O 为底面 $\triangle ABC$ 的垂心，$CB = 2$，断定要在底面 $\triangle ABC$ 中找到两个相似三角形，而这里只有 $CD = DB = 1$ 为已知量，于是又猜想 $\dfrac{AD}{CD} = \dfrac{CD}{OD}$，那么 $AD \cdot OD = CD^2 = 1$ 为定值，故只要论证 $\triangle ADC \backsim \triangle ODC$ 即可（易证）。

证明：连接 AO，并延长交 BC 于 D，连接 PD，因 O 是底面 $\triangle ABC$ 的垂心，OP 为其高，则 $CB \perp$ 平面 APD，又 $BP = CP$，则 D 是 BC 的中点，从而 $\triangle ABC$ 为等腰三角形，AD 是 $\triangle ABC$ 的三线合一，$\angle ADC$ 为二面角 $A-BC-P$ 的平面角，则 $PO = \sqrt{3} OD$。

从而 $V_{P-ABC} = \dfrac{1}{3} \cdot \dfrac{1}{2} AD \cdot OP \cdot 2 = \dfrac{1}{3} AD \cdot OD \cdot \sqrt{3} = \dfrac{\sqrt{3}}{3} AD \cdot OD$。如图，$AD$ 是 $\angle BAC$ 的平分线，则 $\angle BAD = \angle DAC$，连接 CO，并延长交 AB 于 M，在 Rt $\triangle ADC$ 和 Rt $\triangle ODC$ 中，因 $\angle OCD = \angle BAD = \angle DAC$，则 $\triangle ADC \backsim$

$\triangle ODC$，从而 $\dfrac{AD}{CD} = \dfrac{CD}{OD}$，即 $AD \cdot OD = CD^2 = 1$，则 $V_{P-ABC} = \dfrac{\sqrt{3}}{3}$。

回想、联想、猜想是密切相关的，回想越充分，联想就越丰富，猜想也就越合理，解题的思路方法也就越明确，这需要熟练地掌握数学基础知识和基本数学方法。如能经常对解题方法进行归纳总结，就可以为"三想"的成功奠定较坚实的基础。

3. 解法表述，要求简明规范

解题方法如何表述？总的要求是：严谨规范，层次分明，简洁明了。

解法表述要通过语言完成。语言表达能力的高低将直接影响解法的质量。解题中，简洁明快的语言美，层次分明的建构美，耳目清新的结论美，都必须通过语言特别是数学语言来展现。数学语言简练、概括、精确，富于形象化和理性化，具有准确性、严密性和逻辑性的品质。数学语言最能体现数学的真正意蕴。准确使用数学语言能在数学内蕴的独特品质中展现解题者的性格、情感、愿望和才干。准确使用数学语言是实现解法表述简洁规范的关键。

4. 认真回顾，增强批判意识

解题后的回顾可以及时发现和纠正错误，使答案正确、完善。

解题的过程是一个不断尝试的过程。多数解题者在不能很快尝试到正确的解题途径时，会产生焦虑心理。焦虑的心理会使通过艰苦尝试获得正确解题途径和方法时达成新的心理平衡，产生一种激情——认识冲动。这种冲动容易使解题者过分陶醉，而忽视必要的检查和批判性回顾。因此，解题者要有效地通过反馈调节，使自己能够冷静地进行解题后的探究，从而提高解题思维活动的批判性。一般说来，解题后可做以下几方面的回顾：

（1）数据是否被漏用、错用？

（2）图形、数式、答案是否符合题意？

（3）推理是否步步有依据？

（4）解题步骤是否完整？

（5）解题格式是否规范？

（6）语言表述是否达意？

三、解题后要认真进行"四个基本反思"

解完题，再认真回味，对题目作开拓性思考，有利于培养发散思维，激发创造精神，提高解题能力。可从以下四个方面进行反思。

1. 把题目的表达形式引申、开拓

把题目的表达形式引申、开拓，即把题型引申开拓。同一个题目，给予不同的提法，称为"一题多变"，但是解法相同，可谓"殊途同归"。这样做，可以把命题形式引申开拓，扩大解题者视野，深化知识，达到举一反三、触类旁通、提高解题能力的目的。

如：已知方程组 $\begin{cases} y = 4 - x^2, \\ \dfrac{x^2}{4} + \dfrac{(y - t)^2}{9} = 1, \end{cases}$ 有解，求 t 的取值范围。

这个题可作如下几种形式的变化：

（1）已知曲线 $C_1 : y = 4 - x^2$ 和 $C_2 : \dfrac{x^2}{4} + \dfrac{(y - t)^2}{9} = 1$ 有交点，求 t 的取值范围。

（2）已知集合 $M = \{z \mid z = \lambda + \mathrm{i}(4 - \lambda^2),\ \lambda \in \mathbf{R}\}$，$N = \{z \mid z = 2\cos\theta + \mathrm{i}(t + 3\sin\theta),\ \theta \in \mathbf{R}\}$，$M \cap N \neq \varPhi$，求实数 t 的取值范围。

2. 把题目的条件引申、开拓

题目的条件在题目中居主导地位，题目的结论是由条件决定的。如果题目的条件改变了，那么题目的结论可能随之变化。改变题目条件的方法可以多种多样。例如，使特殊条件一般化、一般条件特殊化或特殊与一般交替变化。

3. 把题目的结论引申、开拓

有的题目，在条件不改变的情况下，可把结论引申开拓，使题目深化。

4. 把解题方法引申、开拓

某些命题可用多种方法去解。将多种方法的解答对照、比较，看它们描述问题的手段、角度、方式有何不同，从中发现它们的内在联系和规律，这有助于培养发散思维，提高创造能力。

实践出真知，理论是从实践中总结提炼出来的。解题的规律、方法、技能和技巧也是在解题实践中逐步获得的。"熟能生巧"，是很有道理的。只要不断探索解题规律，不断总结积累解题的经验教训，就一定能够有效地提高解题能力。

浅论在课堂教学中开展研究性学习活动

研究性学习是教育部 2000 年 1 月颁布的《全日制普通高级中学课程计划（试验修订稿）》中综合实践活动板块的一项内容。它是指学生在教师指导下，以类似于科学研究的方式去获取知识、应用知识、解决问题的一种新的学习方式。这种学习方式所具有的问题性、开放性、研究性和实践性为学生进行发散思维，发挥创造潜能提供了重要的平台。

研究性学习是一门全新的课程。研究性学习具有开放性、探索性和实践性等特点。研究性学习不同于综合课程，虽然在很多情况下，它涉及的知识是综合的，但是它不是几门学科综合而成的课程，也不等同于活动课程。虽然它是学生开展自主活动，但它不是一般的活动，而是以科学研究为主的课题研究活动。它也不等同于问题课程，虽然也以问题为载体，但不是接受性学习，而是以研究性学习为主要学习方式的课程。

一、在中学开展研究性学习的必要性和对教师的要求

学校开展研究性学习，主要是学生在教师指导下，从自然、社会、生活学习中选择和确定专题进行研究，并在研究过程中主动地获取知识、应用知识、解决问题的学习活动。当然，高中属于基础教育阶段，高中的研究性学习和大学、科研机构的"研究"在内涵和要求上有着根本的区别。它仍然是一种学习，只不过是"像科学家一样"的学习。它形式上是"研究"，实质上是学习，一种综合性的学习。设置研究性学习，其目的在于改变学生以单纯地接受教师传授知识为主的学习方式，为学生构建开放的学习环境，提供多渠道获取知识，并将学到的知识应用于实践，促进他们形成积极、主动的学习态度和良好的学

习策略。显而易见，在研究性学习中，教师和学生的角色都具有新的特色，特别是教师如何适应研究性学习的要求，将影响研究性学习的实施和收效。

首先教师要转变教育观念，要走出对研究性学习的认识误区。不少教师认为，中学属于基础教育阶段，是学生打基础的最佳时期，其主要任务是学好各门文化课，搞研究性学习应放在课外，不应作为必修课；搞研究性学习，中学教学条件还不足、执行有困难，很难搞出名堂来；搞研究性学习会影响学生的学习成绩，降低升学率……显然，这是受应试教育、片面追求升学率的影响所产生的顾虑。教师应加强对研究性学习的目的、意义和实施方法的认识，消除上述顾虑，研究性学习让学生学会了获取知识、应用知识、解决问题的方法，把知识应用于社会实践，这不仅使学生看到了学习文化知识的重要价值，提高学习积极性，还加深了对所学知识的理解。要充分认识研究性学习对培养学生实践能力、探究能力和创新精神的重要意义。要改变自己的角色，在研究性学习中，学生和教师一样能通过互联网、各种媒体等多种途径获取信息，教师已不再是知识的垄断者，而成为学生学习活动的组织者、指导者和参与者，建立平等、民主、教学相长的师生关系。

其次要注意自身科研素质的提高。对习惯于纯学科课程教学的广大教师来说，是一次严峻的考验，教师必须加强学习，要重视自身科研素质的提高。要学习开展研究性学习活动的具体方法，懂得如何做课题。研究性学习中，教师最重要的是教会学生怎样学习、怎样思考、帮助学生养成严谨求实的科学态度和不断追求、勇于探究的进取精神。

二、尝试在课堂教学中实施研究性学习

在平常的教学活动中既不影响常规的教学任务，又能开展好研究性学习，达到培养学生实践能力、探究能力和创新意识的目的，长期以来一直是我们追寻的目标。我们提出了在课堂教学中渗透研究性学习，让学生既学习了书本上的基础知识和理论，又能在课后围绕课堂上的相关内容开展研究性学习。通过长期以来的摸索和实践，我总结出了在课堂上开展研究性学习，须注意以下几个环节。

1. 精选例题、提出要求

教师在备课时一定要注意把握好选题，一定要围绕自己的教学，从小题出

发能给学生广阔的思维空间，有利于学生对课堂所学知识的巩固、理解和加强，还必须注意引导学生从哪些方面入手，教会他们怎样去思考。提出要求也要适度，并要求学生学会查找、收集、整理和利用资料。当然，学生也可围绕课堂所学知识进行自选研究内容。

2. 拟定解决问题的方案

在刚开始的时候老师要指导学生拟定切实可行的方案，等学生有经验了老师就可以放手让他们自己去拟定解决问题的方案。

3. 学生分小组讨论，探究结论，形成成果

为了能收到较好的效果，一般应分成 5～6 人一小组（按成绩好、中、差搭配，也可以自由组合），进行小组集体讨论、学习，由组长根据本组同学的实际情况进行分工协作，有的去查资料，有的进行资料整理和撰写小论文，利用一周的课余时间完成，一周后把初稿交给老师。

4. 交流评价、总结提高

教师对学生交上来的资料作出评价，进行引导、合理修改，并评选出优秀的小组加以表扬，安排一个适当时间让他们向全班同学进行汇报、交流。

5. 合理应用、提高兴趣

学生通过研究性学习，不但知道如何运用学过的知识，还会很自然地在已经学过的知识之间建立一定的联系，而且，为了解决问题学生还会主动地去学习新的知识。同时，我们可根据研究性学习发现的结论或规律，在处理相关题时就可直接利用结论来解决。这样让学生通过发现—总结—应用提高，而对研究性学习有一个更深刻的认识。

下面是笔者在教学过程中实施研究性学习的一个案例。

提出问题：异面直线 a，b 所成的角为 $60°$，则过空间任意一点可作几条直线与直线 a，b 所成的角都是 $60°$。

分析：过直线 a 上一点 A 作 $b' \parallel b$，则知要与直线 a，b 所成的角都为 $60°$，只需与 a，b' 都成 $60°$ 即可。由异面直线所成的角的定义可知，过空间任意一点作直线与 a，b' 都成 $60°$ 的直线，只要过 O 点能作出几条满足条件的直线就能在过空间任意一点处作出几条。如图 1，直线 c 满足条件，试问还能过点 O 作出满足条件的直线吗？

引导学生分析后问题变成了在图 2 中能否作出满足条件的直线。

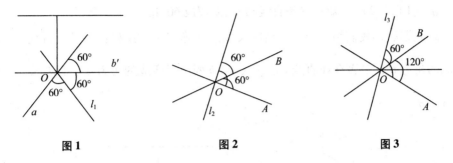

图1　　　　　　　　图2　　　　　　　　图3

在图 2、图 3 中，若 l_2，l_3 存在，由图形的对称性知一定还有两条，怎样来判定 l_2，l_3 是否存在？

提出要求：（1）解答出本题；

（2）题目中的 60°角，换成其他已知大小的角后对结果会有怎样的变化？

（3）如果把题目中的角换成不知大小的角，你能发现什么规律吗？请总结出来。

下面是一组学生完成的小论文：（稍作修改）

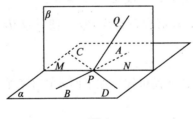

图4

解：（1）如图 4，过点 P 作直线 MN 平分 $\angle APD$，过 MN 作平面 β，使平面 $\beta \perp \alpha$，设 $PQ \subset$ 平面 β。显然，PQ 与直线 CD 所成的 $\angle QPD$，满足 $\angle MPD \leqslant \angle QPD \leqslant 90°$，又知 $\angle MPD = 30°$，$\therefore$ 必存在直线 PQ，使 $\angle QPD = 60°$，由对称性，$\angle QPA = 60°$。同理还存在直线 PQ_1 满足与 AB，CD 成 60°。

（2）过点 P 作直线 EF 平分 $\angle APC$，过 EF 作平面 γ，使平面 $\gamma \perp \alpha$，设 $PV \subset$ 平面 γ。显然，PV 与直线 CD 所成的角 $\angle VPD$ 满足：

$\angle EPD \leqslant \angle VPD \leqslant 90°$，又 $\angle EPD = 60°$，$\therefore$ 必存在直线 PV，

使 $\angle VPD = 60°$，由对称性，$\angle VPA = 60°$。由三面角公式有：

$\cos \angle VPD = \cos \angle VPE \cdot \cos \angle EPD$，$\therefore \cos \angle VPE = 1$，即 $\angle VPE = 0°$。

∴ PV 与 PE 重合，∴ 在平面 γ 内只存在一条直线 PE 满足与 AB，AC 成 $60°$。

由（1）、（2）可知有三条直线与 a，b 都成 $60°$ 角。

解此题后，我们想一想一般情况又该怎样确定呢？比如：两异面直线 a，b 所成的角为 θ，是否存在直线 l 使它与 a，b 两直线所成的角为 φ，且有 $\dfrac{\theta}{2} < \varphi < \dfrac{\pi - \theta}{2}$。

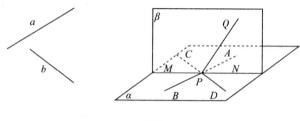

图 5

分析：如图 5 所示，过点 P 作 $CD \parallel b$，$AB \parallel a$。

∵ $AB \cap CD = P$，由 AB，CD 确定平面 α。

又 ∵ a，b 所成的角为 θ，可设 $\angle APD = \theta$，

则 $\angle APC = \pi - \theta$，∴ 必存在直线 PQ，使 $\angle QPD = \varphi$，

由对称性，$\angle QPA = \varphi$。

∵ $\dfrac{\theta}{2} < \varphi < \dfrac{\pi - \theta}{2}$，从而可知，在平面 α 内不存在与 AB，CD 所成的角均为 φ 的直线。

解：（1）过点 P 作直线 MN 平分 $\angle APD$，过 MN 作平面 β，使平面 $\beta \perp \alpha$，设 $PQ \subset$ 平面 β。显然，PQ 与直线 CD 所成的角 $\angle QPD$，满足 $\angle MPD \leqslant \angle QPD \leqslant 90°$，又知 $\angle MPD = \dfrac{\theta}{2} < \varphi < \dfrac{\pi - \theta}{2}$，同理，还存在直线 PQ_1 满足与 AB，CD 所成的角为 φ。

（2）过点 P 作直线 EF 平分 $\angle APC$，过 EF 作平面 γ，使平面 $\gamma \perp \alpha$，设 $PV \subset$ 平面 γ。显然，PV 与直线 CD 所成的角 $\angle VPD$ 满足：

$\angle EPD \leqslant \angle VPD \leqslant 90°$，又 $\angle EPD = \dfrac{\pi - \theta}{2} > \varphi$，∴ 不存在直线 PV，使 AB，CD 所成的角均为 φ。

由（1）（2）知，有两条直线与 a，b 所成的角为 φ。

我们用同样的方法还可以得出更一般的结论：

若异面直线 a，b 所成的角为 θ，$\theta \in \left(0, \dfrac{\pi}{2}\right)$，是否存在直线 l 使它与 a，b 两直线所成的角为 φ。则

（1）当 $\varphi < \dfrac{\theta}{2}$ 时，则过定点的直线 l 不存在；

（2）当 $\varphi = \dfrac{\theta}{2}$ 时，则过定点的直线 l 只有一条；

（3）当 $\dfrac{\theta}{2} < \varphi < \dfrac{\pi - \theta}{2}$ 时，则过定点的直线 l 有两条；

（4）当 $\varphi = \dfrac{\pi - \theta}{2}$ 时，则过定点的直线 l 有三条；

（5）当 $\dfrac{\pi - \theta}{2} < \varphi < \dfrac{\pi}{2}$ 时，则过定点的直线 l 有四条。

例 1. 已知异面直线 a，b 所成的角为 $50°$，P 为空间一定点，则过 P 且与 a，b 所成的角为 $30°$ 的直线有且仅有（　　　）

A. 1 条　　　　　　B. 2 条　　　　　　C. 3 条　　　　　　D. 4 条

解析：直接利用以上规律，$\because \dfrac{50°}{2} < 30° < \dfrac{180° - 50°}{2}$，即 $25° < 30° < 65°$，符合规律（3），则有且仅有 2 条，故选 B。

例 2. 已知异面直线 a，b 所成的角为 $70°$，P 为空间一定点，则过 P 且与 a，b 所成的角为 $70°$ 的直线有_____条。

解析：直接利用以上规律，$\because \dfrac{180° - 70°}{2} < 70° < 90°$，符合规律（5），则有 4 条。

三、研究性学习的体会和反思

1. 活动中教师必须把握的原则

研究性学习中教师地位、角色的转变还体现在以下几个方面：

① 从"以教材为世界"的执行者到"以世界为教材"的开发者。

② 从学科教师到教学与科研并重的教育专家。

③ 从教育教学的管理者到新型人际关系的建设者。

研究性学习中教师须把握三个指导原则：到位而不越位、参谋而不代谋、指导而不指令。首先，研究性学习课程不再只是由专家预先规划设定的特定知识体系的载体，而是一个师生共同探索新知的过程。因此，教师要改变自己的角色，从知识的传授者、教学的权威者变为课程的组织者、情感的支持者、学习的参与者、信息的咨询者，这就是"到位"。学生对怎样选择适合自己的课题、从哪里去搜集相关资料，又怎样将搜集来的资料形成成果等问题就不是很清楚，在不同程度上可能都需要教师及时进行指导、有效提供帮助。另外，学生的一些不良学习习惯如虎头蛇尾、畏难情绪等，都有可能影响研究性学习的进展和效果，因而整个过程都需要教师的关注和参与。有了教师恰当的参谋、正确的指导，学生才有可能在研究性学习中真正体验到自主学习和探究的乐趣，切实提高自己的各种能力。因此，教师在发挥指导作用时要坚持做到："不旁观"——以平等的身份参与研究学习；"不越位"——参与但不代替学生去实施；"不代谋"——启发但不用自己的设想替代学生的思考；"不指令"——指导但不指令学生按教师的想法去做。

2. 活动中教师得到的感悟

由于教师"闻道在先""术业有专攻"，教师成为知识的权威。以"教师为中心、课堂为中心、教材为中心"束缚了学生个性的发展。而在研究性学习中学生自主选题、自主研究，在一个开放的学习环境中进行实践活动，教师失去了垄断地位。同时，学习的内容的开放性使学生的视野大为拓展，吸纳知识的途径由单一变为多样化，教师也不再是学生唯一的知识来源，也就失去了对学生所要学习知识的权威。教师以平等的身份主动参与到研究性学习中去是他工作的前提条件。作为参与者，教师要经常深入学生课题组的活动，了解学生的需求，拉近师生之间的距离，让学生认可教师为他们中的一员，愿意无拘无束地一起交谈和讨论，建立一种和谐融洽的关系，同时，教师可以及时了解情况，有的放矢地进行指导，教师从中学到很多新东西，真正实现教学相长。

教师从知识的传授者到学生学习的指导者。教师的传统角色是"传道、授业、解惑"，是科学文化的传授者。但在研究性学习中，教师除在资料信息来源、思路点拨、研究方法等方面进行指导外，还要做好研究性学习的组织协调者，创设轻松的活动环境，帮助学生克服困难，树立信心，保证学生有旺盛的求知欲和持之以恒的积极性。

3. 活动的收获

波利亚认为："学习任何知识的最佳途径是学生自己去发现，因为这种发现，理解最深，也最容易掌握其中的内在规律。"在上述过程中，我们不仅能激发学生的学习兴趣，而且对学生思维品质的培养、应用意识的增强都得到了相应的提高，也是高中数学教学中研究性学习的一种行之有效的方法。同时，学生学习的主动性、探索问题的勇气和信心被极大地调动起来。当热情、兴趣和信心高涨时，学生的创新意识才会渐渐地萌发，试想长此以往，如此这般地让学生对课堂习题进行改编、分析、组合、加工、深化和研究。学生还会觉得教学那么生硬、那么难、那么枯燥乏味吗？而且搞这样的研究活动，在师生贴得更近、学生的收获更丰硕的同时，对教师而言这难道不是一种享受和提高吗？当然，我们不得不承认搞这样的活动会消耗学生大量的精力，收获大代价也大，所以建议这样的活动一学期开展三四次就行了。

参考文献

［1］杨志文，中学数学教学中开展探究性学习的实践研究［J］．中学数学
　　　教学参考，2004，5．

［2］王光明，有关研究性学习的几个问题［J］．数学通讯，2003，5．

［3］许盈，研究、发散与创造性思维［J］．中学数学教学参考，2004，6．

新课程数学课堂中的探究式教学浅见

——以《平面向量共线定理的应用》教学为例

首先让我们明确认识新课程改革的具体目标和理念，具体目标是：

（1）主动的学习态度。改变课程过于注重知识传授的倾向，强调形成积极主动的学习态度，使获得知识与基本技能的过程同时成为学会学习和形成正确价值观的过程。

（2）整合的课程结构。改革课程结构过于强调学科本位、科目过多和缺乏事例的现状，整体设置课程门类和课时比例，设置综合课程，以适应不同地区和学生发展的需求，体现课程结构的均衡性、综合性和选择性。

（3）拓展的课程内容，改革课程内容"繁、难、偏、旧"和过于注重书本知识现状，加强课程内容与学生生活以及现代社会和科技发展的联系，关注学生的学习兴趣和经验，精选终身学习必备的基础知识和技能。

（4）灵活的课程设施，改变课程实施过于强调接受学习、死记硬背、机械训练的现状，倡导学生主动参与、乐于探究、勤于动手，培养学生搜集和处理信息的能力、获取新知识的能力、分析和解决问题的能力以及交流与合作的能力。

（5）多元的课程评价，改变课程评价过分强调甄别与选拔的功能，发挥评价促进学生发展、教师提高和改进教学实践的功能。

（6）分散的课程管理，改变课程管理过于集中的现状，实行国家、地方、学校三级课程管理，增强课程对地方、学校及学生的适应性。新课程改革的基本理念：①让所有学生都能得到发展；②回归生活世界；③综合是认识世界的重要方式；④师生是课程的创造者；⑤学校是课程改革、科学研究的中心；⑥教学是对话、交流与知识建构的活动。我们只有认真领会新课程改革的目标和理念，才能有效地进行新课程教学活动。

自 2010 年贵州省实施新课程改革以来，完成了 2013 年和 2014 年两年新课程改革后的高考。在使用新课程教学时，老师们普遍发现新教材与课改前使用的教材差异很大。从新课程数学科的改革中可发现，课改前的教材特点是把所有要求学生掌握的公式、定理等全部放到教材内容中让学生学习，然后通过练习巩固，只要求学会相关知识内容，这样很难培养学生的探究能力。新课程教材的特点是把一些基础性的公式、定理放到教学内容中，而把一些导出性公式、定理、结论放到习题中让学生通过课堂学习后自己去探索出来，强调学生自主探究能力的培养。而传统的课堂教学特点：课程是从部分到整体的，重视的是基本技能；非常重视严格遵循固定的课程；课堂活动十分依赖于教材和练习本；学生是"白板"，教师在上面可以刻上任何信息；教师普遍相信说教的方法，向学生传播信息；教师以正确答案验证学生的学习，学生心目中上学就是学习"老师告诉他们的东西"；学生学习的评估与教学是分离的，几乎完全是通过考试来评估的；学生的学习主要是独自学习。要真正实现课程改革的目标就必须在教材和教师的教法上进行改革。这就要求教师在教学时给传统意义上的"发现式""启发式"等教学模式赋予新的含义。试想想看课改前的教材中把所有结论都写得清清楚楚了，就很难再创设情境让学生去发现，这也是课改前教材存在的一些弊端。而新课程中给了许多让学生去思考、发现、探究的问题，新教材把许多探究问题放到教材的习题中，需要老师在教学中正确引导学生去完成这些问题，完成这些问题的过程就是一种培养学生探究问题的能力。这也是我国为什么要实施新课程改革的初衷，就是要让我们的学生从教材学习中学会探究问题的能力，培养出更多具有创造性能力的人才。

贵州省 2013 年和 2014 年新课程高考试题与之前的高考试题感觉没有太多变化，在试题中体现不出探究性问题，但你不要误认为新课程教材的推出没有实际意义，同样一个知识点，之前要求学生"学会"，现在要求学生"会学、会探究"。至于现在的高考试卷中还看不到有明显的探究式问题，不等于永远不会出现，你要相信这只是一个过渡期，改革的最终目的绝不是这样的。有理由相信随着课程改革的不断深入，高考在改革，高考试题也会增多新课程改革要求的探究性、创新性的试题。这要求我们在教学中充分体现探究性、创新性的方法，让学生真正实现从"学会"到"会学"的转变。这也需要教师在教学中正确引导学生学习、探究。下面结合我自己在教学人教版教材（必修四）《平面向量共线定理的应用》的教学案例，浅谈在教学中怎样开展探究式教学。

一、问题产生的背景

（1）人教版教材（必修四 P_{89}）介绍了平面向量共线定理：向量 $\vec{a}(\vec{a} \neq \vec{0})$ 与 $\vec{b}$ 共线，当且仅当有唯一一个实数 λ ，使 $\vec{b} = \lambda\vec{a}$ 。

（2）P_{98}《2.3.4 平面向量共线坐标表示》介绍了平面向量共线定理的坐标表示：设 $\vec{a} = (x_1, y_1)$ ，$\vec{b} = (x_2, y_2)$ ，其中 $\vec{b} \neq \vec{0}$ ，当且仅当 $x_1y_2 = x_2y_1$ 时，向量 $\vec{a}$ ，$\vec{b}(\vec{b} \neq \vec{0})$ 共线。

（3）P_{102} 习题 4. 如图 1，设 Ox ，Oy 是平面相交成 60° 角的两条数轴，$\vec{e_1}$ ，$\vec{e_2}$ 分别是与 x 轴、y 轴正方向的单位向量，若向量 $\vec{OP} = x\vec{e_1} + y\vec{e_2}$ ，则把有序数对 (x, y) 叫作向量 $\vec{OP}$ 在坐标系 xOy 中的坐标。

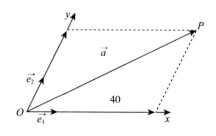

图 1

问：由平面向量的基本定理，本题中向量坐标的规定是否合理？

二、问题与思考

新教材中为什么编制这样一道思考题？它告诉我们什么信息？它背后还有哪些适合中学生掌握的故事？面对这样一道思考题怎样引导学生去完成？给我们留下许多思考的空间，这就是新课程改革教材内容设计的初衷。

新教材中这道习题事实上就是要告诉学生，可以灵活建立坐标系，两坐标轴间的夹角可以是任意大小。在这一节内容中提出坐标系的任意性，又意欲何为？这体现了新教材的开放性，对不同程度的学生可以产生不同的效果，对不同程度的学生要求不同也是新教材"一本多用、一本多能"的特点。

三、"探究式"教学方法

通过上述新教材中习题的应用对《平面向量共线定理的应用》教学一例。

首先回顾平面向量共线的定理，然后引导学生结合上述习题的结论延伸出结论：已知 $\vec{a} = x_1\vec{e_1} + y_1\vec{e_2}$，$\vec{b} = x_2\vec{e_1} + y_2\vec{e_2}$，若 $\vec{a} /\!/ \vec{b}$，则有 $x_1y_2 = x_2y_1$。（$\vec{e_1}$，$\vec{e_2}$ 为不共线的两向量）

证明：由平面向量共线定理，设 $\vec{b} = \lambda\vec{a}$，则有 $x_2\vec{e_1} + y_2\vec{e_2} = \lambda x_1\vec{e_1} + \lambda y_1\vec{e_2}$，

则有 $\begin{cases} x_2 = \lambda x_1 \\ y_2 = \lambda y_1 \end{cases} \Rightarrow x_1y_2 = x_2y_1$。

注：（1）它延伸的部分就是从直角坐标系下的结论变到任意两基底下有相似的结论。

（2）上述结论能不能用来判断两向量垂直？即，已知 $\vec{a} = x_1\vec{e_1} + y_1\vec{e_2}$，$\vec{b} = x_2\vec{e_1} + y_2\vec{e_2}$，若 $\vec{a} \perp \vec{b}$，则有 $x_1x_2 + y_1y_2 = 0$ 成立吗？只要 $\vec{e_1}$，$\vec{e_2}$ 不垂直，且不是单位向量时，此结论就不成立。

事实上，当 $\vec{a} \perp \vec{b}$ 时，有 $\vec{a} \cdot \vec{b} = 0$，即有 $(x_1\vec{e_1} + y_1\vec{e_2}) \cdot (x_2\vec{e_1} + y_2\vec{e_2}) = 0$，即有 $x_1x_2\vec{e_1}^2 + y_1y_2\vec{e_2}^2 + (x_1y_2 + x_2y_1)\vec{e_1} \cdot \vec{e_2} = 0$，当 $\vec{e_1}$，$\vec{e_2}$ 不垂直，且不是单位向量时，不会有 $x_1x_2 + y_1y_2 = 0$ 成立。

（3）两向量平行和垂直在坐标变换时为什么会出现这样的差异？因为平行向量在坐标变换中仍保持平行不变，而垂直向量在坐标变换中将不再垂直，所以在使用时要特别注意。

例题解析：

例 1. 已知 $\vec{e_1}$，$\vec{e_2}$ 为非零不共线向量，$\vec{a} = k\vec{e_1} + \vec{e_2}$，$\vec{b} = \vec{e_1} + k^2\vec{e_2}$，且 $\vec{a} /\!/ \vec{b}$，则 $k = $ _____。

解：由上述结论有，$k^3 = 1$，则 $k = 1$。

例 2. 如图 2，在 △ABC 中，点 M 是 BC 的中点，点 N 在边 AC 上，且 AN = 2NC，AM 与 BN 相交于点 P，若 $\overrightarrow{CP} = x\overrightarrow{CM} + y\overrightarrow{CN}$，则 x + y = _____。

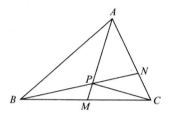

图 2

解：设 $\overrightarrow{AP} = \lambda\overrightarrow{AM}$，由点 M 是 BC 的中点，有 $\overrightarrow{AM} = \frac{1}{2}(\overrightarrow{AB} + \overrightarrow{AC})$，

$\overrightarrow{BP} = \overrightarrow{AP} - \overrightarrow{AB} = \lambda\overrightarrow{AM} - \overrightarrow{AB} = \left(\frac{1}{2}\lambda - 1\right)\overrightarrow{AB} + \frac{1}{2}\lambda\overrightarrow{AC}$，

$\overrightarrow{BN} = \overrightarrow{AN} - \overrightarrow{AB} = \frac{2}{3}\overrightarrow{AC} - \overrightarrow{AB}$，

由 $\overrightarrow{BP} \parallel \overrightarrow{BN}$，则由上述结论有 $\frac{2}{3}\left(\frac{1}{2}\lambda - 1\right) = -\frac{1}{2}\lambda$，解得 $\lambda = \frac{4}{5}$，

$\overrightarrow{CP} = \overrightarrow{AP} + \overrightarrow{CA} = \frac{4}{5}\overrightarrow{AM} + 3\overrightarrow{CN} = \frac{4}{5}(\overrightarrow{CM} - \overrightarrow{CA}) + 3\overrightarrow{CN} = \frac{4}{5}\overrightarrow{CM} + \frac{3}{5}\overrightarrow{CN}$，

则 $x + y = \frac{7}{5}$。

解后记：在处理这类问题时，主要依赖三点共线得到的两向量共线，利用向量共线的定理产生等量关系，用上述结论来产生等量关系更直接，减少运算量。

例 3. 如图 3，在 △ABC 中，已知 $\overrightarrow{BD} = 2\overrightarrow{DC}$，$\overrightarrow{AM} = 3\overrightarrow{MD}$，过点 M 作直线交 AB，AC 于 P，Q 两点，则 $\frac{AB}{AP} + \frac{2AC}{AQ} = $ _____。

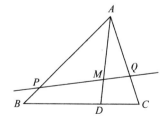

图 3

解：设 $\overrightarrow{AP} = x\overrightarrow{AB}$，$\overrightarrow{AQ} = y\overrightarrow{AC}$，$\because \overrightarrow{AM} = 3\overrightarrow{MD}$，$\therefore \overrightarrow{AM} = \dfrac{3}{4}\overrightarrow{AD}$，

$\because \overrightarrow{BD} = 2\overrightarrow{DC}$，$\therefore \overrightarrow{BD} = \dfrac{2}{3}\overrightarrow{BC}$，$\therefore \overrightarrow{AD} = \dfrac{1}{3}\overrightarrow{AB} + \dfrac{2}{3}\overrightarrow{AC}$，

$\overrightarrow{PM} = \overrightarrow{AM} - \overrightarrow{AP} = \left(\dfrac{1}{4} - x\right)\overrightarrow{AB} + \dfrac{1}{2}\overrightarrow{AC}$，

$\overrightarrow{PQ} = \overrightarrow{AQ} - \overrightarrow{AP} = y\overrightarrow{AC} - x\overrightarrow{AB}$。

$\because \overrightarrow{PM} /\!/ \overrightarrow{PQ}$，则由上述结论有 $y\left(\dfrac{1}{4} - x\right) = -\dfrac{1}{2}x$，即有 $2x + y = 4xy$，

即 $\dfrac{1}{x} + \dfrac{2}{y} = 4$，则 $\dfrac{AB}{AP} + \dfrac{2AC}{AQ} = \dfrac{1}{x} + \dfrac{2}{y} = 4$。

通过上述探究式地处理教材习题，我们看到了新课程改革的目的和理念。我们在使用新编的教材时，不要忽视每一个让学生开拓视野的问题，要抓住每一次机会让学生学会探究式学习的方法，让我们的学生通过探究式学习掌握一些基本的探究知识的技巧，不能只停留在表面的知识接受上，让学生学会探究、学会思考、学会处理一些基本的问题、学会把课本知识应用到实际问题中去。例如，学生学习人教版教材（必修五）第一章《解三角形》的应用举例后，可以安排学生就校园内生活中的一些感兴趣的事进行一次"实习作业"，要求学生通过所学知识去处理身边的实际问题，让学生真实感受到数学与生活的密切联系，同时，也能大大提高学生学习数学的兴趣，这才是我们本轮新课程改革的目的。

"三教"引领学生深度学习策略思考

——从一类数列求前 n 项和谈起

深度学习理论最早是由美国学者弗伦斯·马顿和罗杰·塞里欧提出的,他们在理论上全面阐述了浅层学习和深度学习两个不同的概念。我国不少学者也对深度学习理论进行了深刻的研究,从学习者的动机、学习状态、学习方式、学习关注点、学习反馈等为切入点,阐述了浅层学习和深度学习的不同概念。深度学习是学习者在理解学习的基础上,凭借已有知识进行批判、反思地学习新知识、新思想,同时又将新知识、新理论和思想转化融入已有的认知结构,重新建构。如此良性循环,看似繁多的思想却建立了联系,建构的知识轻而易举地迁移到有效的学习方式。教师应该重视真实的问题情境,加强信息联结,注重反思,主动建构策略。

为切实提升学生解题能力,需从学习动机、学习状态、学习方式、学习关注点、学习反馈等方面全方位出发。在"三教"(教思考、教体验、教表达)引领下学生深度学习,目标更明确,定位更准确。深度学习拓展是深度学习的高级阶段,是对重新建构的知识体系再度扩展,这样的深度学习拓展更有利于学生对知识的认知升华,对培养学生创新思维能力起了积极作用。深度学习拓展一定要注意学习对象,把控好拓展延伸的各种维度,过度延伸难以保证学习效果,拓展延伸一定要讲策略,应适时、适地、适人制订出有效的深度学习拓展计划,以实现有效化学习。让学生通过学习"学会思考、学会体验、学会表达",真正在学习中"长见识、悟道理"。

本文通过一类数列求前 n 项和展开深度学习,对如何拓展延伸进行介绍,以期达到对深度学习拓展延伸的策略有一定的理解和认识，引导学习者学会对知识的拓展延伸，达到"识一题会一类，悟一道明多理"的效果。

一、在"三教"引领下开展解题方法的深度学习

常规题是学生学习时常关注的对象，把握好常规的解法，能较快地完成对知识点的基本要求，抓住常规题的解答准确率也是考试赢得高分的必需。

问题 1. 已知 $a_n = 2^{n-1}$，$b_n = 2n+1$，$c_n = a_n \cdot b_n$，求数列 $\{c_n\}$ 的前 n 项和 T_n。

（一）"三教"引领学生深度学习思考

第一步（教思考）：引导学生观察分析题目，并对结构特征进行思考。

题目是由一个等差数列和一个等比数列之积组织的新数列，求其前 n 项和。既不能直接用等差数列，也不能直接用等比数列求和公式来求。引导学生联想到教材中推导等比数列前 n 项和公式所用的"错位相减法"进行思考。

对等比数列前 n 项和公式所用的"错位相减法"进行回顾。

如求：$S_n = a_1 + a_1 q + a_1 q^2 + \cdots + a_1 q^{n-1} (q \neq 0，1)$，

$qS_n = a_1 q + a_1 q^2 + \cdots + a_1 q^{n-1} + a_1 q^n$，

两式相减，得 $(1-q)S_n = a_1 - a_1 q^n$，即 $S_n = \dfrac{a_1(1-q^n)}{1-q}$。

第二步（教体验）：引导学生通过类比体验，实现知识迁移。

对比问题 1 中的前 n 项和 T_n 与等比数列前 n 项和的异同，发现等比数列的前 n 项和 $S_n = a_1 + a_1 q + a_1 q^2 + \cdots + a_1 q^{n-1} (q \neq 0，1)$ 的每一项也是一个等差数列（常数列 $\{a_1\}$）与等比数列 $\{q^{n-1}\}$ 之积，充分说明可以用"错位相减法"解决问题 1。

第三步（教表达）：通过完整的问题解答，让学生学会表达。

解：由已知 $c_n = a_n \cdot b_n = (2n+1) \times 2^{n-1}$，

则 $T_n = 3 \times 2^0 + 5 \times 2^1 + 7 \times 2^2 + \cdots + (2n+1) \times 2^{n-1}$，

$2T_n = 3 \times 2^1 + 5 \times 2^2 + \cdots + (2n-1) \times 2^{n-1} + (2n+1) \times 2^n$（乘公比错位对齐），

两式相减得，$-T_n = 3 + 2^2 + 2^3 + \cdots + 2^n - (2n+1) \times 2^n = 2^{n+1} - 1 - (2n+1) \times 2^n$，

即 $T_n = (2n - 1) \times 2^n + 1$。

归纳小结：这种错位相减求和方法，是要求学生必须掌握的方法，学生基本上都会用这种方法来解这类题目。该方法中主要体现两个关键环节：一是乘公比错位对齐；二是错位相减，把其中成等比数列部分求和化简，最后再进行化简。

方法迁移一：从解题方法引导学生进行深度学习思考。

（二）"三教"引领学生深度学习拓展

第一步（教思考）：引导学生观察分析题目，并对结构特征进行思考。

题目是由一个等差数列和一个等比数列之积组成的新数列，求其前 n 项和。能不能用裂项相消法完成？即把通项分裂成连续两项相减，再求和。

如求：$S_n = \dfrac{1}{1 \times 2 \times 3} + \dfrac{1}{2 \times 3 \times 4} + \cdots + \dfrac{1}{n(n+1)(n+2)}$。

解：$\because \dfrac{1}{n(n+1)(n+2)} = \dfrac{1}{2}\left[\dfrac{1}{n(n+1)} - \dfrac{1}{(n+1)(n+2)}\right]$，

$\therefore S_n = \dfrac{1}{2}\left[\dfrac{1}{1 \times 2} - \dfrac{1}{(n+1)(n+2)}\right] = \dfrac{1}{4} - \dfrac{1}{2(n+1)(n+2)}$。

第二步（教体验）：引导学生通过类比体验，实现知识迁移。

如能把问题 1 中的 $(2n+1) \times 2^{n-1}$ 分裂成连续两项之差，同样可以用裂项相消法解决。面临的困难是如何将 $(2n+1) \times 2^{n-1}$ 分裂成连续两项之差，我们一起来尝试一下。

第三步（教表达）：通过完整的问题解答，让学生学会表达。

解：设 $c_n = (An + B) \times 2^n - [A(n-1) + B] \times 2^{n-1}$（确定结构，待定系数），

则有 $c_n = (2n+1) \times 2^{n-1} = [2An + 2B - A(n-1) - B] \times 2^{n-1} = (An + A + B) \times 2^{n-1}$，

则 $\begin{cases} A = 2 \\ A + B = 1 \end{cases} \Rightarrow \begin{cases} A = 2 \\ B = -1 \end{cases}$，

此时用裂项相消法，易得 $T_n = (An + B) \times 2^n - B = (2n - 1) \times 2^n - 1$。

总结反思：此法关键在于构造，更能培养学生的创新思维品质，从解法一的常规错位相减法变成解法二的构造裂项相消法，是对知识的再认识，是对学生思维品质的升华，是深度学习拓展延伸的实际价值体现。

方法迁移二：从解题方法引导学生进行深度学习拓展的再升华，用联想把已学习过的知识巧妙地应用于解题中。

（三）"三教"引领学生深度学习延伸

第一步（教思考）：引导学生观察分析题目，并对结构特征进行思考。

通过观察、联想，利用函数与数列的相容性，构造出相应的函数来完成解答。

例如：函数 $f(x) = x + x^2 + x^3 + \cdots + x^n$ $(x \neq 0, 1)$，

易知，$f'(x) = 1 + 2x + 3x^2 + \cdots + nx^{n-1}$，求 $S_n = 1 + 2 \times 2 + 3 \times 2^2 + \cdots + n \times 2^{n-1}$。

请同学们仔细观察思考，它们有什么联系？你能从中找到它们的切合点吗？

事实上，我们很容易发现，$S_n = f'(2)$。

又 $f(x) = \dfrac{x(1 - x^n)}{1 - x} = \dfrac{x^{n+1} - x}{x - 1}$，得 $f'(x) = \dfrac{\left[(x-1)n - 1\right] \cdot x^n + 1}{(x-1)^2}$，

则 $S_n = f'(2) = (n - 1) \times 2^n + 1$。

第二步（教体验）：引导学生通过类比体验，实现知识迁移。

为了能够体验上述的解法思想，可以先变成 $(2n + 1) \times 2^{n-1} = (n + 1) \times 2^n - 2^{n-1}$，两部分同时求和。

第三步（教表达）：通过完整的问题解答，让学生学会表达。

解：（构造函数法）由 $c_n = a_n \cdot b_n = (2n + 1) \times 2^{n-1} = (n + 1) \times 2^n - 2^{n-1}$，

$T_n = 2 \times 2^1 + 3 \times 2^2 + 4 \times 2^3 + \cdots + (n + 1) \times 2^n - (1 + 2 + 2^2 + \cdots + 2^{n-1})$。

令 $f(x) = x^2 + x^3 + x^4 + \cdots + x^{n+1} = \dfrac{x^2(x^n - 1)}{x - 1}$ $(x \neq 1)$，

两边同时对 x 求导数，

则有 $f'(x) = 2x + 3x^2 + \cdots + (n + 1)x^n = \dfrac{(n+1)x^{n+2} - (n+2)x^{n+1} - x^2 + 2x}{(x-1)^2}$，

则 $f'(2) = (n + 1) \times 2^{n+2} - (n + 2) \times 2^{n+1}$，

从而 $T_n = (n + 1) \times 2^{n+2} - (n + 2) \times 2^{n+1} - (2^n - 1) = (2n - 1) \times 2^n + 1$。

总结反思：解法三对学生知识架构要求更高，对培养学生灵活掌握数学知识要求高，对学生深度学习拓展延伸，从广度、深度得到提升。

二、在"三教"引领下开展题目变化的深度学习拓展

从简单到复杂，用简单的知识和方法类比处理有点难度的问题，加大题目难度，寻找一类题目的通解通法，这也是深度学习拓展的有效途径。

问题 2. 已知等比数列 $\{a_n\}$ 的第 2 项和第 5 项分别为 2 和 16，数列 $\{2n+3\}$ 的前 n 项和为 S_n。

（1）求 a_n，S_n；

（2）求数列 $\{a_n(S_n+2)\}$ 的前 n 项和 T_n。

解：（1）设公比为 q，则由已知有 $\begin{cases} a_1q = 2 \\ a_1q^4 = 16 \end{cases} \Rightarrow a_1 = 1$，$q = 2$，则 $a_n = 2^{n-1}$。

$S_n = 2(1 + 2 + 3 + \cdots + n) + 3n = n^2 + 4n$。

（2）由（1），令 $b_n = a_n(S_n+2) = (n^2 + 4n + 2) \cdot 2^{n-1}$。

第（2）问在"三教"引领下进行解题探索。

（一）"三教"引领学生深度学习思考

第一步（教思考）：引导学生观察分析题目，并对结构特征进行思考。

从结构来看与问题 1 区别较大，不是"差比数列"的问题，学生很难看出是不是还能用错位相减求和法。引导学生思考能否使用错位相减法求解？

第二步（教体验）：引导学生通过类比体验，实现知识迁移。

引导学生尝试用"错位相减法"试求，及时了解学生解答情况进行指导，询问学生遇到什么困难了？一次错位相减后不能得到问题 1 中的效果，无法继续进行下去。然后继续引导学生观察第一次错位相减的结构，发现主要部分的规律适合进行第二次错位相减法，从而可完整解答问题。

第三步（教表达）：通过完整的问题解答，让学生学会表达。

解：（错位相减法）由（1）知

$T_n = 7 + 14 \times 2 + 23 \times 2^2 + \cdots + (n^2 + 4n + 2) \cdot 2^{n-1}$，

$2T_n = 7 \times 2 + 14 \times 2^2 + \cdots + [(n-1)^2 + 4(n-1) + 2] \cdot 2^{n-1} + (n^2 + 4n + 2) \cdot 2^n$，

两式相减得，$-T_n = 7 + 7 \times 2 + 9 \times 2^2 + \cdots + (2n+3) \cdot 2^{n-1} - (n^2 + 4n + 2) \cdot 2^n$，

$-2T_n = 7 \times 2 + 7 \times 2^2 + \cdots + (2n+1) \cdot 2^{n-1} + (2n+3) \cdot 2^n - (n^2 + 4n + 2) \cdot 2^{n+1}$，两式相减得，

$$T_n = 7 + 2^3 + 2^4 + \cdots + 2^n - (2n+3) \cdot 2^n + (n^2 + 4n + 2) \cdot 2^n$$

$$= 7 + \frac{2^3(1 - 2^{n-2})}{1 - 2} + (n^2 + 2n - 1) \cdot 2^n$$

$$= 2^{n+1} - 1 + (n^2 + 2n - 1) \cdot 2^n = (n+1)^2 \cdot 2^n - 1 。$$

总结反思：解题方法还是错位相减求和法，但与问题1中的常规法有点区别，这里需要两次使用错位相减求和法。在思维层次上更上了一层楼，这也是深度学习拓展的另一个方向。这是通过熟知的常规方法对未知相似知识进行的挑战，通过知识的碰撞产生灵感，最终实现解决问题的目标，这就是一种深度学习拓展。同时，在学习过程中让学生长了见识，也悟出了"错位相减法"的相容性这个道理。

方法迁移一：从解题方法引导学生进行深度学习思考。

（二）"三教"引领学生深度学习拓展

第一步（教思考）：引导学生观察分析题目，并对结构特征进行思考。

有了解法一的尝试，自然就会想到能不能仿问题1的裂项相消法来解决这个问题？

只要能将 $b_n = (n^2 + 4n + 2) \cdot 2^{n-1}$ 分裂成连续两项之差即可。那么怎样分离？我们同样可用待定系数法进行尝试。

第二步（教体验）：引导学生通过类比体验，实现知识迁移。

根据"裂项相消法"的规律，引导学生利用待定系数法对 $b_n = (n^2 + 4n + 2) \cdot 2^{n-1}$ 进行分离尝试。

第三步（教表达）：通过完整的问题解答，让学生学会表达。

解：令 $b_n = (n^2 + 4n + 2) \cdot 2^{n-1}$

$$= (An^2 + Bn + C) \cdot 2^n$$

$$- [A(n-1)^2 + B(n-1) + C] \cdot 2^{n-1}$$

$$= [2An^2 - A(n-1)^2 + 2Bn - B(n-1) + 2C - C] \cdot 2^{n-1}$$

$$= [An^2 + (2A + B)n - A + B + C] \cdot 2^{n-1} ，$$

则有 $\begin{cases} A = 1, \\ 2A + B = 4, \\ -A + B + C = 2, \end{cases} \Rightarrow \begin{cases} A = 1, \\ B = 2, \\ C = 1。 \end{cases}$

则 $T_n = b_1 + b_2 + \cdots + b_n = (An^2 + Bn + C) \cdot 2^n - C$

$$= (n^2 + 2n + 1) \cdot 2^n - 1 = (n+1)^2 \cdot 2^n - 1。$$

总结反思：裂项相消法用在这道题目上也是很好的方法，确定结构时一定要考虑到前后能相互抵消，第二步用待定系数法确定就比较容易理解了。这类题型用这种裂项相消的方法，重心就在"巧确结构，待定系数"。有利于培养学生深度学习拓展延伸能力和创造能力。

方法迁移二：从解题方法引导学生进行深度学习思考。

（三）"三教"引领学生深度学习拓展

第一步（教思考）：引导学生观察分析题目，并对结构特征进行思考。

既然可用错位相减和裂项相消来解答问题 2，探索一下能否用构造函数法来解答？又是怎样来构造函数的？

因 $b_n = (n^2 + 4n + 2) \cdot 2^{n-1} = (n+1)n \cdot 2^{n-1} + 3n \cdot 2^{n-1} + 2^n$，容易联想到构造函数，通过对函数求一次导数和二次求导数即可。

第二步（教体验）：引导学生通过类比体验，实现知识迁移。

通过 $b_n = (n^2 + 4n + 2) \cdot 2^{n-1} = (n+1)n \cdot 2^{n-1} + 3n \cdot 2^{n-1} + 2^n$，仿问题 1 构造函数，进行尝试体验。

第三步（教表达）：通过完整的问题解答，让学生学会表达。

解：（构造法）

令 $b_n = a_n(S_n + 2) = (n^2 + 4n + 2) \cdot 2^{n-1} = (n+1)n \cdot 2^{n-1} + 3n \cdot 2^{n-1} + 2^n$，

则 $T_n = \sum_{k=1}^{n} (k+1)k \cdot 2^{k-1} + 3 \sum_{k=1}^{n} k \cdot 2^{k-1} + \sum_{k=1}^{n} 2^k$。

令 $S(x) = x^2 + x^3 + \cdots + x^{n+1} = \dfrac{x^2(x^n - 1)}{x - 1} = \dfrac{x^{n+2} - x^2}{x - 1}$（$x \neq 1$），两边同时对 x 求导数，

则有 $S'(x) = 2x + 3x^2 + \cdots + (n+1)x^n = \dfrac{(n+1)x^{n+2} - (n+2)x^{n+1} - x^2 + 2x}{(x-1)^2}$，

再同时求导得，

$$S''(x) = 2 + 3 \times 2x + 4 \times 3x^2 + \cdots + (n+1)nx^{n-1}$$

$$= \dfrac{(n+2)(n+1)x^n - 2}{x - 1} - \dfrac{2\left[(n+1)x^{n+2} - (n+2)x^{n+1} - x^2 + 2x\right]}{(x-1)^3},$$

则 $\displaystyle\sum_{k=1}^{n}(k+1)k\cdot 2^{k-1}=S''(2)=(n+2)(n+1)\times 2^n$

$$-2\big[(n+1)\cdot 2^{n+2}-(n+2)\cdot 2^{n+1}\big]-2$$

$$=(n^2-n+2)\times 2^n-2_{\,\circ}$$

又令 $h(x)=x+x^2+\cdots+x^n=\dfrac{x(x^n-1)}{x-1}=\dfrac{x^{n+1}-x}{x-1}$（$x\neq 1$），

$$h'(x)=1+2x+3x^2+\cdots+nx^{n-1}=\dfrac{nx^{n+1}-(n+1)x^n+1}{(x-1)^2}\,,$$

则 $\displaystyle\sum_{k=1}^{n}k\cdot 2^{k-1}=h'(2)=n\times 2^{n+1}-(n+1)\times 2^n+1=(n-1)\times 2^n+1$ ，

$$\sum_{k=1}^{n}2^k=\dfrac{2(2^n-1)}{2-1}=2^{n+1}-2\,,$$

则 $\displaystyle T_n=\sum_{k=1}^{n}(k+1)k\cdot 2^{k-1}+3\sum_{k=1}^{n}k\cdot 2^{k-1}+\sum_{k=1}^{n}2^k$

$$=(n^2-n+2)\times 2^n-2+3\big[(n-1)\times 2^n+1\big]+2^{n+1}-2$$

$$=(n+1)^2\times 2^n-1_{\,\circ}$$

总结反思：构造函数法作为一种解决该类问题的方法，肯定是种好方法，对学生知识深度学习拓展能力的培养作用更大，对学生灵活使用数学知识要求更高。数学学习不只是为了把某个问题解答出来就结束了，而是要通过解题让学生真正长见识，悟出认识事物的一些道理。

三、在"三教"引领下开展题目类型归纳的深度学习拓展

从上面的问题 1 和问题 2 所体现的内涵来看，两个问题所反映出来的都是很常规的题型，其实裂项相消（即构造法）适用于所有数列求前 n 项和。

拓展延伸：数列 $\{a_n\}$ 中，$a_n=f(n)\times a^n$（$a\neq 1$），其中 $f(n)$ 是关于 n 的多项式函数，求数列 $\{a_n\}$ 的前 n 项和 S_n。经问题 1 和问题 2 的解答，用构造函数法过程繁重，比较适合用错位相减法和裂项相消法来解决。

问题 3. 数列 $\{a_n\}$ 中，$a_n=(2n^3+2n-1)\times 3^{n-1}$，求数列 $\{a_n\}$ 的前 n 项和 S_n。

分析：在这里我们只用裂项相消法解答，请读者用错位相减法求和练练。

第一步（教思考）：引导学生观察分析题目，并对结构特征进行思考。

有了问题 1 和问题 2 的解答基础后，你能把问题 3 用裂项相消法来解决吗？只要能将 $a_n = (2n^3 + 2n - 1) \times 3^{n-1}$ 分裂成连续两项之差即可。那么怎样分裂？我们同样可用待定系数法进行尝试。

第二步（教体验）：引导学生通过类比体验，实现知识迁移。

根据"裂项相消法"的规律，引导学生利用待定系数法对 $a_n = (2n^3 + 2n - 1) \times 3^{n-1}$ 进行分离尝试。

第三步（教表达）：通过完整的问题解答，让学生学会表达。

解：令 $a_n = (An^3 + Bn^2 + Cn + D) \times 3^n - [A(n-1)^3$
$\qquad + B(n-1)^2 + C(n-1) + D] \times 3^{n-1}$
$\qquad = [3An^3 - A(n-1)^3 + 3Bn^2 - B(n-1)^2$
$\qquad + 3Cn - C(n-1) + 2D] \times 3^{n-1}$
$\qquad = [2An^3 + (3A + 2B)n^2 + (-3A + 2B + 2C)n$
$\qquad + A - B + C + 2D] \times 3^{n-1}$,

又由已知 $a_n = (2n^3 + 2n - 1) \times 3^{n-1}$，则有

$$
\begin{cases} 2A = 2, \\ 3A + 2B = 0, \\ -3A + 2B + 2C = 2, \\ A - B + C + 2D = -1, \end{cases} \Rightarrow \begin{cases} A = 1, \\ B = -\dfrac{3}{2}, \\ C = 4, \\ D = -\dfrac{15}{4}\text{。} \end{cases}
$$

由裂项相消可得，$S_n = \left(n^3 - \dfrac{3}{2}n^2 + 4n - \dfrac{15}{4}\right) \times 3^n + \dfrac{15}{4}$。

归纳小结：该题如果使用错位相减求和法，在运算过程中会出现三次错位相减，解答过程应该比裂项相消法更麻烦。由此可知，这类问题的解答方法应首选裂项相消法

四、在"三教"引领下利用开放性试题进行发散思维的深度学习拓展

深度学习拓展应是多角度的方式提升学生学习效率，可以是通过一题多解的深度学习拓展、通过题目加深难度的深度学习拓展延伸、从特殊到一般地归

纳深度学习拓展延伸，也可通过引入开放性试题对学生发散性思维的深度学习拓展延伸。

问题4. 已知公差不为 0 的等差数列 $\{a_n\}$ 的首项 $a_1 = 2$，前 n 项和为 S_n，且_____（① a_1，a_3，a_7 成等比数列；② $S_n = \dfrac{n(n+3)}{2}$；③ $a_8 = 16$，任选一个条件填入横线处），设 $b_n = a_n \cdot 2^{n-1}$，求数列 $\{b_n\}$ 的前 n 项和 T_n。

解：（选条件① a_1，a_3，a_7 成等比数列），

则 $a_3^2 = a_1 \cdot a_7$，又 $a_1 = 2$，

设公差为 d，则有 $(2 + 2d)^2 = 2(2 + 6d)$，得 $d = 1$，则 $a_n = n + 1$，

从而 $b_n = (n + 1) \cdot 2^{n-1}$。

（选条件② $S_n = \dfrac{n(n+3)}{2}$），

当 $n \geq 2$ 时，$a_n = S_n - S_{n-1} = \dfrac{n(n+3)}{2} - \dfrac{(n-1)(n+2)}{2} = n + 1$，

则 $a_n = n + 1$，从而 $b_n = (n + 1) \cdot 2^{n-1}$。

（选条件③ $a_8 = 16$），

则有 $a_8 = a_1 + 7d$，可得 $d = 2$，

则 $a_n = 2n$，从而 $b_n = n \cdot 2^n$。

以下可用例 1 介绍的方法完成，在此略。

在条件①②下，求得 $T_n = n \cdot 2^n$；

在条件③下，求得 $T_n = (n - 1) \cdot 2^{n+1} + 2$。

归纳小结：开放性题目中条件设置时应涉及的知识点难度相近，让学生不论选择什么条件都能达到检测的目的。

问题 5. 在① S_4 是 a_2 与 a_{21} 的等差中项；② a_7 是 $\dfrac{S_3}{3}$ 与 a_{22} 的等比中项；③数列 $\{a_{2n}\}$ 的前 5 项和为 65，从这三个条件中任选一个，补充在横线上，并解答下面的问题。

已知 $\{a_n\}$ 是公差为 2 的等差数列，其前 n 项和 S_n，_____。

（1）求 a_n；

（2）设 $b_n = \left(\dfrac{3}{4}\right)^n \cdot a_n$，是否存在 $k \in \mathbf{N}^*$，使得 $b_k > \dfrac{27}{8}$？若存在，求出

k 的值；若不存在，说明理由。

解：（1）（选用条件① S_4 是 a_2 与 a_{21} 的等差中项），则有 $a_2 + a_{21} = 2S_4$。

又 $d = 2$，则有 $a_1 + d + a_1 + 20d = 2(4a_1 + 6d) \Rightarrow a_1 = 3$，

则 $a_n = 2n + 1$。

（选用条件② a_7 是 $\dfrac{S_3}{3}$ 与 a_{22} 的等比中项），

则有 $a_7^2 = \dfrac{S_3}{3} \times a_{22}$。

又 $d = 2$，

则有 $(a_1 + 6d)^2 = \dfrac{3a_1 + 3d}{3} \times (a_1 + 21d) \Rightarrow (a_1 + 12)^2 = (a_1 + 2)(a_1 + 42)$，

解得 $a_1 = 3$，则 $a_n = 2n + 1$。

（选用条件③数列 $\{a_{2n}\}$ 的前 5 项和为 65），

即有 $a_2 + a_4 + a_6 + a_8 + a_{10} = 65$。

可得 $a_6 = 13$，即 $a_1 + 5d = 13$，又 $d = 2$，则 $a_1 = 3$。

从而 $a_n = 2n + 1$。

（2）由（1）得 $b_n = (2n + 1) \cdot \left(\dfrac{3}{4}\right)^n$，

$b_{n+1} - b_n = (2n + 3) \cdot \left(\dfrac{3}{4}\right)^{n+1} - (2n + 1) \cdot \left(\dfrac{3}{4}\right)^n = \dfrac{3^n}{4^{n+1}}(6n + 9 - 8n - 4)$

$= \dfrac{3^n}{4^{n+1}}(5 - 2n)$，

当 $n = 1$，2 时，$b_{n+1} > b_n$；当 $n \geq 3$ 时，$b_{n+1} < b_n$，

则有 $b_1 < b_2 < b_3 > b_4 > b_5 > \cdots$，而 $b_3 = \dfrac{7 \times 27}{64} < \dfrac{8 \times 27}{64} = \dfrac{27}{8}$，从而不

存在满足条件的 k，使得 $b_k > \dfrac{27}{8}$。

本题所设三个条件下解出的答案相同，让学生从中感受到"纵横不出方圆，万变不离其宗"的数学美。同时，这也是深度学习拓展延伸的一种方向。

五、及时练习巩固，让深度学习拓展延伸变成习惯

深度学习以及拓展延伸一旦成为学习的一种习惯，就实现了学科核心素养

的要素，并能真正实现素质教育的目标。

巩固练习：

1. 设 S_n 是数列 $\{a_n\}$ 的前 n 项和，已知 $a_1 = 3$，$a_{n+1} = 2S_n + 3$。

（1）求数列 $\{a_n\}$ 的通项公式；

（2）令 $b_n = (2n - 1)a_n$，求数列 $\{b_n\}$ 的前 n 项和 T_n。

（答案：（1）$a_n = 3^n$；（2）$T_n = (n - 1) \cdot 3^{n+1} + 3$）

2. 已知等差数列 $\{a_n\}$ 的前 n 项和为 S_n，且 $S_1 = \dfrac{3}{2}$，$S_2 = 4$。

（1）求 S_n；

（2）记 $b_n = \left(S_n - \dfrac{1}{2}\right) \times 2^n$，求数列 $\{b_n\}$ 的前 n 项和 T_n。

（答案：（1）$S_n = \dfrac{1}{2}n^2 + n$；（2）$T_n = n^2 \times 2^n$）

3. 在① $a_3 = 5$，$a_2 + a_5 = 6b_2$；② $b_2 = 2$，$a_3 + a_4 = 3b_3$；③ $S_3 = 9$，$a_4 + a_5 = 8b_2$ 这三个条件中任选一个，补充在下面问题中，并解答。

已知等差数列 $\{a_n\}$ 的公差为 $d(d > 1)$，前 n 项和为 S_n，等比数列 $\{b_n\}$ 的公比为 q，且 $a_1 = b_1$，$d = q$，$\cdots$

（1）求数列 $\{a_n\}$，$\{b_n\}$ 的通项公式；

（2）记 $c_n = \dfrac{a_n}{b_n}$，求数列 $\{c_n\}$ 的前 n 项和 T_n。

［答案：（1）$a_n = 2n - 1$，$b_n = 2^{n-1}$；（2）$T_n = 6 - (2n + 3) \cdot \left(\dfrac{1}{2}\right)^{n-1}$］

4. 在① $a_5 = b_4 + 2b_6$；② $a_3 + a_5 = 4(b_1 + b_4)$；③ $b_2 S_4 = 5a_2 b_3$ 这三个条件中任选一个，补充在下面的问题中，并解答。

设 $\{a_n\}$ 是公比大于 0 的等比数列，其前 n 项和为 S_n，$\{b_n\}$ 是等差数列。已知 $a_1 = 1$，$S_3 - S_2 = a_2 + 2a_1$，$a_4 = b_3 + b_5$，$\cdots$

（1）求数列 $\{a_n\}$，$\{b_n\}$ 的通项公式；

（2）设 $T_n = a_1 b_1 + a_2 b_2 + a_3 b_3 + \cdots + a_n b_n$，求 T_n。

（答案：（1）$a_n = 2^{n-1}$，$b_n = n$；（2）$T_n = (n - 1) \cdot 2^n + 1$）

六、"三教"引领下的深度学习拓展策略思考

本文是以我在教学过程中的事例为依托，从一个普通的数列求其前 n 项和

问题展开。首先，引导学生从解题方法上层层推进，提出错位相减求和法、裂项相消法、构造函数法对该问题进行解答；其次，从问题难度上加深探索通性通法；然后，对问题进行从特殊到一般的跨越，寻求更为一般的拓展延伸；通过开放题目进行深度学习，实现深度学习拓展延伸的多样性，最后是巩固练习。在这个深度学习拓展延伸过程中，让学生真切感受到什么才叫"真学习"，要怎样的学习才是"有用的学习"。

在"三教"引领下的深度学习拓展，是以培养学生"会思考、会体验、会表达"，以及探索知识的能力和钻研精神为目的，最终实现"长见识、悟道理"的目标。深度学习不是对知识的表层学习，也不是无限增加知识量和知识难度，而是在"三教"引领下，基于知识的内在结构和整体特性，引导学生从知识学习走向创新能力培养、思维品质的升华，从而更好地理解与掌握知识。知识适度地拓展延伸，关键是把控好拓展延伸的度，绝不是一味地拔高难度，任意地延伸知识。拓展延伸知识一定要让学生在老师的引导下，能够真正地理解拓展后的知识，并能从中感受到知识的"变迁"带来的学习"乐趣"，从而完成对学习者数学核心素养的形成和"四基""四能""三会"的培养，最终使学生实现"长见识、悟道理"的目标。"三教"引领下的数学解题深度学习归纳起来就是：理解题意多思考，细思妙想善体验，逻辑清晰巧表达，归纳总结勤反思。

第二篇

高中数学解题策略的研究

一道联赛题的新解法

1994 年全国高中联赛第二试题："将与 105 互素的所有正整数从小到大排成数列。试求出这个数列的第 1000 项。"

这道题目是要我们找出满足条件的第 1000 项是什么数？在现有的参考答案中都是由构造数列来找的，其过程较复杂。本文给出一种"找"的新思路，即先将存在满足条件的 1000 个与 105 互素的数的范围"找到"，然后从大到小验证到与 105 互素时的数即为所求的数。具体解法如下：

解：因 $105 = 3 \times 5 \times 7$ ，令 $a = 3^{m_1} \cdot 5^{m_2} \cdot 7^{m_3}$（$m_1$，$m_2$，$m_3$ 均为自然数）。易知，与 105 互素的数一定也与 a 互素，反之亦然。设满足条件的第 1000 项与 105 互素的数为 $b < a$ ，且 $\varphi(a) \geqslant 1000$ 。［注：$\varphi(a)$ 表示小于 a 的与 a 互素的数的个数］

由高斯公式有 $\varphi(a) = a\left(1 - \dfrac{1}{3}\right)\left(1 - \dfrac{1}{5}\right)\left(1 - \dfrac{1}{7}\right) \geqslant 1000$ ，

则 $a \geqslant \dfrac{1000 \times 105}{48} = 2187\dfrac{1}{2}$ ，$a \in \mathbf{N}$ ，故取 $a = 2188$ 。

即在 1 ~ 2188 内就有 1000 个数与 105 互素。由 $b < a$ 可知，只需从 2187，2186，… 进行逐一验证是否与 105 互素即可。

因 $2187 = 3 \times 729$ ，则 $b \neq 2187$ 。而 $(2186, 105) = 1$ ，从而 $b = 2186$ 为所求。

［该文发表于西南大学《数学教学通讯》，1996 年第 5 期］

公式 $||z_1| - |z_2|| \leqslant |z_1 \pm z_2| \leqslant |z_1| + |z_2|$ 应用注记

公式 $||z_1| - |z_2|| \leqslant |z_1 \pm z_2| \leqslant |z_1| + |z_2|$ 是现行高中数学教材第二册（必修）的一道习题。它在证明不等式与求函数极值方面有着重要应用，但使用此公式时需注意等号成立的条件。

一、公式中等号成立条件的讨论

（1）$|z_1 + z_2| \leqslant |z_1| + |z_2|$，$||z_1| - |z_2|| \leqslant |z_1 - z_2|$，当且仅当 $\arg z_1 = \arg z_2$，即向量 $\overrightarrow{OZ_1}$，$\overrightarrow{OZ_2}$ 同方向取等号。

（2）$|z_1 - z_2| \leqslant |z_1 + z_2|$，$||z_1| - |z_2|| \leqslant |z_1 + z_2|$，

当且仅当 $\arg z_1 - \arg z_2 = \pi$ 或 $-\pi$，即向量 $\overrightarrow{OZ_1}$，$\overrightarrow{OZ_2}$ 方向相反时取等号。

二、利用公式中等号成立条件求函数极值的理解

例1. 设 $abc \in \mathbf{R}^*$，求 $y = \sqrt{x^2 + a} + \sqrt{(c - x)^2 + b}$ 的最小值，并求此时的 x 的值。

分析：本题常有两类联想法：一是联想成解析几何中，点 $(x, 0)$ 到两定点 $(0, \sqrt{a})$，$(c, \sqrt{b})$ 距离之和；二是联想成复数模的问题，应用以上公式来解答。

鉴于本文意在讨论利用复数模的公式求解，只对上面的第二种联想作理解性的说明。先看如下解答：

解法1：因为 $abc \in \mathbf{R}^*$，所以可设 $z_1 = x + \sqrt{a}\mathrm{i}$，$z_2 = c - x + \sqrt{b}\mathrm{i}$，

所以 $y = |z_1| + |z_2| \geqslant |z_1 + z_2| = |c + (\sqrt{a} + \sqrt{b})\mathrm{i}| = \sqrt{c^2 + (\sqrt{a} + \sqrt{b})^2}$,

当且仅当 $\arg z_1 = \arg z_2$, 即 $\dfrac{\sqrt{a}}{x} = \dfrac{\sqrt{b}}{c - x}$, 解之得 $x = \dfrac{c\sqrt{a}}{\sqrt{a} + \sqrt{b}}$,

这时 y 取最小值 $y_{\min} = \sqrt{c^2 + (\sqrt{a} + \sqrt{b})^2}$;

解法2: 因为 $a, b, c \in \mathbf{R}^*$, 所以可设 $z_1 = x + \sqrt{a}\mathrm{i}$, $z_2 = c - x - \sqrt{b}\mathrm{i}$,

所以 $y = |z_1| + |z_2| \geqslant |z_1 + z_2| = |c + (\sqrt{a} - \sqrt{b})\mathrm{i}| = \sqrt{c^2 + (\sqrt{a} - \sqrt{b})^2}$,

当且仅当 $\arg z_1 = \arg z_2$, 即 $\dfrac{\sqrt{a}}{x} = \dfrac{-\sqrt{b}}{c - x}$,

解得 $x = \dfrac{c\sqrt{a}}{\sqrt{a} - \sqrt{b}} (a \neq b)$, 这时 y 取最小值 $y_{\min} = \sqrt{c^2 + (\sqrt{a} - \sqrt{b})^2}$。

以上两种解法, 谁对谁错? 关键在于"可设 z_1, z_2"上。"可设"能理解为可以任意设吗? 根据以上实例显然不能随意设, 这样一来就给我们这种解法带来了阴影。本文目的之一就是讨论怎样设 z_1, z_2, 何时用 $|z_1| + |z_2| \geqslant |z_1 + z_2|$, 又何时用 $|z_1| + |z_2| \geqslant |z_1 - z_2|$ 来求最值? 事实上, 设 z_1, z_2 就是一种构造, 构造时必须兼顾三方面问题: 一是公式 $|z_1| + |z_2| \geqslant |z_1 + z_2|$ 和 $|z_1| + |z_2| \geqslant |z_1 - z_2|$ 的选择, 这两个公式都可用来求最值; 二是 $z_1 + z_2$ 或 $z_1 - z_2$ 必是与变量无关的常数 (复数); 三是公式中的等号要取得到。

现在我们来看上面的解法2:

(1) 选定用公式 $|z_1| + |z_2| \geqslant |z_1 + z_2|$ 来求最小值;

(2) $z_1 + z_2 = c^2 + (\sqrt{a} - \sqrt{b}\mathrm{i})$ 与变量 x 无关, 前两个条件都满足, 但很遗憾等号不可能取得到, 因为 $z_1 = x + \sqrt{a}\mathrm{i}$ 和 $z_2 = c - x - \sqrt{b}\mathrm{i}$ 虚部异号, 所以不论 x 取何值, 只能是 $\arg z_1 \neq \arg z_2$, 由此可知解法2不正确。此时不免要问还有其他设法吗? 回答是肯定的, 现介绍如下:

(1) 若设 $z_1 = x + \sqrt{a}\mathrm{i}$, 求 $|z_1| + |z_2|$ 的最小值, z_2 有两种设法:

① 设 $z_2 = c - x + \sqrt{b}\mathrm{i}$ 时, 用 $|z_1| + |z_2| \geqslant |z_1 + z_2|$;

② 设 $z_2 = (x - c) - \sqrt{b}\mathrm{i}$ 时, 用 $|z_1| + |z_2| \geqslant |z_1 - z_2|$。

（2）若设 $z_1 = -x + \sqrt{a}\mathrm{i}$，求 $|z_1| + |z_2|$ 的最小值，z_2 有两种设法：

① 设 $z_2 = (c-x) - \sqrt{b}\mathrm{i}$ 时，用 $|z_1| + |z_2| \geq |z_1 - z_2|$；

② 设 $z_2 = (x-c) + \sqrt{b}\mathrm{i}$ 时，用 $|z_1| + |z_2| \geq |z_1 + z_2|$。

（3）若设 $z_1 = -x - \sqrt{a}\mathrm{i}$，求 $|z_1| + |z_2|$ 的最小值，z_2 有两种设法：

① 设 $z_2 = (c-x) + \sqrt{b}\mathrm{i}$ 时，用 $|z_1| + |z_2| \geq |z_1 - z_2|$；

② 设 $z_2 = (x-c) - \sqrt{b}\mathrm{i}$ 时，用 $|z_1| + |z_2| \geq |z_1 + z_2|$。

注意：不论怎样设 z_1，z_2，原则上要保证 $|z_1| + |z_2|$ 或 $|z_1| - |z_2|$ 为常数。

例 2. 求函数 $y = \sqrt{(x-1)^2 + 4} - \sqrt{x^2 + 1}$ 的最大值。

分析：仿例 1 的方法构造，用 $||z_1| - |z_2|| \leq |z_1 - z_2|$ 或 $||z_1| - |z_2|| \leq |z_1 + z_2|$ 都可以求得，但必须注意取等号的条件，限于篇幅，随意用一种解之。

解：设 $z_1 = (x-1) + 2\mathrm{i}$，$z_2 = x + \mathrm{i}$，

所以 $|y| = ||z_1| - |z_2|| \leq |z_1 - z_2| = |-1 + \mathrm{i}| = \sqrt{2}$，

当且仅当 $\dfrac{2}{x-1} = \dfrac{1}{x}$，即得 $x = -1$，此时 $|z_1| > |z_2|$，所以 $y_{max} = \sqrt{2}$。

三、利用公式证明不等式

例 3. a，b，$c \in \mathbf{R}^*$，求证：$\sqrt{a^2 + (1-b)^2} + \sqrt{b^2 + (1-c)^2} + \sqrt{c^2 + (1-a)^2}$ $\geq \dfrac{3}{2}\sqrt{2}$。

证明：设 $z_1 = a + (1-b)\mathrm{i}$，$z_2 = b + (1-c)\mathrm{i}$，$z_3 = c + (1-a)\mathrm{i}$，

则左边 $z_4 = (1-b) + a\mathrm{i}$，$z_5 = (1-c) + b\mathrm{i}$，$z_6 = (1-a) + c\mathrm{i}$，

$$= \frac{1}{2}(|z_1| + |z_2| + |z_3| + |z_4| + |z_5| + |z_6|)$$

$$\geq \frac{1}{2}|z_1 + z_2 + z_3 + z_4 + z_5 + z_6|$$

$$= \frac{1}{2}|(a+b+c+3-a-b-c) + (3-a-b-c+a+b+c)\mathrm{i}|$$

$$= \frac{1}{2}|3 + 3\mathrm{i}| = \frac{3}{2}\sqrt{2}。$$

所以原不等式得证。

注：此题之所以构造出六个复数，其目的在于消去 a，b，c，如只构造三个复数，那是无论如何也消不掉的。

综上所述，利用公式求函数极值和证明不等式关键在于围绕着公式进行构造，技巧性强，解决这类问题，还应善于观察和联想。在课堂上适时给学生讲解有关这类问题的求解技巧，对学生形成数学思维和提高思维品质都是有益的。

［该文发表于《贵州省教育学院学报》（自然科学版），1999 年第 3 期］

函数 $y = x + \dfrac{a}{x}$ （$a > 0$）的单调性及应用

一、讨论单调性

函数 $y = x + \dfrac{a}{x}(a > 0)$，若 $x > 0$，则有 $y = x + \dfrac{a}{x} \geqslant 2\sqrt{a}$，当且仅当 $x = \dfrac{a}{x}$，即 $x = \sqrt{a}$ 时，$y = 2\sqrt{a}$，从而可知函数 $y = x + \dfrac{a}{x}(a > 0)$ 在区间 $(0, \sqrt{a}]$ 上为减函数；在区间 $[\sqrt{a}, +\infty)$ 上为增函数。由 $y = x + \dfrac{a}{x}(a > 0)$ 为奇函数，可知在 $[-\sqrt{a}, 0]$ 上为减函数，在 $(-\infty, -\sqrt{a}]$ 上为增函数。

二、应用

（一）求函数的最值

例1. 求 $y = \dfrac{x^2 + 5}{\sqrt{x^2 + 4}}$ 的最小值。

解：$y = \dfrac{x^2 + 5}{\sqrt{x^2 + 4}} = \sqrt{x^2 + 4} + \dfrac{1}{\sqrt{x^2 + 4}}$，令 $u = \sqrt{x^2 + 4} \geqslant 2$，

则 $y = u + \dfrac{1}{u}$，$u \in [2, +\infty)$。因 $y = u + \dfrac{1}{u}$，$u \in [2, +\infty)$ 为增函数，

故 $y = u + \dfrac{1}{u}$，$u \in [2, +\infty)$ 的最小值 $y_{\min} = 2 + \dfrac{1}{2} = \dfrac{5}{2}$，

即当 $x = 0$ 时，$y_{\min} = \dfrac{5}{2}$。

例 2. 求 $y = \sin^2 x \cos^2 x + \dfrac{1}{\sin^2 x \cos^2 x}$ $\left(x \neq \dfrac{k}{2}\pi, k \in \mathbf{Z}\right)$ 的最小值。

解：令 $u = \sin^2 x \cos^2 x = \dfrac{1}{4}\sin^2 2x$，$\because x \neq \dfrac{k}{2}\pi$，$k \in \mathbf{Z}$，$\therefore 0 < u \leqslant \dfrac{1}{4}$。

$\because y = u + \dfrac{1}{u}$ 在 $\left(0, \dfrac{1}{4}\right]$ 为减函数，

则当 $u = \dfrac{1}{4}$ 即 $x = \dfrac{k}{2}\pi + \dfrac{\pi}{4}$，$k \in \mathbf{Z}$ 时，$y_{\min} = 4\dfrac{1}{4}$。

例 3. 已知 $f(x) = x + \dfrac{3(a-1)}{x}(a > 1)$。

（1）讨论 $f(x)$ 在 $(0, +\infty)$ 内的增减性；

（2）求当 $0 < x \leqslant 2$ 时 $f(x)$ 的最小值。

解：（1）$\because a > 1$，$\therefore 3(a-1) > 0$，

则 $f(x) = x + \dfrac{3(a-1)}{x}$ 在 $(0, \sqrt{3(a-1)}]$ 上为减函数，

在 $[\sqrt{3(a-1)}, +\infty)$ 上为增函数。

（2）当 $2 \leqslant \sqrt{3(a-1)}$ 即 $a \geqslant \dfrac{7}{3}$ 时，$f(x)_{\min} = f(2) = \dfrac{3a+1}{2}$，

当 $2 > \sqrt{3(a-1)}$ 即 $a < \dfrac{7}{3}$ 时，$f(x)_{\min} = f(\sqrt{3(a-1)}) = 2\sqrt{3(a-1)}$。

例 4. 已知 x 为实数，k 都是正实数，$f(x) = \dfrac{x^2 + k + 1}{\sqrt{x^2 + k}}$，求 $f(x)$ 的最小值函数 $g(k)$。

解：$f(x) = \dfrac{x^2 + k + 1}{\sqrt{x^2 + k}} = \sqrt{x^2 + k} + \dfrac{1}{\sqrt{x^2 + k}}$，

令 $u = \sqrt{x^2 + k}$，则有 $F(u) = u + \dfrac{1}{u}$，$u \geqslant \sqrt{k}$。

（1）当 $u = 1$，即 $0 < k \leqslant 1$ 时，$g(k) = F(u)_{\min} = 2$，

此时 $x = \pm\sqrt{1-k}$。

（2）当 $k > 1$，即有 $u > 1$，此时 $F(u) = u + \dfrac{1}{u}$，在 $[\sqrt{k}, +\infty)$ 上为增函数，

当 $u = \sqrt{k}$，$g(k) = F(u)_{\min} = F(\sqrt{k}) = \sqrt{k} + \dfrac{1}{\sqrt{k}}$，

由（1）（2）得 $g(k) = \begin{cases} 2，0 < k \leqslant 1 \\ \sqrt{k} + \dfrac{1}{\sqrt{k}}，k > 1 \end{cases}$。

（二）比较大小以及证明

例 1. 比较 $\log_2^3 + \log_3^2$ 与 $\sqrt{\log_2^3} + \sqrt{\log_3^2}$ 的大小。

解：$\because y = x + \dfrac{1}{x}$，$x \in [1，+\infty)$ 为增函数，又 $1 < \sqrt{\log_2^3} < \log_2^3$，

$\therefore f(\sqrt{\log_2^3}) < f(\log_2^3)$，即 $\log_2^3 + \log_3^2 > \sqrt{\log_2^3} + \sqrt{\log_3^2}$。

例 2. 若 a，b，c 为正实数，且 $a + b + c = 1$。

证明：$\dfrac{c}{ab} + \dfrac{a}{bc} + \dfrac{b}{ca} + \dfrac{bc}{a} + \dfrac{ca}{b} + \dfrac{ab}{c} \geqslant 10$。

证明：$\because a$，b，$c \in \mathbf{R}^*$，$\therefore$ 左边 $\geqslant 3\left(\sqrt[3]{\dfrac{1}{abc}} + \sqrt[3]{abc} \right)$。

$\because 1 = a + b + c \geqslant 3\sqrt[3]{abc} \Rightarrow 0 < \sqrt[3]{abc} \leqslant \dfrac{1}{3}$，

又 $\because f(x) = x + \dfrac{1}{x}$ 在 $(0，1]$ 上为减函数，

$\therefore f(\sqrt[3]{abc}) = \sqrt[3]{\dfrac{1}{abc}} + \sqrt[3]{abc}$ 在 $\left(0，\dfrac{1}{3}\right]$ 上为减函数，

$\therefore \sqrt[3]{abc} + \dfrac{1}{\sqrt[3]{abc}} \geqslant \dfrac{1}{3} + 3 = \dfrac{10}{3}$。从而，左边 $\geqslant 3 \times \dfrac{10}{3} = 10$，

则原不等式得证。

（三）解不等式

例 1. 求不等式 $x + \dfrac{1}{ax} > 1 + \dfrac{1}{a}$，其中 $a > 1$ 的解集。

解：原不等式即为 $x + \dfrac{\frac{1}{a}}{x} > 1 + a$。令 $f(x) = x + \dfrac{\frac{1}{a}}{x}(a > 1)$，

在 $\left(0，\sqrt{\dfrac{1}{a}}\right]$ 上为减函数，在 $\left[\sqrt{\dfrac{1}{a}}，+\infty\right)$ 上为增函数。

$\because f\left(\dfrac{1}{a}\right) = f(1) = 1 + \dfrac{1}{a}$，则原不等式即为 $f(x) > f\left(\dfrac{1}{a}\right)$ 或 $f(x) > f(1)$，

$\because a > 1$，$\therefore \dfrac{1}{a} < \sqrt{\dfrac{1}{a}} < 1$，

根据函数的单调性可知原不等式的解集是 $\left(0，\dfrac{1}{a}\right) \cup (1，+\infty)$。

[该文发表于《中学数学杂志》，收入 1997 年优秀论文集并获一等奖]

小球入盒问题

小球入盒，即是将小球放入盒子里，这本是生活中的一种简单游戏。而在排列组合知识中有一类问题就是以小球放入盒子为背景提出来的，我们简称为"小球入盒问题"。本文对常见的几种情况进行分类处理。

一、形如"4 个不同的球随意放入 3 个不同的盒子中，其中每个盒子都不空的放法有多少种"的问题

分析：本问题特点是"球不同、盒子不同"，要求是"每个盒子都不空"。为了保证每个盒子都不空，可按如下两步进行：第一步将 4 个小球分为三"堆"（4 个小球全部分完），其实只需从 4 个小球中任选出 2 个为一"堆"，其余 2 个小球各为一"堆"，共三"堆"，有 C_4^2 种分法。第二步把分好的三"堆"小球分别放入三个盒子里（每个盒都不空），有 A_3^3 种。由乘法原理得，满足条件的放法有 $C_4^2 \cdot A_3^3 = 36$ 种。

例．将 5 本不同的书分给 3 个学生，每人至少得一本，分法种数共有多少种？

分析：第一步将 5 本不同的书分为三"堆"，有两种情况"2，2，1 和 3，1，1"，共有 $\dfrac{C_5^2 C_3^2}{A_2^2} + C_5^3 = 25$ 种分法；第二步把三"堆"书放入 3 个学生手里，有 A_3^3 种。由乘法原理得，满足条件的分法种数有 $25 \times A_3^3 = 150$ 种。

二、形如"4 个不同的球随意放入 3 个不同的盒子中，共有多少种放法"的问题

分析：本问题特点是"球不同、盒子不同"，要求是"只要将球放入盒子里，

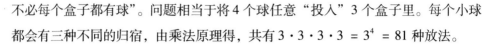

不必每个盒子都有球"。问题相当于将 4 个球任意"投入"3 个盒子里。每个小球都会有三种不同的归宿，由乘法原理得，共有 $3 \cdot 3 \cdot 3 \cdot 3 = 3^4 = 81$ 种放法。

练习题：

1. 把 4 本不同的书分给三个学生，共有多少种不同的分法？（$3^4 = 81$ 种）

2. 学生 4 人争夺三项冠军（每项只 1 人获得），则夺得冠军的不同方法有多少种？

（提示：本问题中"学生"相当于"盒子"，"三项冠军"相当于"小球"，即问题相当于"把 3 个不同的小球放入 4 个不同的盒子中，有多少种放法？"，有 $4^3 = 64$ 种）

3. 把 5 个不同的东西分给 3 个人的方法有多少种？（$3^5 = 243$ 种）

三、形如"4 个相同的球，放入 3 个不同的盒子内共有多少种不同的盛球方法"的问题

分析：问题的特点是"球相同、盒子不同"，要求是"只要将球放入盒子，不必每个盒子都有球"。明显与上一问题不同，这个问题只需研究盒子中球的个数，与位置无关。

解：我们把一个"长条形"盒子用两块"挡板"分成三个盒子，再把 4 个球分别放入，"● | ● | ● ●"表示第一盒子放一个球，第二个盒子放一个球，第三个盒子放两个球的一种盛球方法；"| | ● ● ● ●"表示前两个盒子是空的，第三个盒子放 4 个球的一种盛球方法。这样一来，每一种盛球方法相当于从 6 个位置（4 个点"●"，两个挡板"|"共 6 个）选两个位置放两个挡板"|"的组合（与顺序无关），故不同的盛球方法共有 $C_{4+(3-1)}^{3-1} = C_6^2 = 15$ 种。

推广：求 n 个相同的球，以任意方式全部放入 m 个不同的盒子中，有多少种放法？（仿上面方法得结果有 $C_{n+(m-1)}^{m-1}$ 种）

类似的问题：求方程 $x + y + z = 4$ 的非负整数解的个数。

分析：可将 4 看成是 4 个相同的小球（"1"），x，y，z 相当于 3 个不同的盒子，从而可知所求的非负整数解的个数是 $C_{4+(3-1)}^{3-1} = C_6^2 = 15$。

推广：求方程 $x_1 + x_2 + x_3 + \cdots + x_m = n(n \in \mathbf{N})$ 的非负整数解的个数。（结果有 $C_{n+(m-1)}^{m-1}$ 个非负整解）

四、形如"5 个相同的球放入 3 个不同的盒子中，其中每个盒子都不空的放法有多少种"的问题

分析一：与第三类问题不同之处在于，要求"每个盒子都不空"。其实，我们只需将 5 个球取 3 个放入 3 个盒子里，剩余 2 个球，问题只归结为"将 2 个相同的球放入 3 个不同的盒子，有多少种放法？"这显然属于第三类问题，易知结果是 $C_{2+(3-1)}^{3-1} = C_4^2 = 6$ 种。

分析二：由于每个盒子都不空，所以必须将 3 盒子的 2 个"挡板"分别插在 5 个小球的间隔中的 4 个位置上，共有 $C_4^2 = 6$ 种。

例 1. 已知两个实数集合 $A = \{a_1, a_2, \cdots, a_{100}\}$ 与 $B = \{b_1, b_2, \cdots, b_{50}\}$。若从 A 到 B 的映射 f 使得 B 中每个元素都有原像，且 $f(a_1) \leq f(a_2) \leq \cdots \leq f(a_{100})$，则这样的映射有（　　）（2002 年全国高中数学联赛第一题的第 5 小题）

A. C_{100}^{50}　　　　　B. C_{99}^{48}　　　　　C. C_{100}^{49}　　　　　D. C_{99}^{49}

分析：不妨设 $b_1 \leq b_2 \leq \cdots \leq b_{50}$，将 A 中元素 $a_1, a_2, \cdots, a_{100}$ 按顺序分为非空的 50 组。定义映射 $f: A \to B$，使第 i 组的元素在 f 之下的像都是 b_i（$i = 1, 2, \cdots, 50$）。易知这样的 f 满足题设要求，每个这样的分组都一一对应满足条件的映射。于是，满足题设要求的映射 f 的个数与 A 按足码顺序分为 50 组的分法数相等，而 A 的分法数可理解为："将 100 个相同（因顺序确定）的小球放入 50 个不同的盒子中，要使每个盒子都不空，共有多少种放法？"必须将 50 个盒子的 49 个隔板分别插在 100 小球的间隔的 99 个位置上，有 C_{99}^{49} 种，故选 D。

例 2. 20 个相同的球放入 3 个不同的盒子，要求第 i 个盒子中至少有 i 个球（$i = 1, 2, 3$），有多少种不同放法？

解：先按最低限度在 3 个盒子中分别放入 1，2，3 个球，还有 14 个要放，则问题转化为"将 14 个相同的球随意放入 3 个不同盒子中，共有多少种放法，共有 $C_{14+(3-1)}^{3-1} = C_{16}^2 = 120$ 种不同的放法。

五、与小球入盒有关问题的处理

例 1. 若 $x, y, z \in \mathbf{N}^*$，求方程 $x + y + z = 15$ 的解的个数。

分析一：该题可转化为"将 15 个相同的球放入 3 个不同的盒子内，且要求

每个盒子都不空，有多少种放法？"先将 3 个球分装 3 个盒子内（此举是保证盒子都不空），剩下 12 个球，问题变为"将 12 个相同的球放入 3 个不同的盒子里，有多少种放法？"易得解的个数是 $C_{12+(3-1)}^{3-1} = C_{14}^2 = 91$ 个。

分析二：考虑 1，1，$\cdots$，1，1（有 15 个 1）中每相邻两个 1 之间都有一个空隙，共有 14 个，任取两个放" + "共有 $C_{14}^2 = 91$（个）。

例 2. 方程 $2x_1 + x_2 + x_3 + x_4 + x_5 = 3$ 的非负整数解共有＿＿＿＿个。

解：当 $x_1 = 0$ 时，得 $x_2 + x_3 + x_4 + x_5 = 3$ 有非负整数解 $C_{3+(4-1)}^{4-1} = C_6^3 = 20$ 个，

当 $x_1 = 1$ 时，得 $x_2 + x_3 + x_4 + x_5 = 1$ 有非负整数解 $C_{1+(4-1)}^{4-1} = C_4^1 = 4$ 个，由加法原理得，共有 $20 + 4 = 24$ 个非负整数解。

例 3. 求 $(x + 2y + 3z)^{10}$ 展开式的项数。

解：展开式各项形如 $x^a (2y)^b (3z)^c$，且 $a + b + c = 10$，a，b，c 为非负整数。则问题变为求方程 $a + b + c = 10$ 的非负整数解的个数，有 $C_{10+(3-1)}^{3-1} = C_{12}^2 = 66$ 个，故原式展开式有 66 项。

推广：求多项式 $(a_1 + a_2 + \cdots + a_m)^n$ 的展开式共有多少项。

分析：类似例 3 的解法，展开式各项形如 $a_1^{x_1} a_2^{x_2} \cdots a_m^{x_m}$，且 $x_1 + x_2 + \cdots + x_m = n$，$x_1$，$x_2$，$\cdots$，$x_m$ 为非负整数，问题变为求当 $x_1 = 1$ 时 $x_2 + x_3 + x_4 + x_5 = 1$ 的非负整数解的个数，有 $C_{n+(m-1)}^{m-1}$ 个，即所求展开式共有 $C_{n+(m-1)}^{m-1}$ 项。

常见递推数列通项公式的求法

数列知识在高中数学竞赛和高考中都是热点内容，在考试中出现的解题技巧是我们教材上较少涉及的，主要体现在根据数列递推公式来求数列的通项公式。我们知道只有等差、等比数列能直接用公式求出其通项公式，很多能给出递推公式的数列是求不出通项公式的，即使有些能通过变形、联想等技巧求出通项公式的递推数列，但变换技巧又很强。在这里仅介绍几种在高考和高中数学竞赛中常出现的递推数列，如何来求通项公式。

一、$a_{n+1} = a_n + f(n)$ 型

例1. 已知数列 $\{a_n\}$ 满足 $\begin{cases} a_1 = 5 \\ a_{n+1} = a_n + 4(n+1) \end{cases}$，求 a_n。

解法一： 由 $a_n = (a_n - a_{n-1}) + (a_{n-1} - a_{n-2}) + \cdots + (a_2 - a_1) + a_1$

$$= 5 + 4(2 + 3 + 4 + \cdots + n) = 5 + 2(n-1)(n+2),$$

即 $a_n = 2n^2 + 2n + 1$。

解法二： 因 $4(n+1) = 4n + 4 = 2(n+1)n - 2n(n-1) + 4(n+1) - 4n$，

则 $a_{n+1} - 2(n+1)n - 4(n+1) = a_n - 2n(n-1) - 4n$，

即 $a_n - 2n^2 - 2n = a_1 - 2 - 2 - = 1$，即 $a_n = 2n^2 + 2n + 1$。

例2. 已知数列 $\{a_n\}$ 满足 $\begin{cases} a_1 = 3 \\ na_{n+1} = (n+2)a_n + n \end{cases}$，求 a_n。

解： 由 $na_{n+1} = (n+2)a_n + n$，两边同除以 $n(n+1)(n+2)$ 得，

$$\frac{a_{n+1}}{(n+1)(n+2)} = \frac{a_n}{n(n+1)} + \frac{1}{(n+1)(n+2)}。$$

令 $b_n = \dfrac{a_n}{n(n+1)}$ ，则 $b_1 = \dfrac{3}{2}$ ，$b_n = b_{n-1} + \dfrac{1}{n(n+1)}$ ，以下有两种方法：

法（1）：$b_n = (b_n - b_{n-1}) + (b_{n-1} - b_{n-2}) + \cdots + (b_2 - b_1) + b_1$

$$= \dfrac{3}{2} + \dfrac{1}{2 \times 3} + \dfrac{1}{3 \times 4} + \cdots + \dfrac{1}{n(n+1)}$$

$$= \dfrac{3}{2} + \dfrac{1}{2} - \dfrac{1}{3} + \dfrac{1}{3} - \dfrac{1}{4} + \cdots + \dfrac{1}{n} - \dfrac{1}{n+1} = 2 - \dfrac{1}{n+1} \, ,$$

则 $a_n = n(n+1) \times \dfrac{2n+1}{n+1} = n(2n+1)$ ，即 $a_n = n(2n+1)$ 。

法（2）：因 $\dfrac{1}{n(n+1)} = \dfrac{1}{n} - \dfrac{1}{n+1}$ ，则有 $b_n + \dfrac{1}{n+1} = b_{n-1} + \dfrac{1}{n}$ ，

有 $b_n + \dfrac{1}{n+1} = b_1 + \dfrac{1}{2} = 2$ ，即 $b_n = 2 - \dfrac{1}{n+1}$ ，

则 $a_n = n(n+1) \times \dfrac{2n+1}{n+1} = n(2n+1)$ ，即 $a_n = n(2n+1)$ 。

例 3. 两个数列 $\{a_n\}$ 与 $\{b_n\}$ 满足 $a_{n+1} = \dfrac{9}{10} a_n - \dfrac{1}{5} b_n$ ，$b_{n+1} = -\dfrac{1}{5} a_n + \dfrac{3}{5} b_n$ ，$a_1 = 3$ ，$b_1 = 1$ 。

（1）确定实数 t ，使数列 $\{a_n + tb_n\}$ 成为非常数的等比数列，并求其通项公式；

（2）求出数列 $\{a_n\}$ 的通项公式 a_n 。

解：（1）由题意得 $\begin{cases} a_2 = \dfrac{5}{2} \\ b_2 = 0 \end{cases}$ ，$\begin{cases} a_3 = \dfrac{9}{4} \\ b_3 = -\dfrac{1}{2} \end{cases}$ 。

设 $x_n = a_n + tb_n$ ，则 $x_1 = 3 + t$ ，$x_2 = \dfrac{5}{2}$ ，$x_3 = \dfrac{9}{4} - \dfrac{t}{2}$ ，

由已知 $\{x_n\}$ 是等比数列，有 $\left(\dfrac{5}{2}\right)^2 = (3+t)\left(\dfrac{9}{4} - \dfrac{t}{2}\right)$ ，

即 $2t^2 - 3t - 2 = 0$ ，解得 $t = 2$ 或 $t = -\dfrac{1}{2}$ 。

当 $t = -\dfrac{1}{2}$ 时，$x_n = \dfrac{5}{2}$ （舍去）；

当 $t = 2$ 时，由 $x_1 = 5$ ，$x_2 = \dfrac{5}{2}$ ，得 $q = \dfrac{1}{2}$ ，

$\therefore x_n = \dfrac{5}{2^{n-1}}$，则当 $t = 2$ 时，$\{a_n + tb_n\}$ 是一个非常数的等比数列，

且 $a_n + 2b_n = \dfrac{5}{2^{n-1}}$。

（2）由（1）得 $a_n + 2b_n = \dfrac{5}{2^{n-1}}$，又由已知 $a_{n+1} = \dfrac{9}{10}a_n - \dfrac{1}{5}b_n$，

得 $2b_n = 9a_n - 10a_{n+1}$，则有 $a_n + 9a_n - 10a_{n+1} = \dfrac{5}{2^{n-1}}$，即 $a_{n+1} - a_n = -\dfrac{1}{2^n}$，

则 $a_n = (a_n - a_{n-1}) + (a_{n-1} - a_{n-2}) + \cdots + (a_2 - a_1) + a_1$

$\qquad = 3 - \left(\dfrac{1}{2} + \dfrac{1}{2^2} + \dfrac{1}{2^3} + \cdots + \dfrac{1}{2^{n-1}}\right) = 3 - \left(1 - \dfrac{1}{2^{n-1}}\right)$，

即 $a_n = 2 + \dfrac{1}{2^{n-1}}$。

例 4. 已知数列 $\{x_n\}$，$x_1 = 1$，$(n+1)x_n = nx_{n+1} + 2$，求通项公式 x_n。

解： 由 $(n+1)x_n = nx_{n+1} + 2$，

两边同除以 $n(n+1)$ 得 $\dfrac{x_{n+1}}{n+1} - \dfrac{x_n}{n} = -\dfrac{2}{n(n+1)}$，

则 $\dfrac{x_n}{n} = \left[\dfrac{x_n}{n} - \dfrac{x_{n-1}}{(n-1)}\right] + \left[\dfrac{x_{n-1}}{(n-1)} - \dfrac{x_{n-2}}{(n-2)}\right] + \cdots + \left(\dfrac{x_2}{2} - \dfrac{x_1}{1}\right)$

$\qquad = -\left[\dfrac{2}{(n-1)n} + \dfrac{2}{(n-2)(n-1)} + \cdots + \dfrac{2}{1 \times 2}\right] + 1$

$\qquad = -2 \times \left(1 - \dfrac{1}{2} + \dfrac{1}{2} - \dfrac{1}{3} + \cdots + \dfrac{1}{n-2} - \dfrac{1}{n-1} + \dfrac{1}{n-1} - \dfrac{1}{n}\right) + 1$

$\qquad = -2\left(1 + \dfrac{1}{n}\right) + 1 = \dfrac{2}{n} - 1$，

则 $x_n = 2 - n$ 为所求。

练习题：

1. 已知数列 $\{a_n\}$，满足 $\begin{cases} a_1 = 1 \\ a_n = na_{n-1} + (n+1)! \end{cases}$，求 a_n。

（提示：在 $a_n = na_{n-1} + (n+1)!$ 两边同除以 $n!$，可得 $\dfrac{a_n}{n!} = \dfrac{a_{n-1}}{(n-1)!} + (n+1)$）

2. （1987 年高考理科题）设数列 $\{a_n\}$ 前 n 项之和 S_n 与 a_n 的关系是 $S_n =$

$-ba_n + 1 - \dfrac{1}{(1+b)^n}$，其中 b 是与 n 无关的常数，且 $b \neq -1$。

（1）求 a_n，a_{n-1} 之间的关系式；

（2）写出用 n，b 表示的 a_n 的表达式。

3.（1996 年全国高中数学联合竞赛试题）设数列 $\{a_n\}$ 前 n 项之和 $S_n = 2a_n - 1 (n = 1, 2, \cdots)$，数列 $\{b_n\}$ 满足 $b_1 = 3$，$b_{k+1} = a_k + b_k$，$k = 1, 2, \cdots$，求数列 $\{b_n\}$ 的前 n 项之和 T_n。

二、$a_{n+1} = a_n \times f(n)$ 型

通常用 $a_n = a_1 \times \dfrac{a_2}{a_1} \times \dfrac{a_3}{a_2} \times \cdots \times \dfrac{a_n}{a_{n-1}}$ 求 a_n。

例 1. 已知数列 $\{a_n\}$ 满足 $a_1 = 2$，$a_{n+1} = a_n \cdot \dfrac{n}{n+1}$，求 a_n。

解法一：由已知得 $\dfrac{a_n}{a_{n-1}} = \dfrac{n-1}{n} (n \geqslant 2)$，

则 $a_n = a_1 \times \dfrac{a_2}{a_1} \times \dfrac{a_3}{a_2} \times \cdots \times \dfrac{a_n}{a_{n-1}} = 2 \times \dfrac{1}{2} \times \dfrac{2}{3} \times \cdots \times \dfrac{n-1}{n}$，即 $a_n = \dfrac{2}{n}$。

解法二：由已知有 $(n+1)a_{n+1} = na_n$，则 $na_n = 1 \times a_1 = 2$，即 $a_n = \dfrac{2}{n}$。

例 2. 已知数列 $\{a_n\}$ 满足 $a_1 = 1$，$S_n = n^2 a_n$，求 a_n。

解法一：由 $a_n = S_n - S_{n-1} = n^2 a_n - (n-1)^2 a_{n-1} (n \geqslant 2)$，得 $\dfrac{a_n}{a_{n-1}} = \dfrac{n-1}{n+1}$，

由 $a_n = a_1 \times \dfrac{a_2}{a_1} \times \dfrac{a_3}{a_2} \times \cdots \times \dfrac{a_n}{a_{n-1}}$

$\quad = 1 \times \dfrac{1}{3} \times \dfrac{2}{4} \times \dfrac{3}{5} \cdots \times \dfrac{n-3}{n-1} \times \dfrac{n-2}{n} \times \dfrac{n-1}{n+1} = \dfrac{2}{n(n+1)}$，

即 $a_n = \dfrac{2}{n(n+1)}$。

解法二：由 $a_n = S_n - S_{n-1} = n^2 a_n - (n-1)^2 a_{n-1} (n \geqslant 2)$，

得 $(n+1)a_n = (n-1)a_{n-1}$，

即有 $(n+1)na_n = n(n-1)a_{n-1}$，

从而 $(n+1)na_n = 2a_1 = 2$，即 $a_n = \dfrac{2}{n(n+1)}$。

三、$a_{n+1} = pa_n + q$（p，q 为非零常数）型

例1. 已知数列 $\{a_n\}$ 满足 $a_1 = 5$，$a_{n+1} = 2a_n + 3$，求 a_n。

解法一： 由 $a_{n+1} = 2a_n + 3$，得 $a_n = 2a_{n-1} + 3$，则 $a_{n+1} - a_n = 2(a_n - a_{n-1})$。

令 $b_n = a_{n+1} - a_n$，则 $b_1 = a_2 - a_1 = a_1 + 3 = 8$，$b_n = 2b_{n-1}$，

则 $b_n = 8 \cdot 2^{n-1} = 2^{n+2}$，即 $a_{n+1} - a_n = 2^{n+2}$。

又 $a_{n+1} = 2a_n + 3$，则 $a_n + 2^{n+2} = 2a_n + 3$，

从而得 $a_n = 2^{n+2} - 3$。

解法二： 由 $a_{n+1} = 2a_n + 3$ 两边同时加 x，得 $a_{n+1} + x = 2\left(a_n + \dfrac{3+x}{2}\right)$，

令 $x = \dfrac{3+x}{2}$，解得 $x = 3$，

则有 $a_{n+1} + 3 = 2(a_n + 3)$，令 $b_n = a_n + 3$，则 $b_1 = 8$，$b_n = 2b_{n-1}$，

从而 $b_n = 8 \cdot 2^{n-1} = 2^{n+2}$，则 $a_n = 2^{n+2} - 3$ 为所求。

解法三： 由 $a_{n+1} = 2a_n + 3$，可得 $\dfrac{a_{n+1}}{2^{n+1}} - \dfrac{a_n}{2^n} = \dfrac{3}{2^{n+1}}$，即 $\dfrac{a_n}{2^n} - \dfrac{a_{n-1}}{2^{n-1}} = \dfrac{3}{2^n}$，

$$\dfrac{a_n}{2^n} = \left(\dfrac{a_n}{2^n} - \dfrac{a_{n-1}}{2^{n-1}}\right) + \left(\dfrac{a_{n-1}}{2^{n-1}} - \dfrac{a_{n-2}}{2^{n-2}}\right) + \cdots + \left(\dfrac{a_2}{2^2} - \dfrac{a_1}{2}\right) + \dfrac{a_1}{2}$$

$$= 3\left(\dfrac{1}{2^n} + \dfrac{1}{2^{n-1}} + \cdots + \dfrac{1}{2^2}\right) + \dfrac{5}{2} = \dfrac{5}{2} + 3 \times \dfrac{\dfrac{1}{2^2}\left(1 - \dfrac{1}{2^{n-1}}\right)}{1 - \dfrac{1}{2}}$$

$$= \dfrac{5}{2} + \dfrac{3}{2} - \dfrac{3}{2^n} = 4 - \dfrac{3}{2^n}，$$

则 $a_n = 2^{n+2} - 3$。

例2. 已知数列 $\{a_n\}$ 满足 $a_1 = b(b > 0)$，$a_{n+1}^2 = 100a_n$，求 a_n。

略解： 将 $a_{n+1}^2 = 100a_n$ 两边取常用对数得 $2\lg a_{n+1} = 2 + \lg a_n$，

即 $\lg a_{n+1} = \dfrac{1}{2}\lg a_n + 1$，（以下可用例1的两种方法完成）

可变为 $\lg a_{n+1} - 2 = \dfrac{1}{2}(\lg a_n - 2)$，

则有 $\lg a_n - 2 = (\lg a_1 - 2)\left(\dfrac{1}{2}\right)^{n-1} = \dfrac{\lg b - 2}{2^{n-1}}$，即得 $\lg a_n = 2 + \dfrac{\lg b - 2}{2^{n-1}}$，

则 $a_n = 10^{\left(2+\frac{\lg b - 2}{2n-1}\right)}$。

练习题：

已知数列 $\{a_n\}$，$a_n > 0 (n = 1, 2, \cdots)$，且满足 $2a_{n+1}^3 = a_n^4$，求 a_n。

（提示：在 $2a_{n+1}^3 = a_n^4$ 两边同取常用对数，仿例题 2 来解答）

四、$a_{n+1} = pa_n + f(n) \ (p \neq 0, 1)$ 型

通过转换形式为 $\frac{a_{n+1}}{p^{n+1}} = \frac{a_n}{p^n} + \frac{f(n)}{p^{n+1}}$，令 $\frac{a_n}{p^n} = b_n$，则 $b_{n+1} = b_n + \frac{f(n)}{p^{n+1}}$，这属于第一种形式。

例. 在数列 $\{a_n\}$ 中，已知 $a_1 = 2$，且 $a_{n+1} = 2a_n + 2n - 2$，求 a_n。

解法一： 由 $a_{n+1} = 2a_n + 2n - 2$，在两边同除以 2^{n+1}，

可得 $\frac{a_{n+1}}{2^{n+1}} = \frac{a_n}{2^n} + \frac{n-1}{2^n}$，

令 $\frac{a_n}{2^n} = b_n$，则 $b_{n+1} = b_n + \frac{n-1}{2^n}$，$b_1 = 1$。

由 $b_n = (b_n - b_{n-1}) + (b_{n-1} - b_{n-2}) + \cdots + (b_2 - b_1) + b_1$，

即得 $b_n = 1 + \frac{1}{2^2} + \frac{2}{2^3} + \frac{3}{2^4} + \cdots + \frac{n-2}{2^{n-1}}$ ……①

$\frac{1}{2} b_n = \frac{1}{2} + \frac{1}{2^3} + \frac{2}{2^4} + \cdots + \frac{n-3}{2^{n-1}} + \frac{n-2}{2^n}$ ……②

①－②得：$\frac{1}{2} b_n = \frac{3}{4} + \frac{1}{2^3} + \frac{1}{2^4} + \cdots + \frac{1}{2^{n-1}} - \frac{n-2}{2^n} = 1 - \frac{n}{2^n}$，

即得 $b_n = 2 - \frac{n}{2^{n-1}}$，从而 $a_n = 2^n \left(2 - \frac{n}{2^{n-1}}\right) = 2^{n+1} - 2n$，

即 $a_n = 2^{n+1} - 2n$ 为所求。

解法二： 由 $a_{n+1} = 2a_n + 2n - 2$，有 $a_{n+1} + 2(n+1) = 2(a_n + 2n)$，

从而 $a_n + 2n = (a_1 + 2) \cdot 2^{n-1} = 4 \cdot 2^{n-1}$，即得 $a_n = 2^{n+1} - 2n$ 为所求。

练习：

已知数列 $\{a_n\}$ 中，$a_1 = \frac{5}{6}$，$a_{n+1} = \frac{1}{3} a_n + \left(\frac{1}{2}\right)^{n+1}$，求通项公式 a_n。

五、$a_{n+1}+a_n=f(n)$ 型

通过以下例题可知解法有三：

例1. 已知数列 $\{a_n\}$ 适合条件：$a_1=2$，$a_{n+1}+a_n=-3n$，求通项公式 a_n。

解法一：由 $a_{n+1}+a_n=-3n$，

可得 $a_{n+1}+\dfrac{3}{2}(n+1)-\dfrac{3}{4}=-\left(a_n+\dfrac{3}{2}n-\dfrac{3}{4}\right)$，

令 $a_n+\dfrac{3}{2}n-\dfrac{3}{4}=b_n$，则 $b_1=\dfrac{11}{4}$，$b_{n+1}=-b_n$，

则 $b_n=b_1\times(-1)^{n-1}=\dfrac{11}{4}(-1)^{n-1}$，从而 $a_n=\dfrac{3}{4}-\dfrac{11}{4}(-1)^n-\dfrac{3}{2}n$。

解法二：由 $a_{n+1}+a_n=-3n$，得 $a_{n+1}=-a_n-3n$，

可变为 $(-1)^{n+1}a_{n+1}=(-1)^na_n+3\times(-1)^nn$，

令 $b_n=(-1)^na_n$，则 $b_1=-a_1=-2$，$b_n=b_{n-1}+(-1)^{n-1}\cdot3(n-1)$，

$b_n=(b_n-b_{n-1})+(b_{n-1}-b_{n-2})+\cdots+(b_2-b_1)+b_1$

$=3\left[-1+2-3+4-\cdots+(-1)^{n-1}(n-1)\right]-2$

$=\begin{cases}\dfrac{3}{2}(n-1)-2\text{，}n\text{ 为奇数}\\[2mm]-\dfrac{3}{2}(n-2)-5\text{，}n\text{ 为偶数}\end{cases}=\begin{cases}\dfrac{3}{2}n-\dfrac{7}{2}\text{，}n\text{ 为奇数}\\[2mm]-\dfrac{3}{2}n-\dfrac{4}{2}\text{，}n\text{ 为偶数}\end{cases}$，

即 $b_n=(-1)^{n-1}\cdot\dfrac{3}{2}n+(-1)^n\cdot\dfrac{3}{4}-\dfrac{11}{4}$，

从而 $a_n=(-1)^nb_n=\dfrac{3}{4}-\dfrac{3}{2}n-\dfrac{11}{4}\cdot(-1)^n$。

解法三：由 $a_{n+1}+a_n=-3n$，则 $a_n+a_{n-1}=-3(n-1)$，

$a_n=(a_n+a_{n-1})-(a_{n-1}+a_{n-2})+(a_{n-2}+a_{n-3})-\cdots+(-1)^{n-2}(a_2+a_1)$

$+(-1)^{n-1}a_1(n>1)$，

则有 $a_n=-3(n-1)+3(n-2)-3(n-3)+\cdots+(-1)^{n-1}\times3+(-1)^{n-1}\times2$

$=\begin{cases}3\left[1-2+3-4+\cdots-(n-3)+(n-2)-(n-1)\right]+2\text{，}n\text{ 为奇数，}\\3\left[-1+2-3+4-\cdots-(n-3)+(n-2)-(n-1)\right]-2\text{，}n\text{ 为偶数。}\end{cases}$

$$= \begin{cases} -\dfrac{3}{2}n + \dfrac{7}{2}, & n \text{ 为奇数} \\[2mm] -\dfrac{3}{2}n - 2, & n \text{ 为偶数} \end{cases}, \quad \text{即 } a_n = \dfrac{3}{4} - \dfrac{11}{4}(-1)^n - \dfrac{3}{2}n_{\circ}$$

例2. 数列 $\{a_n\}$ 满足：$a_1 = 2$，$\sqrt{a_n} + \sqrt{a_{n-1}} = 2 \cdot 3^n$，求通项公式 a_n。

解法一： 由 $\sqrt{a_n} + \sqrt{a_{n-1}} = 2 \cdot 3^n$，得 $\sqrt{a_n} + \sqrt{a_{n-1}} = \dfrac{4 \cdot 3^n}{2} = \dfrac{3^{n+1} + 3^n}{2}$，

则可变为 $\sqrt{a_n} - \dfrac{3^{n+1}}{2} = -\left(\sqrt{a_{n-1}} - \dfrac{3^n}{2} \right)$，

则 $\sqrt{a_n} - \dfrac{3^{n+1}}{2} = \left(\sqrt{a_1} - \dfrac{3^2}{2} \right) \cdot (-1)^{n-1}$，

即得 $\sqrt{a_n} = \dfrac{3^{n+1}}{2} + \sqrt{2} \cdot (-1)^{n-1} + \dfrac{9}{2} \times (-1)^n$，

即 $a_n = \left[\dfrac{3^{n+1}}{2} + \left(\dfrac{9}{2} - \sqrt{2} \right) \cdot (-1)^n \right]^2_{\circ}$

解法二：

$$\sqrt{a_n} = (\sqrt{a_n} + \sqrt{a_{n-1}}) - (\sqrt{a_{n-1}} + \sqrt{a_{n-2}}) + \cdots$$
$$+ (-1)^{n-2}(\sqrt{a_2} + \sqrt{a_1}) + (-1)^{n-1}\sqrt{a_1}$$
$$= 2\left[3^n - 3^{n-1} + 3^{n-2} - \cdots + (-1)^{n-2} \cdot 3^2 \right] + (-1)^{n-1} \cdot \sqrt{2}$$
$$= \begin{cases} 2\left[3^n - 3^{n-1} + 3^{n-2} - \cdots - 3^2 \right] + \sqrt{2}, & n \text{ 为奇数} \\[2mm] 2\left[3^n - 3^{n-1} + 3^{n-2} - \cdots + 3^2 \right] - \sqrt{2}, & n \text{ 为偶数} \end{cases}$$
$$= \begin{cases} \dfrac{1}{2}(3^{n+1} - 9) + \sqrt{2}, & n \text{ 为奇数} \\[2mm] \dfrac{1}{2}(3^{n+1} + 9) - \sqrt{2}, & n \text{ 为偶数} \end{cases},$$

则 $\sqrt{a_n} = \dfrac{3^{n+1}}{2} + \sqrt{2} \cdot (-1)^{n-1} + \dfrac{9}{2} \times (-1)^n$，

即 $a_n = \left[\dfrac{3^{n+1}}{2} + \left(\dfrac{9}{2} - \sqrt{2} \right) \cdot (-1)^n \right]^2_{\circ}$

解法三： 由已知有 $\dfrac{3\sqrt{a_n}}{3^n} + \dfrac{\sqrt{a_{n-1}}}{3^{n-1}} = 6$，又 $\dfrac{3\sqrt{a_{n-1}}}{3^{n-1}} + \dfrac{\sqrt{a_{n-2}}}{3^{n-2}} = 6$，

两式相减得 $\dfrac{\sqrt{a_n}}{3^n} - \dfrac{\sqrt{a_n}}{3^{n-1}} = -\dfrac{1}{3}\left(\dfrac{\sqrt{a_{n-1}}}{3^{n-1}} - \dfrac{\sqrt{a_{n-2}}}{3^{n-2}} \right)$，

则 $\dfrac{\sqrt{a_n}}{3^n} - \dfrac{\sqrt{a_{n-1}}}{3^{n-1}} = \left(\dfrac{\sqrt{a_2}}{3^2} - \dfrac{\sqrt{a_1}}{3}\right) \cdot \left(-\dfrac{1}{3}\right)^{n-2} = \left(2 - \dfrac{4}{9}\sqrt{2}\right) \cdot \left(-\dfrac{1}{3}\right)^{n-2}$

$\dfrac{\sqrt{a_n}}{3^n} = \left(2 - \dfrac{4}{9}\sqrt{2}\right)\left[\left(-\dfrac{1}{3}\right)^0 + \left(-\dfrac{1}{3}\right)^1 + \left(-\dfrac{1}{3}\right)^2 + \cdots + \left(-\dfrac{1}{3}\right)^{n-2}\right] + \dfrac{\sqrt{2}}{3}$

$\qquad = \dfrac{\sqrt{2}}{3} + \left(2 - \dfrac{4}{9}\sqrt{2}\right) \cdot \dfrac{1 - \left(-\dfrac{1}{3}\right)^{n-1}}{1 + \dfrac{1}{3}} = \dfrac{3}{2} + (-1)^n \cdot \dfrac{1}{2} \cdot \dfrac{1}{3^{n-2}} - (-1)^n \cdot \dfrac{\sqrt{2}}{3^n}$，

则 $\sqrt{a_n} = \dfrac{3^{n+1}}{2} + \sqrt{2} \cdot (-1)^{n-1} + \dfrac{9}{2} \times (-1)^n$，

即 $a_n = \left[\dfrac{3^{n+1}}{2} + \left(\dfrac{9}{2} - \sqrt{2}\right) \cdot (-1)^n\right]^2$。

练习题：

1. 已知数列 $\{a_n\}$：$a_1 = a$，$a_n + a_{n-1} = n(n \geqslant 2)$，求通项公式 a_n。

（答案：$a_n = \dfrac{1}{2}n + \dfrac{1}{4} + \left(a - \dfrac{3}{4}\right) \times (-1)^{n-1}$）

2. 数列 $\{a_n\}$ 满足：$a_1 = 1$，且 $a_n + a_{n+1} = -n^2$，求通项公式 a_n。

（答案：$a_n = (-1)^{n-1} - \dfrac{n^2}{2} + \dfrac{n}{2}$）

六、$a_{n+1} \cdot a_n = f(n)$ 型

通过以下例题可知解法有三：

例1. 已知数列 $\{a_n\}$：$a_1 = a(a > 0)$，且 $a_n \cdot a_{n-1} = 2^n(n \geqslant 2)$，求通项公式 a_n。

解法一：由 $a_n \cdot a_{n-1} = 2^n(n \geqslant 2)$，有 $a_{n-1} \cdot a_{n-2} = 2^{n-1}$，

两式相除得 $a_n = 2a_{n-2}(n \geqslant 3)$，

同理有 $a_{n-1} = 2a_{n-3}(n \geqslant 4)$，

则 $\{a_{2k-1}\}$，$\{a_{2k}\}$ 均为公比是 2 的等比数列，

当 n 为奇数时，有 $2k - 1 = n$，即 $k = \dfrac{n+1}{2}$ 项，$n \geqslant 3$ 的奇数；

当 n 为偶数时，有 $2k = n$，即 $k = \dfrac{n}{2}$ 项，$n \geqslant 4$ 的偶数。

则 $a_n = \begin{cases} a_1 \cdot 2^{\frac{n+1}{2}-1} , & \text{当 } n \text{ 为奇数} \\ a_2 \cdot 2^{\frac{n}{2}-1} , & \text{当 } n \text{ 为偶数} \end{cases}$ ，即 $a_n = \begin{cases} a \cdot 2^{\frac{n-1}{2}} , & \text{当 } n \text{ 为奇数} \\ \dfrac{1}{a} \cdot 2^{\frac{n+2}{2}} , & \text{当 } n \text{ 为偶数} \end{cases}$ ，

即 $a_n = 2^{\frac{2n+1+(-1)^n \cdot 3}{4}} \cdot a^{(-1)^{n+1}}$ 。

解法二：由已知 $a_n \cdot a_{n-1} = 2^n (a > 0)$ 知 $a_n > 0$ ，

两边取以 2 为底的对数得，

$\log_2 a_n + \log_2 a_{n-1} = n$ ，令 $b_n = \log_2 a_n$ ，则 $b_1 = \log_2 a$ ，$b_n + b_{n-1} = n$ ，

由（五）中练习 1 知，$b_n = \dfrac{2n + 1 + (-1)^n \cdot 3}{4} + (-1)^{n+1} \log_2 a$ ，

则 $a_n = 2^{b_n} = 2^{\frac{2n+1+(-1)^n \cdot 3}{4}} \cdot a^{(-1)^{n+1}}$ 。

解法三：

$$a_n = \begin{cases} \dfrac{a_n a_{n-1}}{a_{n-1} a_{n-2}} \cdot \dfrac{a_{n-2} a_{n-3}}{a_{n-3} a_{n-4}} \cdots \dfrac{a_3 a_2}{a_2 a_1} \cdot a_1 , & n \text{ 为奇数} \\ \dfrac{a_n a_{n-1}}{a_{n-1} a_{n-2}} \cdot \dfrac{a_{n-2} a_{n-3}}{a_{n-3} a_{n-4}} \cdots \dfrac{a_4 a_3}{a_3 a_2} \cdot a_2 , & n \text{ 为偶数} \end{cases}$$

$$\Rightarrow a_n = \begin{cases} 2^{\frac{n-1}{2}} \cdot a , & n \text{ 为奇数} \\ 2^{\frac{n-2}{2}} \cdot \dfrac{4}{a} , & n \text{ 为偶数} \end{cases}，$$

即得 $a_n = 2^{\frac{2n+1+(-1)^n \cdot 3}{4}} \cdot a^{(-1)^{n+1}}$ 。

例 2. 数列 $\{a_n\}$ ，相邻两项 a_{n+1} ，a_n 是方程 $x^2 - c_n x + \left(\dfrac{1}{3}\right)^n = 0$ 的两个根，

且 $a_1 = 2$ ，求通项公式 c_n 。

（提示：仿上题三种方法可求）

略解：由已知有 $c_n = a_{n+1} + a_n$ ，$a_{n+1} \cdot a_n = \left(\dfrac{1}{3}\right)^n$ 。

$$a_n = \begin{cases} \dfrac{a_n a_{n-1}}{a_{n-1} a_{n-2}} \cdot \dfrac{a_{n-2} a_{n-3}}{a_{n-3} a_{n-4}} \cdots \dfrac{a_3 a_2}{a_2 a_1} \cdot a_1 , & n \text{ 为奇数} \\ \dfrac{a_n a_{n-1}}{a_{n-1} a_{n-2}} \cdot \dfrac{a_{n-2} a_{n-3}}{a_{n-3} a_{n-4}} \cdots \dfrac{a_4 a_3}{a_3 a_2} \cdot a_2 , & n \text{ 为偶数} \end{cases}$$

$$\Rightarrow a_n = \begin{cases} \left(\dfrac{1}{3}\right)^{\frac{n-1}{2}} \cdot 2 \text{ , } n \text{ 为奇数} \\ \left(\dfrac{1}{3}\right)^{\frac{n-2}{2}} \cdot \dfrac{1}{6} \text{ , } n \text{ 为偶数} \end{cases},$$

$$\text{则 } c_n = a_{n+1} + a_n = \begin{cases} \left(\dfrac{1}{3}\right)^{\frac{n-1}{2}} \cdot \dfrac{1}{6} + \left(\dfrac{1}{3}\right)^{\frac{n-1}{2}} \cdot 2 \text{ , } n \text{ 为奇数} \\ \left(\dfrac{1}{3}\right)^{\frac{n}{2}} \cdot 2 + \left(\dfrac{1}{3}\right)^{\frac{n-2}{2}} \cdot \dfrac{1}{6} \text{ , } n \text{ 为偶数} \end{cases},$$

$$\text{即 } c_n = \begin{cases} \left(\dfrac{1}{3}\right)^{\frac{n-1}{2}} \cdot \dfrac{13}{6} \text{ , } n \text{ 为奇数} \\ \left(\dfrac{1}{3}\right)^{\frac{n}{2}} \cdot \dfrac{5}{2} \text{ , } n \text{ 为偶数} \end{cases}, \quad \text{即 } c_n = \left(\dfrac{1}{3}\right)^{\frac{2n-1+(-1)^n}{4}} \cdot \dfrac{14 + (-1)^n}{6} \text{。}$$

（另两种方法可作练习）

七、联想三角公式求通项公式

例1. 已知数列 $\{a_n\}$ 满足：$a_1 \in \mathbf{R}$，$a_{n+1} = \dfrac{1 + a_n}{1 - a_n}(n \in \mathbf{N}^*)$，求通项公式 a_n。

解：由 $a_1 \in \mathbf{R}$，$a_{n+1} = \dfrac{1 + a_n}{1 - a_n}(n \in \mathbf{N}^*)$，

知 $a_n \in \mathbf{R}$（$n \in \mathbf{N}^*$），且递推式与 $\tan\left(\theta + \dfrac{\pi}{4}\right) = \dfrac{1 + \tan\theta}{1 - \tan\theta}$ 外型一致，

于是令 $a_n = \tan\theta_n(n \in \mathbf{N}^*)$，则 $a_1 = \tan\theta_1$，$a_{n+1} = \tan\left(\dfrac{\pi}{4} + \theta_n\right)$，

又 $a_{n+1} = \tan\theta_{n+1}(n \in \mathbf{N}^*)$，则有 $\tan\theta_{n+1} = \tan\left(\dfrac{\pi}{4} + \theta_n\right)$，

从而可取 $\theta_{n+1} = \dfrac{\pi}{4} + \theta_n$，$\theta_1 = \arctan a_1$，

则 $\theta_n = \arctan a_1 + \dfrac{\pi}{4}(n - 1)(n \in \mathbf{N}^*)$，

从而 $a_n = \tan\theta_n = \tan\left(\dfrac{n - 1}{4}\pi + \arctan a_1\right)$ 为所求。

例2. 已知数列 $\{a_n\}$ 满足：$a_1 = \dfrac{1}{2}$，$a_{n+1} = 2a_n\sqrt{1 - a_n^2}$，$n \in \mathbf{N}^*$，求通项

公式 a_n。

解：由 $a_{n+1} = 2a_n \sqrt{1 - a_n^2}$，$n \in \mathbf{N}^*$ 可知 $|a_n| \leqslant 1$，

又 $a_1 = \dfrac{1}{2}$，则 $0 < a_n \leqslant 1$，

于是结合 $\sin 2\theta = 2\sin\theta\cos\theta$ 的外型，令 $a_n = |\sin\theta_n|$，

则有 $|\sin\theta_{n+1}| = a_{n+1} = 2|\sin\theta_n| \cdot \sqrt{1 - |\sin\theta_n|^2} = |\sin 2\theta_n|$，

可取 $\theta_{n+1} = 2\theta_n$，$\theta_1 = \arcsin\dfrac{1}{2} = \dfrac{\pi}{6}$，则 $\theta_n = 2^{n-1}\theta_1 = \dfrac{2^{n-2}}{3}\pi$，

从而 $a_n = \left| \sin\dfrac{2^{n-2}}{3}\pi \right|$ 为所求。

例3. 已知数列 $\{a_n\}$ 满足：$1 + a_n a_{n+1} = \sqrt{1 + a_n^2}$，且 $a_1 \neq 0$，求通项公式 a_n。

解：由 $a_1 \neq 0$，$1 + a_n a_{n+1} = \sqrt{1 + a_n^2}$，

易知 $a_n \neq 0$（否则，由 $a_k = 0$，$\sqrt{1 + a_{k-1}^2} = 1 + 0 \cdot a_{k-1} = 1 \Rightarrow a_{k-1} = 0$，如此下去，必有 $a_1 = 0$）。

于是，由递推式变形有 $1 + a_n^2 = (1 + a_n a_{n+1})^2$，整理得 $a_n = \dfrac{2a_{n+1}}{1 - a_{n+1}^2}$，

结合 $\tan 2\theta = \dfrac{2\tan\theta}{1 - \tan^2\theta}$ 外形，于是可令 $a_n = \tan\theta_n$，

则有 $\tan\theta_n = \dfrac{2\tan\theta_{n+1}}{1 - \tan^2\theta_{n+1}} = \tan 2\theta_{n+1}$，

可取 $\theta_n = 2\theta_{n+1}$，则 $\theta_n = \dfrac{\theta_1}{2^{n-1}}$（因 $a_n \neq 0$，则 $\theta_1 \neq 0$），

因 $a_1 = \tan\theta_1$，

则可取 $\theta_1 = \arctan a_1$，因此 $\theta_n = \dfrac{\arctan a_1}{2^{n-1}}$，

从而 $a_n = \tan\left(\dfrac{1}{2^{n-1}}\arctan a_1\right)$ 为所求。

例4. 已知数列 $\{a_n\}$ 满足：$a_{n+1}^2 = 2 + a_n$，$0 \leqslant a_n \leqslant 2$，$a_1 = p$，求通项公式 a_n。

解：由 $a_{n+1}^2 = 2 + a_n$ 变形得 $1 + \dfrac{a_n}{2} = \dfrac{a_{n+1}^2}{2}$，即得 $1 + \dfrac{a_n}{2} = 2 \cdot \left(\dfrac{a_{n+1}}{2}\right)^2$，

因 $0 \leqslant a_n \leqslant 2$ 得 $0 \leqslant \dfrac{a_n}{2} \leqslant 1$，结合 $1 + \cos\alpha = 2\cos^2\dfrac{\alpha}{2}$，可令 $\dfrac{a_n}{2} = \cos\theta_n$，

则有 $1 + \cos\theta_n = 2\cos^2\theta_{n+1}$，而 $2\cos^2\theta_{n+1} = 1 + \cos 2\theta_{n+1}$，

则有 $\cos\theta_n = \cos 2\theta_{n+1}$，可取 $2\theta_{n+1} = \theta_n$，又 $a_1 = p$，$\dfrac{a_1}{2} = \cos\theta_1$，

则 $\theta_1 = \arccos\dfrac{p}{2}$，从而 $\theta_n = \dfrac{\arccos\dfrac{p}{2}}{2^{n-1}}$，则 $a_n = 2\cos\dfrac{\arccos\dfrac{p}{2}}{2^{n-1}}$。

八、能通过技巧变换成为上述几种类型

例 1. 已知数列 $\{a_n\}$ 满足：$a_1 = 4$，且 $a_{n-1}a_n - 4a_{n-1} + 4 = 0$，求通项公式 a_n。

解：由 $a_{n-1}a_n - 4a_{n-1} + 4 = 0$，

即有 $(a_{n-1} - 2)(a_n - 2) + 2a_n + 2a_{n-1} - 4a_{n-1} = 0$，

即 $(a_{n-1} - 2)(a_n - 2) + 2(a_n - 2) - 2(a_{n-1} - 2) = 0$，

即得 $\dfrac{1}{a_n - 2} - \dfrac{1}{a_{n-1} - 2} = \dfrac{1}{2}$，则 $\dfrac{1}{a_n - 2} = \dfrac{1}{a_1 - 2} + \dfrac{1}{2} \cdot (n - 1) = \dfrac{n}{2}$，

即 $a_n = 2 + \dfrac{2}{n}$。

例 2. 已知数列 $\{a_n\}$ 满足：$(n - 1)a_{n+1} = (n + 1)(a_n - 1)$，且 $a_2 = 6$，求通项公式 a_n。

解：由已知有 $(n - 1)a_{n+1} = (n + 1)a_n - (n + 1)$，

两边同时除以 $(n - 1)n(n + 1)$ 得，$\dfrac{a_{n+1}}{n(n + 1)} = \dfrac{a_n}{(n - 1)n} - \dfrac{1}{(n - 1)n}$，

令 $b_n = \dfrac{a_n}{(n - 1)n}$，则 $b_{n+1} = b_n - \dfrac{1}{(n - 1)n}$，且 $b_2 = \dfrac{a_2}{2} = 3$，

从而 $b_n - b_{n-1} = -\dfrac{1}{(n - 2)(n - 1)}$ $(n \geqslant 3)$，

则由 $b_n = (b_n - b_{n-1}) + (b_{n-1} - b_{n-2}) + \cdots + (b_3 - b_2) + b_2$，

得 $b_n = 3 - \left[\dfrac{1}{1 \times 2} + \dfrac{1}{2 \times 3} + \cdots + \dfrac{1}{(n - 2)(n - 1)} \right]$

$\qquad = 3 - \left(1 - \dfrac{1}{n - 1} \right) = \dfrac{2n - 1}{n - 1}$，

则 $a_n = (n-1)nb_n = n(2n-1)$ ，即 $a_n = 2n^2 - n$ 为所求。

例3. 设数列 $\{a_n\}$ 的前 n 项和为 S_n ，且方程 $x^2 - a_n x - a_n = 0$ 有一个根为 $S_n - 1$ ， $n = 1, 2, 3, \cdots$

（I）求 a_1 ， a_2 ；

（II）求 $\{a_n\}$ 的通项公式。

解：（I）由已知有 $(S_n - 1)^2 - a_n(S_n - 1) - a_n = 0$ ，即得 $a_n S_n = (S_n - 1)^2$ 。

当 $n = 1$ 时，有 $a_1^2 = (a_1 - 1)^2$ ，得 $a_1 = \dfrac{1}{2}$ ，

当 $n = 2$ 时，有 $a_2(a_1 + a_2) = (a_1 + a_2 - 1)^2$ ，即得 $a_2 = \dfrac{1}{6}$ ；

（II）由（I）得，当 $n \geqslant 2$ 时，有 $(S_n - S_{n-1})S_n = (S_n - 1)^2$ ，

即得 $1 + S_{n-1}S_n - 2S_n = 0$ ，

变形得 $(1 - S_{n-1})(1 - S_n) + (1 - S_n) - (1 - S_{n-1}) = 0$ ，

即有 $\dfrac{1}{1 - S_n} - \dfrac{1}{1 - S_{n-1}} = 1$ ，从而 $\dfrac{1}{1 - S_n} = \dfrac{1}{1 - a_1} + n - 1 = n + 1$ ，

则 $1 - S_n = \dfrac{1}{n + 1}$ ，得 $S_n = \dfrac{n}{n + 1}$ ，

则 $a_n = S_n - S_{n-1} = \dfrac{n}{n + 1} - \dfrac{n - 1}{n} = \dfrac{1}{n(n + 1)}$ ，

从而 $\{a_n\}$ 的通项公式是 $a_n = \dfrac{1}{n(n + 1)}$ 。

例4. 已知数列 $\{u_n\}$ ： $u_1 = 1$ ， $u_{n+1} = \dfrac{-8}{u_n - 6}$ ，求通项公式 u_n 。

解：由已知有 $u_{n+1} - A = \dfrac{-8 - Au_n + 6A}{u_n - 6}$ ，

$u_{n+1} - B = \dfrac{-8 - Bu_n + 6B}{u_n - 6}$ ， $A \neq B$ ，

两式相除得 $\dfrac{u_{n+1} - A}{u_{n+1} - B} = \dfrac{Au_n - (6A - 8)}{Bu_n - (6B - 8)} = \dfrac{A}{B} \cdot \dfrac{u_n - \left(6 - \dfrac{8}{A}\right)}{u_n - \left(6 - \dfrac{8}{B}\right)}$ ，

令 $A = 6 - \dfrac{8}{A}$ ， $B = 6 - \dfrac{8}{B}$ ，

显然可知， A ， B 为方程 $x^2 - 6x + 8 = 0$ 的两相异实根。

即得 $A = 2$，$B = 4$ 或 $A = 4$，$B = 2$，只要一组值即可，代入上式则有

$\dfrac{u_{n+1} - 4}{u_{n+1} - 2} = 2 \cdot \dfrac{u_n - 4}{u_n - 2}$，递推得 $\dfrac{u_n - 4}{u_n - 2} = \dfrac{u_1 - 4}{u_1 - 2} \cdot 2^{n-1} = 3 \cdot 2^{n-1}$，

则 $u_n = \dfrac{3 \cdot 2^n - 4}{3 \cdot 2^{n-1} - 1}$ 为所求。

例5. 数列 $\{a_n\}$，$a_1 = 1$，$a_2 = 2$，$a_{n+2} = 5a_{n+1} - 6a_n - 2$，求通项公式 a_n。

解：由已知设 $a_{n+2} - A = 5(a_{n+1} - A) - 6(a_n - A)$ 与已知比较得 $A = -1$，

则有 $a_{n+2} + 1 = 5(a_{n+1} + 1) - 6(a_n + 1)$，

令 $b_n = a_n + 1$，则 $b_1 = 2$，$b_2 = 3$，$b_{n+2} = 5b_{n+1} - 6b_n$，

即可变为 $b_{n+2} - 2b_{n+1} = 3(b_{n+1} - 2b_n)$，

则 $b_{n+1} - 2b_n = (b_2 - 2b_1) \cdot 3^{n-1} = -3^{n-1}$，可变为 $\dfrac{b_{n+1}}{2^{n+1}} - \dfrac{b_n}{2^n} = -\dfrac{1}{4} \cdot \left(\dfrac{3}{2}\right)^{n-1}$，

则 $\dfrac{b_n}{2^n} = \left(\dfrac{b_n}{2^n} - \dfrac{b_{n-1}}{2^{n-1}}\right) + \left(\dfrac{b_{n-1}}{2^{n-1}} - \dfrac{b_{n-2}}{2^{n-2}}\right) + \cdots + \left(\dfrac{b_3}{2^3} - \dfrac{b_2}{2^2}\right) + \left(\dfrac{b_2}{2^2} - \dfrac{b_1}{2^1}\right) + \dfrac{b_1}{2}$

$= -\dfrac{1}{4}\left[\left(\dfrac{3}{2}\right)^{n-2} + \left(\dfrac{3}{2}\right)^{n-3} + \cdots + \dfrac{3}{2} + 1\right] + 1$

$= 1 - \dfrac{1}{4} \times \dfrac{\left(\dfrac{3}{2}\right)^{n-1} - 1}{\dfrac{3}{2} - 1} = \dfrac{3}{2} - \dfrac{1}{2} \times \left(\dfrac{3}{2}\right)^{n-1}$，

得 $b_n = 3 \cdot 2^{n-1} - 3^{n-1}$，从而 $a_n = b_n - 1 = 3 \cdot 2^{n-1} - 3^{n-1} - 1$ 为所求。

例6. 数列 $\{x_n\}$，$x_1 = 1$，$x_2 = -2$，$x_{n+2} = 5x_{n+1} - 6x_n + 2^{n+1}$，求通项公式 x_n。

解：由 $x_{n+2} = 5x_{n+1} - 6x_n + 2^{n+1}$ 可得，$x_{n+2} - 2x_{n+1} = 3(x_{n+1} - 2x_n) + 2^{n+1}$，

令 $x_{n+1} - 2x_n = y_n$，则 $y_1 = -4$，$y_{n+1} = 3y_n + 2^{n+1}$，

可变为 $\dfrac{y_{n+1}}{3^{n+1}} = \dfrac{y_n}{3^n} + \left(\dfrac{2}{3}\right)^{n+1}$。

仿上题 $\dfrac{y_n}{3^n} = \left(\dfrac{2}{3}\right)^n + \left(\dfrac{2}{3}\right)^{n-1} + \cdots + \left(\dfrac{2}{3}\right)^2 + \dfrac{-4}{3} = -2 \cdot \left(\dfrac{2}{3}\right)^n$，

则 $y_n = -2^{n+1}$，即 $x_{n+1} - 2x_n = -2^{n+1}$，

可变为 $\dfrac{x_{n+1}}{2^{n+1}} - \dfrac{x_n}{2^n} = -1$，则 $\dfrac{x_n}{2^n} = \dfrac{x_1}{2} - (n-1) = \dfrac{3}{2} - n$，从而得 $x_n = 2^{n-1}(3$

$- 2n)$ 。

例7. 数列 $\{a_n\}$ 满足：$a_1 = 3$，$3a_n + a_{n-1} = 4a_n a_{n-1}$，求通项公式 a_n。

解：由 $3a_n + a_{n-1} = 4a_n a_{n-1}$，$a_1 = 3$，则 $a_2 = \dfrac{1}{3}$，

可得 $\dfrac{3}{a_{n-1}} + \dfrac{1}{a_n} = 4 \Rightarrow \dfrac{3}{a_{n-1}} + \dfrac{1}{a_n} = \dfrac{3}{a_{n-2}} + \dfrac{1}{a_{n-1}}$，

即 $\dfrac{1}{a_n} - \dfrac{1}{a_{n-1}} = -3\left(\dfrac{1}{a_{n-1}} - \dfrac{1}{a_{n-2}}\right)$，

则有 $\dfrac{1}{a_n} - \dfrac{1}{a_{n-1}} = \left(3 - \dfrac{1}{3}\right) \cdot (-3)^{n-2} = (-1)^{n-2} \cdot 8 \cdot 3^{n-3}$，

则 $\dfrac{1}{a_n} = \left(\dfrac{1}{a_n} - \dfrac{1}{a_{n-1}}\right) + \left(\dfrac{1}{a_{n-1}} - \dfrac{1}{a_{n-2}}\right) + \cdots + \left(\dfrac{1}{a_2} - \dfrac{1}{a_1}\right) + \dfrac{1}{a_1}$

$= 8\left[3^{-1} - 1 + 3 - 3^2 + \cdots + (-1)^{n-2} \cdot 3^{n-3}\right] + \dfrac{1}{3} = \dfrac{3 - 2 \cdot (-3)^{n-1}}{3}$，

从而 $a_n = \dfrac{3}{3 - 2 \cdot (-3)^{n-1}}$ 为所求。

例8. 已知数列 $\{a_n\}$ 满足 $a_1 = b\,(b > 0)$，$a_{n+1}^2 = 100a_n$，求通项公式 a_n。

略解：由 $a_{n+1}^2 = 100a_n$ 两边取常用对数得 $2\lg a_{n+1} = 2 + \lg a_n$，

即 $\lg a_{n+1} = \dfrac{1}{2}\lg a_n + 1$，可变为 $\lg a_{n+1} - 2 = \dfrac{1}{2}(\lg a_n - 2)$，

则有 $\lg a_n - 2 = (\lg a_1 - 2)\left(\dfrac{1}{2}\right)^{n-1} = \dfrac{\lg b - 2}{2^{n-1}}$，即得 $\lg a_n = 2 + \dfrac{\lg b - 2}{2^{n-1}}$，

则 $a_n = 10^{\left(2 + \frac{\lg b - 2}{2^{n-1}}\right)}$。

例9. 已知数列 $\{a_n\}$ 满足：$a_1 = 2$，$a_{n+1} = 2a_n^2$，求通项公式 a_n。

解法一：因 $a_n > 0$，取以 10 为底的对数得 $\lg a_{n+1} = 2\lg a_n + \lg 2$，

令 $b_n = \lg a_n$，则 $b_1 = \lg a_1 = \lg 2$，$b_2 = 3\lg 2$，$b_{n+1} = 2b_n + \lg 2$，

则 $b_{n+1} - b_n = 2(b_n - b_{n-1})$，从而 $b_n - b_{n-1} = (b_2 - b_1) \cdot 2^{n-2} = 2^{n-1} \cdot \lg 2$，

$b_n = (2 + 2^2 + 2^3 + \cdots + 2^{n-1})\lg 2 + b_1 = (1 + 2 + 2^2 + \cdots + 2^{n-1})\lg 2$，

即 $b_n = (2^n - 1)\lg 2$，从而 $a_n = 2^{(2^n - 1)}$。

解法二：由 $a_{n+1} = 2a_n^2$ 得，$a_n = 2a_{n-1}^2$，$a_{n-1} = 2a_{n-2}^2$，$\cdots$，$a_2 = 2a_1^2$，

则 $a_n = 2a_{n-1}^2 = 2 \cdot 2^2 a_{n-2}^4 = 2 \cdot 2^2 \cdot 2^4 \cdot a_{n-3}^8 = \cdots = 2 \cdot 2^2 \cdot 2^4 \cdot 2^8 \cdots\cdots 2^{2^{n-1}}$，

即 $a_n = 2^{1 + 2 + 4 + 8 + \cdots + 2^{n-1}} = 2^{2^n - 1}$。

例 10. 已知数列 $\{a_n\}$ 满足：$a_1 = 2$，$a_{n+1} = \dfrac{a_n^2 + 1}{2a_n}$，求通项公式 a_n。

解：由已知即有 $\dfrac{a_{n+1}}{1} = \dfrac{a_n^2 + 1}{2a_n}$，由合分比得 $\dfrac{a_{n+1} + 1}{a_{n+1} - 1} = \dfrac{a_n^2 + 2a_n + 1}{a_n^2 - 2a_n + 1}$，

即 $\dfrac{a_{n+1} + 1}{a_{n+1} - 1} = \left(\dfrac{a_n + 1}{a_n - 1}\right)^2$，令 $b_n = \dfrac{a_n + 1}{a_n - 1}$，则 $b_1 = 3$，$b_n = b_{n-1}^2$，

仿上题解法，得 $b_n = 3^{2^{n-1}}$，则 $\dfrac{a_n + 1}{a_n - 1} = 3^{2^{n-1}}$，即得 $a_n = \dfrac{3^{2^{n-1}} + 1}{3^{2^{n-1}} - 1}$。

例 11. ［2006 年全国高中数学联赛第二试卷第二大题第（2）小题］已知

无穷数列 $\{a_n\}$：满足 $a_0 = x$，$a_1 = y$，$a_{n+1} = \dfrac{a_n a_{n-1} + 1}{a_n + a_{n-1}}$，$n = 1$，$2$，$\cdots$，求数

列 $\{a_n\}$ 的通项公式。

解：由 $a_{n+1} = \dfrac{a_n a_{n-1} + 1}{a_n + a_{n-1}}$，根据合分比定理可得，

$\dfrac{a_{n+1} - 1}{a_{n+1} + 1} = \dfrac{a_n a_{n-1} + 1 - a_n - a_{n-1}}{a_n a_{n-1} + 1 + a_n + a_{n-1}} = \dfrac{(a_n - 1)(a_{n-1} - 1)}{(a_n + 1)(a_{n-1} + 1)}$，令 $b_{n+1} = \dfrac{a_{n+1} - 1}{a_{n+1} + 1}$，

则有 $b_0 = \dfrac{a_0 - 1}{a_0 + 1} = \dfrac{x - 1}{x + 1}$，$b_1 = \dfrac{a_1 - 1}{a_1 + 1} = \dfrac{y - 1}{y + 1}$，$b_{n+1} = b_n b_{n-1}$，只有 $b_n >$

0 才有意义。

两边取常用对数得 $\lg b_{n+1} = \lg b_n + \lg b_{n-1}$，又令 $c_{n+1} = \lg b_{n+1}$，

则 $c_0 = \lg \dfrac{x - 1}{x + 1}$，$c_1 = \lg \dfrac{y - 1}{y + 1}$，$c_{n+1} = c_n + c_{n-1}$，

其对应特征方程是 $z^2 - z - 1 = 0$，得两根 $z_1 = \dfrac{1 + \sqrt{5}}{2}$，$z_2 = \dfrac{1 - \sqrt{5}}{2}$，

则令 $c_n = \lambda \left(\dfrac{1 + \sqrt{5}}{2}\right)^n + \mu \left(\dfrac{1 - \sqrt{5}}{2}\right)^n$，

从而有 $\begin{cases} \lg \dfrac{x - 1}{x + 1} = \lambda + \mu \\ \lg \dfrac{y - 1}{y + 1} = \dfrac{1 + \sqrt{5}}{2}\lambda + \dfrac{1 - \sqrt{5}}{2}\mu \end{cases}$，

解得 $\begin{cases} \lambda = \dfrac{1}{\sqrt{5}}\lg\left[\left(\dfrac{x - 1}{x + 1}\right)^{\frac{\sqrt{5}-1}{2}} \cdot \left(\dfrac{y - 1}{y + 1}\right)\right] \\ \mu = \dfrac{1}{\sqrt{5}}\lg\left[\left(\dfrac{x - 1}{x + 1}\right)^{\frac{\sqrt{5}+1}{2}} \cdot \left(\dfrac{y + 1}{y - 1}\right)\right] \end{cases}$，

则 $c_n = \dfrac{1}{\sqrt{5}}\left(\dfrac{1+\sqrt{5}}{2}\right)^n \lg\left[\left(\dfrac{x-1}{x+1}\right)^{\frac{\sqrt{5}-1}{2}} \cdot \dfrac{y-1}{y+1}\right]$

$\qquad + \dfrac{1}{\sqrt{5}}\left(\dfrac{1-\sqrt{5}}{2}\right)^n \lg\left[\left(\dfrac{x-1}{x+1}\right)^{\frac{\sqrt{5}+1}{2}} \cdot \dfrac{y+1}{y-1}\right]$

$\qquad = \dfrac{1}{\sqrt{5}}\left[\left(\dfrac{1+5}{2}\right)^{n-1} - \left(\dfrac{1-\sqrt{5}}{2}\right)^{n-1}\right]\lg\dfrac{x-1}{x+1}$

$\qquad + \dfrac{1}{\sqrt{5}}\left[\left(\dfrac{1+\sqrt{5}}{2}\right)^n - \left(\dfrac{1-\sqrt{5}}{2}\right)^n\right]\lg\dfrac{y-1}{y+1}$,

$b_n = 10^{c_n} = \left(\dfrac{x-1}{x+1}\right)^{\frac{1}{\sqrt{5}}\left[\left(\frac{1+\sqrt{5}}{2}\right)^{n-1}-\left(\frac{1-\sqrt{5}}{2}\right)^{n-1}\right]} \times \left(\dfrac{y-1}{y+1}\right)^{\frac{1}{\sqrt{5}}\left[\left(\frac{1+\sqrt{5}}{2}\right)^n-\left(\frac{1-\sqrt{5}}{2}\right)^n\right]}$ 。

又因 $b_n = \dfrac{a_n-1}{a_n+1}$,

则 $a_n = \dfrac{2}{1-b_n} - 1 = \dfrac{2}{1-\left(\dfrac{x-1}{x+1}\right)^{\frac{1}{\sqrt{5}}\left[\left(\frac{1+\sqrt{5}}{2}\right)^{n-1}-\left(\frac{1-\sqrt{5}}{2}\right)^{n-1}\right]} \times \left(\dfrac{y-1}{y+1}\right)^{\frac{1}{\sqrt{5}}\left[\left(\frac{1+\sqrt{5}}{2}\right)^n-\left(\frac{1-\sqrt{5}}{2}\right)^n\right]}} - 1$,

即 $a_n = \dfrac{2}{1-\left(\dfrac{x-1}{x+1}\right)^{\frac{1}{\sqrt{5}}\left[\left(\frac{1+\sqrt{5}}{2}\right)^{n-1}-\left(\frac{1-\sqrt{5}}{2}\right)^{n-1}\right]} \times \left(\dfrac{y-1}{y+1}\right)^{\frac{1}{\sqrt{5}}\left[\left(\frac{1+\sqrt{5}}{2}\right)^n-\left(\frac{1-\sqrt{5}}{2}\right)^n\right]}} - 1$ 。

用构造法求数列的通项公式

中学教材中只介绍了等差、等比数列两种特殊数列，但常常会遇到比这两种数列复杂的数列，常会遇到根据数列递推关系求通项公式这类问题，这是数列中的难点。本文介绍用构造法如何把一些递推数列转化为等差、等比数列求通项公式。

一、构造成等差数列型（通过以下例子说明构造技巧）

例1. 若数列 $\{a_n\}$ 由 $a_1 = 2, a_{n+1} = a_n + 2n (n \geq 1)$ 确定，求通项公式 a_n。

解：$\because 2n = n(n+1) - (n-1)n$，则由已知有 $a_{n+1} - n(n+1) = a_n - (n-1)n$，

可知数列 $\{a_n - (n-1)n\}$ 是公差为0、首项为2的等差数列，

则有 $a_n - (n-1)n = 2$，即 $a_n = n^2 - n + 2$。

注：构造的关键是把 $2n$ 分成与项数 n 有关的前后两项之差。

例2. 已知数列 $\{a_n\}$ 满足 $a_1 = 2$，$a_{n+1} = a_n \cdot \dfrac{n}{n+1}$，求 a_n。

解：由已知有 $(n+1)a_{n+1} = na_n$，则 $na_n = 1 \times a_1 = 2$，即 $a_n = \dfrac{2}{n}$。

例3. 已知数列 $\{a_n\}$ 满足 $a_1 = 1$，$S_n = n^2 a_n$，求 a_n。

解：由 $a_n = S_n - S_{n-1} = n^2 a_n - (n-1)^2 a_{n-1} (n \geq 2)$，

得 $(n+1)a_n = (n-1)a_{n-1}$，

两边同乘以 n，即有 $(n+1)na_n = n(n-1)a_{n-1}$，

从而 $(n+1)na_n = 2a_1 = 2$，

即 $a_n = \dfrac{2}{n(n+1)}$，$(n \geq 2)$。经检验知，$a_n = \dfrac{2}{n(n+1)}$。

注：两边同乘以 n 使之成为与项数 n 有关的前后两项，从而构造成一个常数列 $\{n(n+1)a_n\}$。

例4. 已知数列 $\{a_n\}$ 的首项 $a_1 = 2$，前 n 项和为 S_n，且 $S_n = \dfrac{n+2}{3}a_n$，求 a_n。

解法一：当 $n = 1$ 时，$a_1 = S_1 = 2$，

当 $n \geq 2$ 时，$a_n = S_n - S_{n-1}$，因 $S_n = \dfrac{n+2}{3}a_n$，

则 $a_n = \dfrac{n+2}{3}a_n - \dfrac{n+1}{3}a_{n-1}$，即 $(n-1)a_n = (n+1)a_{n-1}$，

可变得 $\dfrac{a_n}{(n+1)n} = \dfrac{a_{n-1}}{n(n-1)}$，则 $\dfrac{a_n}{(n+1)n} = \dfrac{a_1}{2} = 1$，

即 $a_n = n(n+1)$ $(n \geq 2)$。经检验可知，$a_n = n(n+1)$。

注：在 $\dfrac{a_n}{n+1} = \dfrac{a_{n-1}}{n-1}$ 两边同乘以 $\dfrac{1}{n}$，使之变成 $\dfrac{a_n}{(n+1)n} = \dfrac{a_{n-1}}{n(n-1)}$ 为一常数列。

解法二：当 $n = 1$ 时，$a_1 = S_1 = 2$，

当 $n \geq 2$ 时，$a_n = S_n - S_{n-1}$，因 $S_n = \dfrac{n+2}{3}a_n$，则 $S_n = \dfrac{n+2}{3}(S_n - S_{n-1})$，

即有 $\dfrac{S_n}{n+2} = \dfrac{S_{n-1}}{n-1}$，可变成 $\dfrac{S_n}{(n+2)(n+1)n} = \dfrac{S_{n-1}}{(n+1)n(n-1)}$，

则 $\dfrac{S_n}{(n+2)(n+1)n} = \dfrac{S_1}{3 \times 2 \times 1} = \dfrac{1}{3}$，即得 $S_n = \dfrac{1}{3}n(n+1)(n+2)$。

因 $S_n = \dfrac{n+2}{3}a_n$，则 $a_n = n(n+1)$，$n \geq 2$，经检验可知，$a_n = n(n+1)$。

例5. 设数列 $\{a_n\}$ 满足：$a_1 = \dfrac{1}{2}$，$a_2 = \dfrac{1}{3}$，且对任意正整数 n，都有

$a_{n+2} = 2(n+2)a_{n+1} - (n+2)(n+1)a_n + \dfrac{n^2 + 3n + 1}{n+3}$。试求数列 $\{a_n\}$ 的通项公式。

解：由题设得，$\dfrac{a_{n+2}}{(n+2)!} = \dfrac{2a_{n+1}}{(n+1)!} - \dfrac{a_n}{n!} + \dfrac{n^2 + 3n + 1}{(n+3)!}$，

即得 $\dfrac{a_{n+2}}{(n+2)!} - \dfrac{1}{(n+3)!} = 2\left[\dfrac{a_{n+1}}{(n+1)!} - \dfrac{1}{(n+2)!}\right] - \left[\dfrac{a_n}{n!} - \dfrac{1}{(n+1)!}\right]$，

故 $\left\{\dfrac{a_n}{n!} - \dfrac{1}{(n+1)!}\right\}$ 是等差数列。$\because \dfrac{a_1}{1!} - \dfrac{1}{2!} = 0$ ，$\dfrac{a_2}{2!} - \dfrac{1}{3!} = 0$ ，

则数列 $\left\{\dfrac{a_n}{n!} - \dfrac{1}{(n+1)!}\right\}$ 各项均为零，

则 $\dfrac{a_n}{n!} = \dfrac{1}{(n+1)!}$ ，即 $a_n = \dfrac{1}{n+1}$ 。

二、构造成等比数列型

例1. 已知数列 $\{a_n\}$ 中，$a_1 = \dfrac{5}{6}$ ，$a_{n+1} = \dfrac{1}{3}a_n + \left(\dfrac{1}{2}\right)^{n+1}$ ，求通项公式 a_n 。

解：$\because \dfrac{1}{2^{n+1}} = \dfrac{3-2}{2^{n+1}} = \dfrac{3}{2^{n+1}} - \dfrac{1}{2^n}$ ，又 $a_{n+1} = \dfrac{1}{3}a_n + \left(\dfrac{1}{2}\right)^{n+1}$ ，

则有 $a_{n+1} - \dfrac{3}{2^{n+1}} = \dfrac{1}{3}\left(a_n - \dfrac{3}{2^n}\right)$ ，

从而有 $a_n - \dfrac{3}{2^n} = \left(a_1 - \dfrac{3}{2}\right)\left(\dfrac{1}{3}\right)^{n-1} = \left(\dfrac{5}{6} - \dfrac{3}{2}\right)\left(\dfrac{1}{3}\right)^{n-1}$ ，

即 $a_n = \dfrac{3}{2^n} - \dfrac{2}{3^n}$ 。

注：对 $\dfrac{1}{2^{n+1}}$ 有很多种分配，但要适合本题的要求只能让 $\dfrac{1}{2^{n+1}} = \dfrac{3-2}{2^{n+1}} = \dfrac{3}{2^{n+1}}$

$-\dfrac{1}{2^n}$ 。

例2. 已知数列 $\{a_n\}$ 适合条件：$a_1 = 2$ ，$a_{n+1} + a_n = -3n$ ，求通项公式 a_n 。

解：由 $a_{n+1} + a_n = -3n$ ，可得 $a_{n+1} + \dfrac{3}{2}(n+1) - \dfrac{3}{4} = -\left(a_n + \dfrac{3}{2}n - \dfrac{3}{4}\right)$ ，

令 $a_n + \dfrac{3}{2}n - \dfrac{3}{4} = b_n$ ，则 $b_1 = \dfrac{11}{4}$ ，$b_{n+1} = -b_n$ ，

则 $b_n = b_1 \times (-1)^{n-1} = \dfrac{11}{4}(-1)^{n-1}$ ，从而 $a_n = \dfrac{3}{4} - \dfrac{11}{4}(-1)^n - \dfrac{3}{2}n$ 。

例3. 数列 $\{a_n\}$ 满足：$a_1 = 1$ ，且 $a_n + a_{n+1} = -n^2$ ，求通项公式 a_n 。

解：由 $n^2 = \dfrac{(n+1)n + n(n-1)}{2}$ ，

则有 $a_{n+1} + \dfrac{(n+1)n}{2} = -\left[a_n + \dfrac{n(n-1)}{2}\right]$ ，

则 $a_n + \dfrac{n(n-1)}{2} = (a_1 + 0) \cdot (-1)^{n-1} = (-1)^{n-1}$,

从而得 $a_n = (-1)^{n-1} - \dfrac{n(n-1)}{2}$ 。

注：左边是连续两项之和，在构造时右边也一定得变成与 n 有关的连续两项之和，即要把 n^2 变成连续两项之和。

例 4. 已知数列 $\{a_n\}$ 满足：$a_{n+1} + 2a_n - 3a_{n-1} = 0$ ，且 $a_1 = 1$ ，$a_2 = 5$ ，求通项公式 a_n 。

解：由 $a_{n+1} + 2a_n - 3a_{n-1} = 0$ ，可得 $(a_{n+1} - a_n) + 3(a_n - a_{n-1}) = 0$ ，

即 $(a_{n+1} - a_n) = -3(a_n - a_{n-1})$ ，

则 $a_n - a_{n-1} = (a_2 - a_1) \cdot (-3)^{n-2} = 4 \cdot (-3)^{n-2}$ ，

即 $a_n - a_{n-1} = 4 \cdot (-3)^{n-2}$ ，因 $4 \cdot (-3)^{n-2} = -(-3)^{n-1} + (-3)^{n-2}$ ，

则有 $a_n + (-3)^{n-1} = a_{n-1} + (-3)^{n-2}$ ，从而 $a_n + (-3)^{n-1} = a_1 + (-3)^0 = 2$ ，

即 $a_n = 2 - (-3)^{n-1}$ 。

注：由 $a_n - a_{n-1} = 4 \cdot (-3)^{n-2}$ 知，左边是两项相减，则右边也得变成与 n 有关的连续两项之差，即 $4 \cdot (-3)^{n-2} = -(-3)^{n-1} + (-3)^{n-2}$ 。

例 5. 已知数列 $\{a_n\}$ $a_1 = 2$ ，且 $a_{n+1} - 5a_n = 8$ ，求通项公式 a_n 。

解：由 $a_{n+1} - 5a_n = 8$ ，可令 $a_{n+1} + x = 5(a_n + x)$ ，

与已知比较可得 $a_{n+1} + 2 = 5(a_n + 2)$ ，

则数列 $\{a_n + 2\}$ 是以 5 为公比、4 为首项的等比数列，从而 $a_n + 2 = 4 \times 5^{n-1}$ ，

即 $a_n = 4 \times 5^{n-1} - 2$ 。

例 6. 已知数列 $\{a_n\}$ ，满足：$a_1 = 1$ ，$a_n - 2a_{n-1} = 3 \cdot 2^{n-2}$ ，求通项公式 a_n 。

解：因为 $3 = (3n - 1) - (3n - 4)$ ，

则 $3 \cdot 2^{n-2} = (3n - 1) \cdot 2^{n-2} - (3n - 4) \cdot 2^{n-2}$ ，

又 $a_n - 2a_{n-1} = 3 \cdot 2^{n-2}$ ，则有 $a_n - (3n - 1) \cdot 2^{n-2} = 2[a_{n-1} - (3n - 4) \cdot 2^{n-3}]$ ，

从而 $a_n - (3n - 1) \cdot 2^{n-2} = 2^{n-1}[a_1 - (6 - 4) \cdot 2^{-1}] = 0$ ，

即 $a_n = (3n - 1) \cdot 2^{n-2}$ 。

注：把 $3 \cdot 2^{n-2}$ 应构造成左边的相应结构，即 $3 \cdot 2^{n-2} = (3n - 1) \cdot 2^{n-2} - (3n - 4) \cdot 2^{n-2}$ 。

例 7. 数列 $\{x_n\}$ ，$x_1 = 1$ ，$(n+1)x_n = nx_{n+1} + 2$ ，求通项公式 x_n 。

解：由 $(n+1)x_n = nx_{n+1} + 2$ ，

两边同除以 $n(n+1)$ 得 $\dfrac{x_{n+1}}{n+1} - \dfrac{x_n}{n} = -\dfrac{2}{n(n+1)}$ ，

因 $-\dfrac{2}{n(n+1)} = \dfrac{2}{n+1} - \dfrac{2}{n}$ ，则有 $\dfrac{x_{n+1}}{n+1} - \dfrac{2}{n+1} = \dfrac{x_n}{n} - \dfrac{2}{n}$ ，

从而 $\dfrac{x_n}{n} - \dfrac{2}{n} = \dfrac{x_1}{1} - \dfrac{2}{1} = 1 - 2 = -1$ ，即得 $x_n = 2 - n$ 为所求。

例 8. 在数列 $\{a_n\}$ 中，已知 $a_1 = 2$ ，且 $a_{n+1} = 2a_n + 2n - 2$ ，求 a_n 。

解：由 $a_{n+1} = 2a_n + 2n - 2$ ，有 $a_{n+1} + 2(n+1) = 2(a_n + 2n)$ ，

从而 $a_n + 2n = (a_1 + 2) \cdot 2^{n-1} = 4 \cdot 2^{n-1}$ ，即得 $a_n = 2^{n+1} - 2n$ 为所求。

例 9. 数列 $\{a_n\}$ ，$a_1 = 1$ ，$a_2 = 2$ ，$a_{n+2} = 5a_{n+1} - 6a_n - 2$ ，求通项公式 a_n 。

解：由已知设 $a_{n+2} - A = 5(a_{n+1} - A) - 6(a_n - A)$ 与已知比较得 $A = -1$ ，

则有 $a_{n+2} + 1 = 5(a_{n+1} + 1) - 6(a_n + 1)$ 。

令 $b_n = a_n + 1$ ，则 $b_1 = 2$ ，$b_2 = 3$ ，$b_{n+2} = 5b_{n+1} - 6b_n$ ，

即可变为 $b_{n+2} - 2b_{n+1} = 3(b_{n+1} - 2b_n)$ ，

则 $b_{n+1} - 2b_n = (b_2 - 2b_1) \cdot 3^{n-1} = -3^{n-1}$ ，

即 $b_{n+1} - 2b_n = -3^{n-1}$ ，因 $-3^{n-1} = -3^n + 2 \times 3^{n-1}$ ，

则 $b_{n+1} + 3^n = 2(b_n + 3^{n-1})$ ，

从而 $b_n + 3^{n-1} = (b_1 + 1) \cdot 2^{n-1} = 3 \cdot 2^{n-1}$ ，即 $b_n = 3 \cdot 2^{n-1} - 3^{n-1}$ ，

于是，$a_n = b_n - 1 = 3 \cdot 2^{n-1} - 3^{n-1} - 1$ 为所求。

例 10. 数列 $\{x_n\}$ ，$x_1 = 1$ ，$x_2 = -2$ ，$x_{n+2} = 5x_{n+1} - 6x_n + 2^{n+1}$ ，求通项公式 x_n 。

解：由 $x_{n+2} = 5x_{n+1} - 6x_n + 2^{n+1}$ 可得，$x_{n+2} - 2x_{n+1} = 3(x_{n+1} - 2x_n) + 2^{n+1}$ ，

令 $x_{n+1} - 2x_n = y_n$ ，则 $y_1 = -4$ ，$y_{n+1} = 3y_n + 2^{n+1}$ ，

由 $y_{n+1} = 3y_n + 2^{n+1}$ 得，$y_{n+1} + 2 \cdot 2^{n+1} = 3y_n + 3 \cdot 2^{n+1}$ ，

即 $y_{n+1} + 2^{n+2} = 3(y_n + 2^{n+1})$ ，则有 $y_n + 2^{n+1} = (y_1 + 2^2) \cdot 3^{n-1} = 0$ ，

即 $y_n = -2^{n+1}$ ，即 $x_{n+1} - 2x_n = -2^{n+1}$ ，因为 $-2^{n+1} = (n-1) \cdot 2^{n+1} - n \cdot 2^{n+1}$ ，

则有 $x_{n+1} + n \cdot 2^{n+1} = 2[x_n + (n-1) \cdot 2^n]$ ，

从而 $x_n + (n-1) \cdot 2^n = x_1 \cdot 2^{n-1} = 2^{n-1}$，

即得 $x_n = 2^{n-1}(3 - 2n)$。

例 11. 数列 $\{a_n\}$ 满足：$a_1 = 2$，$\sqrt{a_n} + \sqrt{a_{n-1}} = 2 \cdot 3^n$，求通项公式 a_n。

解：由 $\sqrt{a_n} + \sqrt{a_{n-1}} = 2 \cdot 3^n$，得 $\sqrt{a_n} + \sqrt{a_{n-1}} = \dfrac{4 \cdot 3^n}{2} = \dfrac{3^{n+1} + 3^n}{2}$，

则可变为 $\sqrt{a_n} - \dfrac{3^{n+1}}{2} = -\left(\sqrt{a_{n-1}} - \dfrac{3^n}{2} \right)$，

则 $\sqrt{a_n} - \dfrac{3^{n+1}}{2} = \left(\sqrt{a_1} - \dfrac{3^2}{2} \right) \cdot (-1)^{n-1}$，

即得 $\sqrt{a_n} = \dfrac{3^{n+1}}{2} + \sqrt{2} \cdot (-1)^{n-1} + \dfrac{9}{2} \times (-1)^n$，

即 $a_n = \left[\dfrac{3^{n+1}}{2} + \left(\dfrac{9}{2} - \sqrt{2} \right) \cdot (-1)^n \right]^2$。

例 12. 数列 $\{a_n\}$ 满足：$a_1 = 3$，$3a_n + a_{n-1} = 4a_n a_{n-1}$，求通项公式 a_n。

解：由 $3a_n + a_{n-1} = 4a_n a_{n-1}$，$a_1 = 3$，

可得 $\dfrac{3}{a_{n-1}} + \dfrac{1}{a_n} = 4 \Rightarrow \dfrac{1}{a_n} - 1 = -3\left(\dfrac{1}{a_{n-1}} - 1 \right)$，

则有 $\dfrac{1}{a_n} - 1 = \left(\dfrac{1}{a_1} - 1 \right) \cdot (-3)^{n-1} = -\dfrac{2}{3} \times (-3)^{n-1} = 2 \times (-3)^{n-2}$，

即有 $\dfrac{1}{a_n} = 1 + 2 \times (-3)^{n-2}$，则 $a_n = \dfrac{1}{1 + 2 \times (-3)^{n-2}}$。

构造法是培养学生创造能力的一种重要的教学方法，我们在平常的教学活动中就应该加强对学生创造能力的培养，数学这样重要的学科就应担起这一重任。构造法解题就是训练学生创造能力的重要手段，通过上述一些例题的解答，我们看到用构造法解题对人智慧的要求很高，也许老师讲解的时候学生能听懂也能理解，但到了学生自己来做题的时候就构造不出来了，我认为这不是很重要的，重要的是培养学生有这种创造的思想方法，可能通过不断的尝试就能构造出完美的解答了。

一道数列综合题的探究

一、问题提出

函数 $f(x) = x^2 - 2x - 3$，定义数列 $\{x_n\}$ 如下：$x_1 = 2$，x_{n+1} 是过两点 $P(4, 5)$，$Q_n(x_n, f(x_n))$ 的直线 PQ_n 与 x 轴交点的横坐标。

（1）证明：$2 \leqslant x_n < x_{n+1} < 3$；

（2）求数列 $\{x_n\}$ 的通项公式。

分析：这是一道函数、不等式、数列等的综合题。该题中的数列问题是典型的"非线性递推数列求通项公式"，下面先对该题从多角度进行解答。

证明：（1）用数学归纳法证明：$2 \leqslant x_n < x_{n+1} < 3$。

① 当 $n = 1$ 时，$x_1 = 2$，直线 PQ_1 的方程为 $y - 5 = \dfrac{f(2) - 5}{2 - 4}(x - 4)$，

令 $y = 0$，解得 $x_2 = \dfrac{11}{4}$，所以 $2 \leqslant x_1 < x_2 < 3$。

② 假设当 $n = k$ 时，结论成立，即 $2 \leqslant x_k < x_{k+1} < 3$，

直线 PQ_{k+1} 的方程为 $y - 5 = \dfrac{f(x_{k+1}) - 5}{x_{k+1} - 4}(x - 4)$，

令 $y = 0$，解得 $x_{k+2} = 4 - \dfrac{5}{x_{k+1} + 2}$，

由归纳假设知 $4 \leqslant x_{k+1} + 2 < 5$，则 $x_{k+2} = 4 - \dfrac{5}{x_{k+1} + 2} < 3$。

$x_{k+2} - x_{k+1} = \dfrac{(3 - x_{k+1})(1 + x_{k+1})}{2 + x_{k+1}} > 0$，即 $x_{k+1} < x_{k+2}$。

所以 $2 \leqslant x_{k+1} < x_{k+2} < 3$，即当 $n = k + 1$ 时，结论也成立。

由①②知对任意的正整数 n，$2 \leqslant x_n < x_{n+1} < 3$。

解法一：由已知 $x_1 = 2$ ，得 $x_n \neq 4$ ， -2 ，

则直线 PQ_n 的方程是 $y - 5 = \dfrac{f(x_n) - 5}{x_n - 4}(x - 4)$ ，

令 $y = 0$ ，可得 $x_{n+1} = \dfrac{4x_n + 3}{x_n + 2}$ ，

则有 $x_{n+1} + A = \dfrac{4x_n + 3}{x_n + 2} + A = \dfrac{(4 + A)x_n + 3 + 2A}{x_n + 2} = (4 + A) \times \dfrac{x_n + \dfrac{3 + 2A}{4 + A}}{x_n + 2}$ ，

令 $A = \dfrac{3 + 2A}{4 + A}$ ，即 $A^2 + 2A - 3 = 0$ ，得 $A = 1$ 或 $A = -3$ 。

从而有 $x_{n+1} + 1 = 5 \times \dfrac{x_n + 1}{x_n + 2}$ ， $x_{n+1} - 3 = \dfrac{x_n - 3}{x_n + 2}$ 。

两式相除得 $\dfrac{x_{n+1} + 1}{x_{n+1} - 3} = 5 \times \dfrac{x_n + 1}{x_n - 3}$ ，又 $x_1 = 2$ ，

则 $\dfrac{x_n + 1}{x_n - 3} = \dfrac{x_1 + 1}{x_1 - 3} \times 5^{n-1} = -3 \times 5^{n-1}$ ，

即得 $x_n = \dfrac{9 \times 5^{n-1} - 1}{3 \times 5^{n-1} + 1}$ 。

解法二：（不动点法）由解法一得， $x_{n+1} = \dfrac{4x_n + 3}{x_n + 2}$ ，先求不动点，由方程 $A = \dfrac{4A + 3}{A + 2}$ ，即 $A^2 - 2A - 3 = 0$ ，得不动点 -1 和 3 ，则由不动点定理得， $\dfrac{x_n + 1}{x_n - 3} = 5 \cdot \dfrac{x_{n-1} + 1}{x_{n-1} - 3}$ ，以下同解法一。

（注：不动点法：若 $f(\alpha) = \alpha$ ，则称 α 是 $f(x)$ 的不动点，利用不动点可将非线性递推式化为等差、等比数列或某些易于求解的递推关系，从而达到求解的目的。

如：已知 $x_{n+1} = \dfrac{a \cdot x_n + b}{c \cdot x_n + d}(c \neq 0$ ，且 $ad - bc \neq 0)$ ，求通项 x_n 。

分析：设 $f(x) = \dfrac{a \cdot x + b}{c \cdot x + d}(c \neq 0$ ，且 $ad - bc \neq 0)$ ， $\{x_n\}$ 满足递归关系 $x_n = f(x_{n-1})$ ，且初始值 $x_1 \neq f(x_1)$ 。

① 若 f 有两个相异不动点 p ， q ，则 $\dfrac{x_n - p}{x_n - q} = k \cdot \dfrac{x_{n-1} - p}{x_{n-1} - q}$ ，其中 $k = \dfrac{a - pc}{a - qc}$ ，

即 $\left\{\dfrac{x_n - p}{x_n - q}\right\}$ 是以 k 为公比的等比数列；

② 若 f 只有唯一的不动点 p，则 $\dfrac{1}{x_n - p} = \dfrac{1}{x_{n-1} - p} + k$，其中 $k = \dfrac{2c}{a + d}$，即

$\left\{\dfrac{1}{x_n - p}\right\}$ 是以 k 为公差的等差数列。

解法三：由解法一知，$x_{n+1} - 3 = \dfrac{x_n - 3}{x_n + 2}$，即有 $\dfrac{1}{x_{n+1} - 3} = \dfrac{5}{x_n - 3} + 1$，

即有 $\dfrac{1}{x_{n+1} - 3} + \dfrac{1}{4} = 5\left(\dfrac{1}{x_n - 3} + \dfrac{1}{4}\right)$，又 $x_1 = 2$，

则有 $\dfrac{1}{x_n - 3} + \dfrac{1}{4} = -\dfrac{3}{4} \times 5^{n-1}$，

可得 $x_n = 3 - \dfrac{4}{3 \cdot 5^{n-1} + 1}$，即得 $x_n = \dfrac{9 \times 5^{n-1} - 1}{3 \times 5^{n-1} + 1}$。

解法四：由解法一知，$x_{n+1} + 1 = 5 \times \dfrac{x_n + 1}{x_n + 2}$，即得 $\dfrac{1}{x_{n+1} + 1} = \dfrac{1}{5}\left(\dfrac{1}{x_n + 1} + 1\right)$，

即 $\dfrac{1}{x_{n+1} + 1} - \dfrac{1}{4} = \dfrac{1}{5}\left(\dfrac{1}{x_n + 1} - \dfrac{1}{4}\right)$，又 $x_1 = 2$，

则有 $\dfrac{1}{x_n + 1} - \dfrac{1}{4} = \dfrac{1}{12} \cdot \dfrac{1}{5^{n-1}}$，

即 $\dfrac{1}{x_n + 1} = \dfrac{3 \times 5^{n-1} + 1}{12 \times 5^{n-1}}$，得 $x_n = \dfrac{12 \times 5^{n-1}}{3 \times 5^{n-1} + 1} - 1$，即得 $x_n = \dfrac{9 \times 5^{n-1} - 1}{3 \times 5^{n-1} + 1}$。

解法五：由解法一知，$x_{n+1} = 4 - \dfrac{5}{x_n + 2}$，$x_1 = 2$，

可变为 $x_{n+1} + 2 = 6 - \dfrac{5}{x_n + 2}$，

令 $x_n + 2 = \dfrac{a_{n+1}}{a_n}$，取 $a_1 = 1$，则 $a_2 = 4$，从而得 $\dfrac{a_{n+2}}{a_{n+1}} = 6 - \dfrac{5a_n}{a_{n+1}}$，

即得 $a_{n+2} = 6a_{n+1} - 5a_n$，可变为 $a_{n+2} - a_{n+1} = 5(a_{n+1} - a_n)$，

得 $a_{n+1} - a_n = (a_2 - a_1) \cdot 5^{n-1} = 3 \cdot 5^{n-1} \cdots\cdots①$，

又可变为 $a_{n+2} - 5a_{n+1} = a_{n+1} - 5a_n$，

得 $a_{n+1} - 5a_n = a_2 - 5a_1 = 4 - 5 = -1 \cdots\cdots②$，

①－②得，$4a_n = 3 \cdot 5^{n-1} + 1$，从而 $x_n + 2 = \dfrac{a_{n+1}}{a_n} = \dfrac{4a_{n+1}}{4a_n} = \dfrac{3 \cdot 5^n + 1}{3 \cdot 5^{n-1} + 1}$，

即 $x_n = \dfrac{3 \cdot 5^n + 1}{3 \cdot 5^{n-1} + 1} - 2 = \dfrac{9 \cdot 5^{n-1} - 1}{3 \cdot 5^{n-1} + 1}$ 。

解法六：由解法五知，$a_{n+2} = 6a_{n+1} - 5a_n$，$a_1 = 1$，$a_2 = 4$，

可得特征方程 $x^2 - 6x + 5 = 0$，解得 $x = 1$ 或 5，

可设 $a_n = c_1 + c_2 \cdot 5^{n-1}$，则有 $\begin{cases} c_1 + c_2 = 1 \\ c_1 + 5c_2 = 4 \end{cases}$，解得 $c_1 = \dfrac{1}{4}$，$c_2 = \dfrac{3}{4}$，

则 $a_n = \dfrac{3 \cdot 5^{n-1} + 1}{4}$，同解法四得，$x_n = \dfrac{9 \times 5^{n-1} - 1}{3 \times 5^{n-1} + 1}$ 。

注：第一问的证明除了用数学归纳法外，可先求出第二问的通项公式 x_n 后，利用通项公式证明第一问。

事实上，由 $x_{n+1} = \dfrac{9 \times 5^n - 1}{3 \times 5^n + 1} = 3 - \dfrac{4}{3 \cdot 5^n + 1} < 3$，

$x_n = \dfrac{9 \times 5^{n-1} - 1}{3 \times 5^{n-1} + 1} = 2 + \dfrac{3(5^{n-1} - 1)}{3 \cdot 5^{n-1} + 1} \geqslant 2$，

$x_{n+1} - x_n = 3 - \dfrac{4}{3 \cdot 5^n + 1} - 3 + \dfrac{4}{3 \cdot 5^{n-1} + 1} = \dfrac{4}{3 \cdot 5^{n-1} + 1} - \dfrac{4}{3 \cdot 5^n + 1} > 0$，

则得 $2 \leqslant x_n < x_{n+1} < 3$ 。

二、试题探源与延伸

该题源于全日制普通高级中学教科书（必修）数学第一册（上）P_{109} 例 3：已知数列 $\{a_n\}$ 的第 1 项是 1，以后的各项由公式 $a_n = 1 + \dfrac{1}{a_{n-1}}$ 给出，写出这个数列的前 5 项；P_{110} 习题 3.1 第 3 题第（2）问。已知 $a_1 = -\dfrac{1}{4}$，$a_n = 1 - \dfrac{1}{a_{n-1}}(n \geqslant 2)$，写出数列 $\{a_n\}$ 前 5 项；用上述解法可对如下问题进行解答：

（1）已知数列 $\{a_n\}$ 中，$a_1 = 1$，$a_n = 1 + \dfrac{1}{a_{n-1}}(n \geqslant 2)$，求通项公式 a_n 。

（可得结果：$a_n = \dfrac{1}{2}\left[\dfrac{(1 + \sqrt{5})^{n+1} - (1 - \sqrt{5})^{n+1}}{(1 + \sqrt{5})^n - (1 - \sqrt{5})^n}\right]$）

（2）已知数列 $\{a_n\}$ 中，$a_1 = -\dfrac{1}{4}$，$a_n = 1 - \dfrac{1}{a_{n-1}}$（$n \geq 2$），求通项公式 a_n。

解：令 $a_n = \dfrac{b_{n+1}}{b_n}$，取 $b_1 = 1$，

则有 $b_2 = a_1 = -\dfrac{1}{4}$，$\dfrac{b_{n+2}}{b_{n+1}} = 1 - \dfrac{b_n}{b_{n+1}}$，即 $b_{n+2} = b_{n+1} - b_n$。

得特征方程 $x^2 = x - 1$，即 $x^2 - x + 1 = 0$，得 $x = \dfrac{1 + \sqrt{3}\mathrm{i}}{2}$ 或 $\dfrac{1 - \sqrt{3}\mathrm{i}}{2}$。

可设 $b_n = c_1 \cdot \left(\dfrac{1 + \sqrt{3}\mathrm{i}}{2}\right)^{n-1} + c_2 \cdot \left(\dfrac{1 - \sqrt{3}\mathrm{i}}{2}\right)^{n-1}$，$b_1 = 1$，$b_2 = -\dfrac{1}{4}$；

则有 $\begin{cases} c_1 + c_2 = 1 \\ \dfrac{1 + \sqrt{3}\mathrm{i}}{2} c_1 + \dfrac{1 - \sqrt{3}\mathrm{i}}{2} c_2 = -\dfrac{1}{4} \end{cases} \Rightarrow \begin{cases} c_1 = \dfrac{2 + \sqrt{3}\mathrm{i}}{4} \\ c_2 = \dfrac{2 - \sqrt{3}\mathrm{i}}{4} \end{cases}$，

从而 $b_n = \dfrac{2 + \sqrt{3}\mathrm{i}}{4} \cdot \left(\dfrac{1 + \sqrt{3}\mathrm{i}}{2}\right)^{n-1} + \dfrac{2 - \sqrt{3}\mathrm{i}}{4} \cdot \left(\dfrac{1 - \sqrt{3}\mathrm{i}}{2}\right)^{n-1}$，

则 $a_n = \dfrac{1}{2} \cdot \dfrac{(2 + \sqrt{3}\mathrm{i})(1 + \sqrt{3}\mathrm{i})^n + (2 - \sqrt{3}\mathrm{i})(1 - \sqrt{3}\mathrm{i})^n}{(2 + \sqrt{3}\mathrm{i})(1 + \sqrt{3}\mathrm{i})^{n-1} + (2 - \sqrt{3}\mathrm{i})(1 - \sqrt{3}\mathrm{i})^{n-1}}$，

可化简得 $a_n = \dfrac{2\cos\dfrac{n}{3}\pi - \sqrt{3}\sin\dfrac{n}{3}\pi}{2\cos\dfrac{n-1}{3}\pi - \sqrt{3}\sin\dfrac{n-1}{3}\pi}$。

练习： 1. 已知数列 $\{u_n\}$：$u_1 = 1$，$u_{n+1} = \dfrac{-8}{u_n - 6}$，求通项公式 u_n。 $\left(u_n = \dfrac{3 \cdot 2^n - 4}{3 \cdot 2^{n-1} - 1}\right)$

2. 已知数列 $\{a_n\}$ 满足：$a_1 = 2$，$a_{n+1} = \dfrac{a_n^2 + 1}{2a_n}$，求通项公式

a_n。 $\left(a_n = \dfrac{3^{2^{n-1}} + 1}{3^{2^{n-1}} - 1}\right)$

归纳小结：该题虽源于教材，但要求提高了，这正符合高考要求，高考试题命题要求：试题要源于教材，但不拘泥于教材，重在试题的变化。要是我们老师在教学时能把握好这一出题规律，就会在复习教材知识点时加以深入，让学有余力的学生多掌握一点像这类高出教材要求的试题的解法，也能提高学生的解题能力，这也是国家通过高考选拔人才的意图。我们不能把学校变成生产

高考机器的工厂，专门生产会高考的机器，学生成为会高考的机器，机器里没有安装的软件就不能运行，这样的应试教育早该被淘汰。在教学过程中一定要强调灵活性，让学生灵活掌握知识，并能灵活应用知识去处理问题，这才是我们教育的目标。

确定展开式中的某项系数

本篇着重介绍几种常见的而又比较复杂的项的系数确定。

一、最大项的问题

例1. 二项式 $(\sqrt{x}+2)^n$ 的展开式中第 5 项的系数是第 4 项系数的 2 倍，求展开式中系数最大的项。

分析：通过第 5 项与第 4 项的关系可解出 n，利用解不等式组的方法求最大项 T_{r+1} 的 r 值。

解：$\because T_4 = C_n^3 (\sqrt{x})^{n-3} 2^3$，$T_5 = C_n^4 (\sqrt{x})^{n-4} 2^4$，由已知得，

$2C_n^3 2^3 = C_n^4 2^4$，解得 $n=7$，设 T_{r+1} 项的系数最大，

则有 $\begin{cases} C_7^{r-1} 2^{r-1} \leqslant C_7^r 2^r \\ C_7^r 2^r \geqslant C_7^{r+1} 2^{r+1} \end{cases} \Rightarrow \dfrac{13}{3} \leqslant r \leqslant \dfrac{16}{3}$，解得 $r=5$，

所以展开式中系数最大的项是 $T_6 = C_7^5 (\sqrt{x})^2 2^5 = 672x$。

例2. 已知 $(5+3x)^{20}$ 的展开式中第 8 项最大，求 x 的取值范围。

分析：由于第 8 项最大，所以第 7 项和第 9 项都小于第 8 项。

解：由已知有

$\begin{cases} C_{20}^6 5^{14} (3x)^6 < C_{20}^7 5^{13} (3x)^7 \\ C_{20}^8 5^{12} (3x)^8 < C_{20}^7 5^{13} (3x)^7 \end{cases} \Rightarrow \dfrac{5C_{20}^6}{3C_{20}^7} < x < \dfrac{5C_{20}^7}{3C_{20}^8} \Rightarrow \dfrac{5}{6} < x < \dfrac{40}{39}$ 即为所求。

例3. 已知 a，$b \in \mathbf{N}$，m，$n \in \mathbf{Z}$，且 $2m+n=0$，如果二项式 $(ax^m + bx^n)^{12}$ 的展开式中系数最大的恰是常数项，那么 $\dfrac{a}{b}$ 的取值范围是_____。

解：$\because T_{r+1} = C_{12}^r a^{12-r} b^r x^{12m-3mr}$，令 $12m + 3mr = 0$，$\therefore r = 4$，

则由已知有：

$$\begin{cases} C_{12}^4 a^8 b^4 > C_{12}^3 a^9 b^3 \\ C_{12}^4 a^8 b^4 > C_{12}^5 a^7 b^5 \end{cases} \Rightarrow \frac{C_{12}^5}{C_{12}^4} < \frac{a}{b} < \frac{C_{12}^4}{C_{12}^3} \Rightarrow \frac{8}{5} < \frac{a}{b} < \frac{9}{4}。$$

二、有理项的确定

例. 求 $\left(\sqrt[3]{2} - \frac{1}{\sqrt{2}} \right)^{20}$ 展开式中的有理项。

分析：展开式的各项是由二项式中的两项组成的，其指数之和等于20。通常的方法是设出通项公式来确定。另外，可根据列举法将它列举出来。

解法一：$\because T_{r+1} = (-1)^r C_{20}^r (\sqrt[3]{2})^{20-r} \left(\frac{1}{\sqrt{2}} \right)^r = (-1)^r C_{20}^r 2^{\frac{40-5r}{6}}$，

要使 T_{r+1} 为有理项，只要 $\frac{40-5r}{6}$ 为整数，

即要 $40 - 5r$ 是 6 的倍数，令 $40 - 5r = 6n (n \in \mathbf{Z})$，

则 $r = \frac{40 - 6n}{5}$，其中 $0 \le r \le 20$，$r \in \mathbf{Z}$。

$\therefore \begin{cases} n = 5 \\ r = 2 \end{cases}, \begin{cases} n = 0 \\ r = 8 \end{cases}, \begin{cases} n = -5 \\ r = 14 \end{cases}, \begin{cases} n = -10 \\ r = 20 \end{cases},$

所求有理项是 $T_3 = C_{20}^2 2^5$，$T_9 = C_{20}^8$，$T_{15} = C_{20}^6 2^{-5}$，$T_{21} = 2^{-10}$。

解法二：（列举法）将展开式中为有理项可能性大的列举出来，有（0，20），（6，14），（12，8），（18，2）（注：（6，14）表示 $\sqrt[3]{2}$ 的指数是6，$-\frac{1}{\sqrt{2}}$ 的指数是14），则得所求的有理项是 $T_3 = C_{20}^2 2^5$，$T_9 = C_{20}^8$，$T_{15} = C_{20}^6 2^{-5}$，$T_{21} = 2^{-10}$。

三、三项式展开式中特殊项的确定

例1. 求 $\left(1 + x + \frac{1}{x} \right)^4$ 展开式中的常数项。

分析：这类问题通常是多次使用二项式定理来解决的，复杂程度可想而知。如能从多项式展开式的基本原理出发，利用组合知识，会快速解决这类问题。

$$\because \left(1 + x + \frac{1}{x}\right)^4 = \left(1 + x + \frac{1}{x}\right)\left(1 + x + \frac{1}{x}\right)\left(1 + x + \frac{1}{x}\right)\left(1 + x + \frac{1}{x}\right),$$

由多项式的乘法原理知，展开式的各项须由每个一次因式中的项相乘而得。即展开式中的每一项，须由后面四个括号的每一个中选派一个出来相乘而得。为了表示上的方便，用 (a, b, c) 分别表示展开式中 $1, x, \frac{1}{x}$ 的指数，且 $a + b + c = 4$，$a, b, c \in \mathbf{N}$。

解：由上面分析可知，要使展开式为常数，则必有

$(4, 0, 0)$，$(2, 1, 1)$，$(0, 2, 2)$ 三种情况满足条件。

则得所求常数项是

$$C_4^4 1^4 + C_4^2 1^2 C_2^1 x^1 C_1^1 \left(\frac{1}{x}\right)^1 + C_4^0 1^0 C_4^2 x^2 C_2^2 \left(\frac{1}{x}\right)^2 = 19。$$

（注：其中 $C_4^2 1^2 C_2^1 x^1 C_1^1 \left(\frac{1}{x}\right)^1$ 表示从 4 个因式中任取 2 个因式提供 1，从余下的 2 个因式中任取 1 个因式提供 x，最后 1 个因式提供 $\frac{1}{x}$。）

类似地，可将三项式推广到四项、五项、若干项式等，都可用同样的方法求出某项的系数是多少。

例 2. 求 $(a + b + c + d)^{12}$ 的展开式中含 $a^5 b^2 c^3 d^2$ 项的系数。

解：易知所求项为 $C_{12}^5 a^5 C_7^2 b^2 C_5^3 c^3 C_2^2 d^2 = C_{12}^5 C_7^2 C_5^3 a^5 b^2 c^3 d^2$，

则所求系数是 $C_{12}^5 C_7^2 C_5^3$。

巧用线段中点代换解题

若 $M(x_0, y_0)$ 是线段 AB 的中点，可设 A，B 的坐标分别为 $(x_0 - m, y_0 - n)$，$(x_0 + m, y_0 + n)$，称 A，B 坐标的这种设法为坐标均值代换（中点代换），（$m, n \in \mathbf{R}$），显然有下面的结论：

（1）若 $m \neq 0$，则 AB 的斜率为 $k = \dfrac{n}{m}$；

（2）线段 AB 的长为 $|AB| = 2\sqrt{m^2 + n^2}$。

应用举例如下。

一、求弦所在的直线方程

例 1. 求椭圆 $5x^2 + 8y^2 = 40$ 以（1，1）为中点的弦所在的直线方程。

解：设弦两端点分别为 $A(1 - m, 1 - n)$，$B(1 + m, 1 + n)$，

代入椭圆 $5x^2 + 8y^2 = 40$ 得，

$$\begin{cases} 5(1-m)^2 + 8(1-n)^2 = 40 \\ 5(1+m)^2 + 8(1+n)^2 = 40 \end{cases}, \text{两式相减得 } 20m + 32n = 0,$$

则得 $k_{AB} = \dfrac{n}{m} = -\dfrac{5}{8}$，

则弦所在的直线方程为 $y - 1 = -\dfrac{5}{8}(x - 1)$，经检验，符合条件。

即 $5x + 8y - 13 = 0$ 为所求。

（注：为什么要检验？因为解法中所反映出来的只是问题的必要性，还须检验它的充分性，使之满足充要性）

例 2. 给定双曲线 $2x^2 - y^2 = 2$，过 $B(1, 1)$ 能否作直线 m，使 m 与所给

双曲线相交于两点 Q_1，Q_2，且点 B 是 Q_1Q_2 的中点？这样的直线如果存在，求出它的方程；若不存在，说明理由。

解：设 $Q_1(1-m，1-n)$，$Q_2(1+m，1+n)$，代入双曲线 $2x^2-y^2=2$，则有

$$\begin{cases} 2(1-m)^2-(1-n)^2=2 \\ 2(1+m)^2-(1+n)^2=2 \end{cases}，$$ 两式相减得 $2m-n=0$，即得 $k_{Q_1Q_2}=\dfrac{n}{m}=2$，

得直线方程 $y-1=2(x-1)$，即 $y=2x-1$，

检验：由 $\begin{cases} y=2x-1 \\ 2x^2-y^2=2 \end{cases}$，得 $2x^2-(2x-1)^2=2$，

即 $2x^2-4x+3=0$，其 $\Delta=-8<0$，

即不存在两点 Q_1，Q_2 满足条件，所以直线不存在。

二、求轨迹方程

例 1. 求双曲线 $b^2x^2-a^2y^2=a^2b^2$ 的一组斜率为 k 的平行弦的中点轨迹方程。

解：设中点为 $(x，y)$，弦两端点为 $(x-m，y-n)$，$(x+m，y+n)$ 代入双曲线方程得，

$$\begin{cases} b^2(x-m)^2-a^2(y-n)^2=a^2b^2 \\ b^2(x+m)^2-a^2(y+n)^2=a^2b^2 \end{cases}，$$ 两式相减得 $4b^2xm-4a^2yn=0$，

又 $\dfrac{n}{m}=k$，则有 $b^2x-a^2ky=0$ 为所求轨迹方程。

例 2. 从圆外一点 $P(a，b)$ 向圆 $x^2+y^2=r^2$ 引割线，交该圆于 A，B 两点，求弦 AB 的中点轨迹。

解：设 AB 的中点为 $(x，y)$，$A(x-m，y-n)$，$B(x+m，y+n)$，

则：① 当 $m\neq0$ 时，有

$$\begin{cases} (x-m)^2+(y-n)^2=r^2 \\ (x+m)^2+(y+n)^2=r^2 \\ \dfrac{n}{m}=\dfrac{b-y}{a-x} \end{cases} \Rightarrow \begin{cases} 4mx+4ny=0 \\ \dfrac{n}{m}=\dfrac{b-y}{a-x} \end{cases}，$$

则得 $x+y\cdot\dfrac{b-y}{a-x}=0$，即 $x^2+y^2-ax-by=0$。

② 当 $m = 0$ 时，得 $x = a$，$y = 0$ 显然适合上述方程，

则轨迹为 $x^2 + y^2 - ax - by = 0$ 在圆 $x^2 + y^2 = r^2$ 内部的弧。

例 3. 求抛物线 $y = x^2$ 的定长为 a 的弦的中点的轨迹方程。

解：设弦 AB 的中点 $Q(x，y)$，则可设 $A(x + m，y + n)$，$B(x - m，y - n)$。

由 $|AB| = a$，得 $4m^2 + 4n^2 = a^2$，又有 $\begin{cases} y + n = (x + m)^2 \cdots ① \\ y - n = (x - m)^2 \cdots ② \end{cases}$，

①－②得 $2n = 4mx$，即 $n = 2mx$ 代入 $m^2 + n^2 = \dfrac{1}{4}a^2$，

得 $m^2 = \dfrac{a^2}{4 + 16x^2}$，由 $n = 2mx$ 代入①得 $y = x^2 + m^2$，

则 $y = x^2 + \dfrac{a^2}{4 + 16x^2}$，因中点 $Q(x，y)$ 只能在抛物线 $y = x^2$ 含焦点的区域内，

则应满足 $y > x^2$，即 $y = x^2 + \dfrac{a^2}{4 + 16x^2}(y > x^2)$，

即 $16x^4 - 16x^2y + 4x^2 - 4y + a^2 = 0$ 为所求轨迹方程。

三、关于对称点问题

例 1. 已知椭圆 $C:3x^2 + 4y^2 = 12$，试确定 t 的取值范围，使得对于直线 $y = 4x + t$ 椭圆 C 上有不同的两点关于直线对称。

解：设对称的两点连线与直线 $y = 4x + t$ 交于 $(x_0，y_0)$，两点坐标分别为 $(x_0 - m，y_0 - n)$，$(x_0 + m，y_0 + n)$ 代入 $3x^2 + 4y^2 = 12$，则有

$$\begin{cases} 3(x_0 - m)^2 + 4(y_0 - n)^2 = 12 \\ 3(x_0 + m)^2 + 4(y_0 + n)^2 = 12 \\ \dfrac{n}{m} = -\dfrac{1}{4} \\ y_0 = 4x_0 + t \end{cases} \Rightarrow \begin{cases} 12x_0m + 16yn = 0 \\ m = -4n \\ y_0 = 4x_0 + t \end{cases}$$

$$\Rightarrow \begin{cases} 3x_0 - y_0 = 0 \\ y_0 = 4x_0 + t \end{cases} \Rightarrow \begin{cases} x_0 = -t \\ y_0 = -3t \end{cases}，$$

因 $(x_0，y_0)$ 在椭圆内，则 $3x_0^2 + 4y_0^2 < 12$，

即有 $3t^2 + 4 \times 9t^2 < 12$，即 $13t^2 < 4$，

则得 $-\dfrac{2\sqrt{13}}{13} < t < \dfrac{2\sqrt{13}}{13}$ 为所求。

例2. 若抛物线 $y = ax^2 - 1$ 上存在关于直线 $x + y = 0$ 对称的两点，求 a 的取值范围。

解：设对称的两点连线交直线 $x + y = 0$ 于 (x_0, y_0)，两点的坐标分别为 $(x_0 - m, y_0 - n)$，$(x_0 + m, y_0 + n)$，代入 $y = ax^2 - 1$，

则有 $\begin{cases} y_0 - n = a(x_0 - m)^2 - 1 \\ y_0 + n = a(x_0 + m)^2 - 1 \\ n = m \\ x_0 + y_0 = 0 \end{cases} \Rightarrow \begin{cases} x_0 = \dfrac{1}{2a} \\ y_0 = -\dfrac{1}{2a} \end{cases}$。

因 (x_0, y_0) 在抛物线 $y = ax^2 - 1$ 的内部，因而

① 当 $a > 0$ 时，有 $y_0 > ax_0^2 - 1$，即 $-\dfrac{1}{2a} > a \cdot \left(\dfrac{1}{2a}\right)^2 - 1$，得 $a > \dfrac{3}{4}$；

② 当 $a < 0$ 时，有 $y_0 < ax_0^2 - 1$，即 $-\dfrac{1}{2a} < a \cdot \left(\dfrac{1}{2a}\right)^2 - 1$，

得 $\dfrac{3}{4a} > 1$，且 $a < 0$，则 $a \in \varPhi$。

由①②得 $a > \dfrac{3}{4}$ 为所求。

四、其他问题

例1. 求证：椭圆 $b^2x^2 + a^2y^2 = a^2b^2 (a > b > 0)$ 的弦中点与椭圆中心连线的斜率与此弦的斜率之积为 $-\dfrac{b^2}{a^2}$。（两斜率均存在）

证明：设弦的中点为 $M(x_0, y_0)$，两端点为 $A(x_0 - m, y_0 - n)$，$B(x_0 + m, y_0 + n)$，则有

$\begin{cases} b^2(x_0 - m)^2 + a^2(y_0 - n)^2 = a^2b^2 \\ b^2(x_0 + m)^2 + a^2(y_0 + n)^2 = a^2b^2 \end{cases} \Rightarrow 4b^2mx_0 + 4a^2ny_0 = 0$，

即得 $\dfrac{y_0}{x_0} \cdot \dfrac{n}{m} = -\dfrac{b^2}{a^2}$，即 $k_{OM} \cdot k_{AB} = -\dfrac{b^2}{a^2}$ 得证。

例2. 已知椭圆 $b^2x^2 + a^2y^2 = a^2b^2 (a > b > 0)$，$A$，$B$ 是椭圆上两点，线段

AB 的垂直平分线交 x 轴于 $P(x_0,0)$，求证：$-\dfrac{a^2-b^2}{a} < x_0 < \dfrac{a^2-b^2}{a}$。

证明：设 AB 的中点 $M(x',y')$，$A(x'-m,y'-n)$，$B(x'+m,y'+n)$，

则有 $\begin{cases} b^2(x'-m)^2 + a^2(y'-n)^2 = a^2b^2 \\ b^2(x'+m)^2 + a^2(y'+n)^2 = a^2b^2 \end{cases} \Rightarrow 4b^2mx' + 4a^2ny' = 0$，

易知 $m \neq 0$，得 $\dfrac{n}{m} = -\dfrac{b^2x'}{a^2y'}$，即 $k_{AB} = -\dfrac{b^2x'}{a^2y'}$，

则 AB 的中垂线方程为 $y - y' = \dfrac{a^2y'}{b^2x'}(x - x')$，

令 $y = 0$，得 $x_0 = \dfrac{a^2-b^2}{a^2}x'$，

又 $-a < x' < a$，则 $-\dfrac{a^2-b^2}{a} < x_0 < \dfrac{a^2-b^2}{a}$，得证。

借助几何知识求最值

在求解与几何有关的最值问题时，往往有两种解题思路：一是设出动点建立函数关系式，再用函数求最值的方法来解决；二是先用几何方法找到在什么位置能取得最值，而后直接求出。本文着重介绍用几何方法找出取最值的位置，再求最值。

例1. 如图1，求满足下列条件的点及最大值、最小值：

（1）已知点 $A(-3, 5)$，$B(2, 15)$，试在直线 $l:3x - 4y + 4 = 0$ 上找一点 P，使 $|PA| + |PB|$ 最小，并求出最小值。

（2）已知点 $A(4, 1)$，$B(0, 4)$，试在直线 $l:3x - y - 1 = 0$ 上找一点 P，使 $|PA| - |PB|$ 的绝对值最大，并求出最大值。

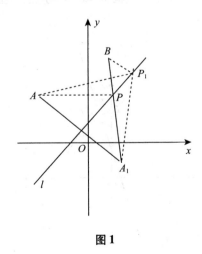

图1

解：

（1）先用几何方法在直线上找到满足条件的点 P，如图所示，

因为 A，B 两点在直线 l 的同侧，作点 A 关于直线 l 对称的点 A_1，连接 BA_1 与直线 l 相交于点 P，该点 P 就是满足条件的点。

若在直线 l 上取异于 P 点的任意一点 P_1，

则 $|P_1A| + |P_1B| > |P_1A_1| + |P_1B| > |A_1B|$。

设 A 关于直线 l 的对称点 $A_1(x_1，y_1)$，

则有
$$\begin{cases} \dfrac{y_1 - 5}{x_1 + 3} = -\dfrac{4}{3} \\ 3 \times \dfrac{x_1 - 3}{2} - 4 \times \dfrac{y_1 + 5}{2} + 4 = 0 \end{cases}，\text{解得 } A_1(3，-3)。$$

则直线 A_1B 的方程为 $18x + y - 51 = 0$，由 $\begin{cases} 18x + y - 51 = 0 \\ 3x - 4y + 4 = 0 \end{cases}$，得

$P\left(\dfrac{8}{3}，3\right)$，

此时 $|PA| + |PB|$ 的最小值为 $|BA_1| = 5\sqrt{13}$。

（注：点 A，B 在直线 l 的异侧时，直线 AB 与直线 l 的交点就是使其取最小值的 P 点）

（2）如图 2，因 A，B 在直线 l 的异侧时，作 B 的对称点 B_1，作直线 AB_1 交直线 l 于点 P，易证明其点 P 就是要找的点，且有 $\big||PA| - |PB|\big| \leqslant \big||PA| - |PB_1|\big| = |AB_1|$。

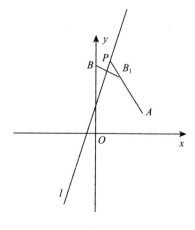

图 2

设 B 关于直线 l 的对称点 $B_1(x_1, y_1)$，

则有 $\begin{cases} \dfrac{y_1 - 4}{x_1} = -\dfrac{1}{3} \\[2mm] 3 \times \dfrac{x_1}{2} - \dfrac{y_1 + 4}{2} - 1 = 0 \end{cases}$，解得 $B_1(3, 3)$，

直线 AB_1 的方程为 $2x + y - 9 = 0$。

由 $\begin{cases} 2x + y - 9 = 0 \\ 3x - y - 1 = 0 \end{cases}$，解得 $P(2, 5)$。

此时有，$\big||PA| - |PB|\big| \leqslant \big||PA| - |PB_1|\big| = |AB_1| = \sqrt{5}$。

（注：点 A，B 在直线 l 的同侧时，直线 AB 与直线 l 的交点就是使其取最小值的 P 点）

例2. 如图3，已知点 $A(-4, 1)$，$B(-2, 3)$，在 x 轴、y 轴上分别求点 M，N，使 $|AM| + |MN| + |NB|$ 最小，并求出其最小值。

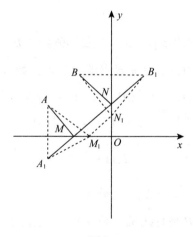

图3

解：如图3，先作出点 A 关于 x 轴对称的点 A_1，点 B 关于 y 轴对称的点 B_1。易求得 $A_1(-4, -1)$，$B_1(2, 3)$，连接 A_1B_1 分别与 x 轴、y 轴交于点 M，N，此时点 M，N 为所求的点。

若在 x 轴、y 轴上分别取异于点 M，N 的点 M_1，N_1。

如图，$|AM_1| + |M_1N_1| + |N_1B| = |A_1M_1| + |M_1N_1| + |N_1B_1| > |A_1B_1|$，

所以 $|A_1B_1|$ 为最小值。

由上可知 A_1B_1 所在直线方程为 $y = \dfrac{2}{3}x + \dfrac{5}{3}$ ，则 $M\left(-\dfrac{5}{2}, 0\right)$ ，$N\left(0, \dfrac{5}{3}\right)$ ，

此时，$|AM| + |MN| + |NB| \geqslant |A_1B_1| = 2\sqrt{13}$ 。

例3. 如图4，已知 P 是直线 $3x + 4y + 8 = 0$ 上的动点，PA 是圆 $x^2 + y^2 - 2x - 2y + 1 = 0$ 的切线，点 A 是切点，$|PA|$ 最短时的值为 _____ 。

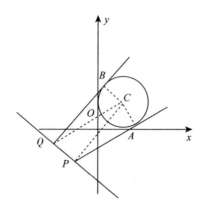

图4

解：用几何方法先找出能使 $|PA|$ 取最小值的点 P ，再过圆心 $C(1, 1)$ 作直线 $3x + 4y + 8 = 0$ 的垂线，其垂足点即为 P 点，如图所示。

若另取一点 Q ，由 $|CQ| > |CP|$ ，$|CA| = |CB|$ ，

$\angle QBC = \angle PAC = 90°$ ，则可知 $|CQ| > |CP|$ ，

$\because |CP| = \dfrac{|3 + 4 + 8|}{5} = 3$ ，$|CA| = 1$ ，

则此时 $|PA| = \sqrt{9 - 1} = 2\sqrt{2}$ 为最短。

例4. 如图5，已知 P 是直线 $3x + 4y + 8 = 0$ 上的动点，PA ，PB 是圆 $x^2 + y^2 - 2x - 2y + 1 = 0$ 的两条切线，C 为圆心，求四边形 $PACB$ 面积的最小值。

解：如图5，四边形 $PACB$ 由 $Rt \triangle PAC$ ，$Rt \triangle PBC$ 构成，

高为半径长，为定值，只要切线最短时，面积就最小。

由例2知，$|PA| = |PB|_{min} = 2\sqrt{2}$ ，半径为1，则四边形 $PACB$ 面积的最小值是 $2\sqrt{2}$ 。

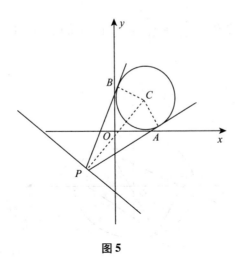

图 5

例 5. 如图 6，已知两点 $A(-1, 0)$，$B(0, 2)$，点 P 是圆 $(x-1)^2 + y^2 = 1$，则 $\triangle PAB$ 面积的最大值与最小值。

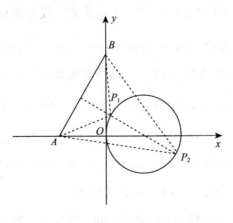

图 6

解：先由几何知识得到使面积取最值时的 P 点的位置，过圆心 $(1, 0)$ 作直线 AB 的垂线交圆于两点，这两点中一点使其取最小值，一点使其取最大值，

如图所示。直线 $AB:2x - y + 2 = 0$，圆心 $(1, 0)$ 到直线 AB 的距离为 $d = \dfrac{4}{\sqrt{5}}$，则圆上的点 P 到直线 AB 的距离的最小值是 $\dfrac{4}{\sqrt{5}} - 1$，最大值是 $\dfrac{4}{\sqrt{5}} + 1$，又

$|AB| = \sqrt{5}$，则 $\triangle PAB$ 面积的最大值与最小值分别是 $2 + \dfrac{\sqrt{5}}{2}$ 和 $2 - \dfrac{\sqrt{5}}{2}$。

例 6. 如图 7，设 P 为 $\dfrac{x^2}{25} + \dfrac{y^2}{9} = 1$ 上一动点，$A(4，0)$，$B(2，2)$，求 $|PA| + |PB|$ 的最大值和最小值。

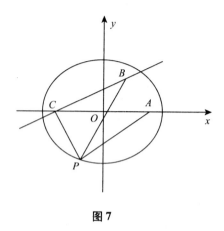

图 7

解：由 $\dfrac{x^2}{25} + \dfrac{y^2}{9} = 1$ 知，$A(4，0)$ 为右焦点，设左焦点为 $C(-4，0)$，则 $|PA| + |PC| = 10$，从而 $|PA| + |PB| = 10 + |PB| - |PC|$。

当 P，B，C 三点共线时，$|PB| - |PC|$ 取得最大（小）值。

$\because \big||PB| - |PC|\big| \leqslant |BC| = 2\sqrt{10}$，$\therefore -2\sqrt{10} \leqslant |PB| - |PC| \leqslant 2\sqrt{10}$，则 $(|PA| + |PB|)_{\max} = 10 + 2\sqrt{10}$，$(|PA| + |PB|)_{\min} = 10 - 2\sqrt{10}$。

练习：若 A 点坐标为 $(1，1)$，F_1 是椭圆 $5x^2 + 9y^2 = 45$ 的左焦点，点 P 是该椭圆上的动点，则 $|PA| + |PF_1|$ 的最大值为_____。（$6 + \sqrt{2}$）

例 7. 如图 8，在平面直角坐标系中，在 y 轴的正半轴（原点除外）上给定两点 $A(0，a)$，$B(0，b)(a > b > 0)$。试在 x 轴正半轴（原点除外）上求一点 C，使 $\angle ACB$ 取得最大值，并求出这个最大值。

解：由几何知识知，C 点应在过 A，B 两点的圆与 x 轴正半轴相切的切点 C_0，如图所示。若在图中的 C 点处，则有 $\angle BC_0A = \angle BEA > \angle BCA$，即最大角是 $\angle AC_0B$。

设 $C_0(x_0，0)$，$(x_0 > 0)$，则 $D\left(x_0，\dfrac{a+b}{2}\right)$，且 $|BD| = |DC_0|$，从而 $x_0^2 + \left(\dfrac{a-b}{2}\right)^2 = \left(\dfrac{a+b}{2}\right)^2$，且 $x_0 > 0$，则 $x_0 = \sqrt{ab}$，

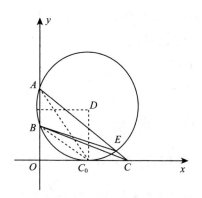

图 8

则 $\tan\angle ACB \leqslant \tan\angle AC_0B = \tan(\angle OC_0A - \angle OC_0B)$ ，

因 $\tan\angle OC_0B = \dfrac{b}{\sqrt{ab}}$，$\tan\angle OC_0A = \dfrac{a}{\sqrt{ab}}$，则 $\tan\angle AC_0B = \dfrac{a-b}{2\sqrt{ab}}$。

即当 $C\left(\sqrt{ab},\ 0\right)$ 时，$\angle ACB$ 取得最大值 $\arctan\dfrac{a-b}{2\sqrt{ab}}$。

例 8. 如图 9，已知椭圆 $\dfrac{x^2}{16}+\dfrac{y^2}{4}=1$ 的左、右焦点分别为 F_1 与 F_2，点 P 在

直线 l：$x-\sqrt{3}y+8+2\sqrt{3}=0$ 上，当 $\angle F_1PF_2$ 取最大值时，则 $\left|\dfrac{PF_1}{PF_2}\right|$ 的值为

_____。（2006 年全国高中数学联赛二（9））

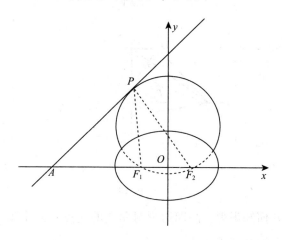

图 9

解：由平面几何知，要使 $\angle F_1PF_2$ 最大，则过 F_1，F_2，P 三点的圆必定和

直线 l 相切于 P 点。设直线 l 交 x 轴于 $A(-8-2\sqrt{3}, 0)$，

则 $\angle APF_1 = \angle AF_2P$，$\triangle APF_1 \sim \triangle AF_2P$，

从而有 $\dfrac{|PF_1|}{|PF_2|} = \dfrac{|AP|}{|AF_2|}$，由切割线定理有

$|AP|^2 = |AF_1| \cdot |AF_2|$，则 $\dfrac{|PF_1|}{|PF_2|} = \sqrt{\dfrac{|AF_1|}{|AF_2|}}$，

而 $F_1(-2\sqrt{3}, 0)$，$F_2(2\sqrt{3}, 0)$，$A(-8-2\sqrt{3}, 0)$，

于是 $|AF_1| = 8$，$|AF_2| = 8+4\sqrt{3}$，则 $\dfrac{|PF_1|}{|PF_2|} = \sqrt{4-2\sqrt{3}} = \sqrt{3}-1$。

练习：如图，已知椭圆的中心在原点，焦点 F_1 与 F_2 在 x 轴上，长轴 A_1A_2 的长为 4，左准线 l 与 x 轴的交点为 M，$|MA_1| : |A_1F_1| = 2 : 1$。

（1）求椭圆的方程；$\left(\dfrac{x^2}{4} + \dfrac{y^2}{3} = 1\right)$

（2）若点 P 在直线 l 上运动，求 $\angle F_1PF_2$ 的最大值。$\left(\arctan\dfrac{\sqrt{15}}{15}\right)$

例 9. 如图 10，在平面直角坐标系内，有四个定点 $A(-3, 0)$，$B(1, -1)$，$C(0, 3)$，$D(-1, 3)$ 及一个动点 P，则 $|PA|+|PB|+|PC|+|PD|$ 的最小值为 _____。（2007 全国高中数学联赛二（7））

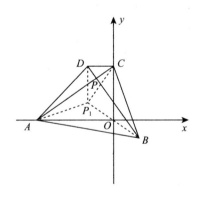

图 10

解：由平面几何知识得，凸四边形对角线的交点到四个顶点的距离之和最小。若取异于对角线交点 P 的点 P_1，

则有 $|P_1A|+|P_1B|+|P_1C|+|P_1D| > |AC|+|BD|$，

$|PA| + |PB| + |PC| + |PD| \geqslant |AC| + |BD| = 3\sqrt{2} + 2\sqrt{5}$。

练习：

如图 11 所示，有四个工厂 A，B，C，D，且 $AB = a$ km，$CD = \dfrac{a}{2}$ km，BC $= \dfrac{2a}{3}$ km，$\angle ABC = 45°$，$\angle BCD = 120°$，现在要找一个供应站 H 的位置，使它到四个工厂的距离之和 $HA + HB + HC + HD$ 为最小，说明理由，并求出最小值。

（最小值为 $\left(\dfrac{\sqrt{13 - 6\sqrt{2}}}{3} a + \dfrac{\sqrt{37}}{6} a \right)$ km）

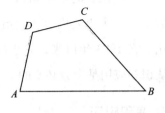

图 11

上述几例巧妙应用几何知识找到取最值的位置，而后求最值，显然比设动点建立相应的函数去求最值容易得多，本文在这里只是抛砖引玉，我们只要平常多注意相关的几何知识，并很好地运用到解题中，相信你的解题目能力一定会有长足的进步。

一、二次函数的再认识和灵活应用

学生在初中已学习过一、二次函数的基本知识，进入高中后还要进一步学习。一、二次函数是中学数学的一个重要内容。它最具代表性，其图像和性质在很多方面有着广泛的应用。自 1993 年以来，它也成了高考命题的热点内容。因此，对这部分内容的再认识和应用是十分必要的。

一、一次函数的再认识和应用

（一）认识性质

（1）一次函数 $y = ax + b (a \neq 0)$ ，当 $a > 0$ 时，为增函数；当 $a < 0$ 时，为减函数。

（2）函数 $F(x) = f(m)x + g(m)$ 在 $[a, b]$ 上恒正（或负）的充要条件是

$$\begin{cases} F(a) > 0 \\ F(b) > 0 \end{cases} \left(或 \begin{cases} F(a) < 0 \\ F(b) < 0 \end{cases} \right)。$$

（3）函数 $F(x) = f(m)x + g(m)$ 在 (a, b) 上恒正（或负）的充要条件是

$$\begin{cases} F(a) \geqslant 0 \\ F(b) \geqslant 0 \end{cases} \left(或 \begin{cases} F(a) \leqslant 0 \\ F(b) \leqslant 0 \end{cases} \right)。$$

证明：略。

（二）应用举例

例 1. 已知函数 $f(x) = (x - 1)(\log_3 a)^2 - 6x \log_3 a + x + 1$ 在区间 $[0, 1]$ 上的值恒正，则 a 的取值范围是_____。

解：因为原函数为一次型函数，根据性质（2），则有

$$\begin{cases} f(0) = 1 - (\log_3 a)^2 > 0 \\ f(1) = 2 - 6\log_3 a > 0 \end{cases} \Rightarrow -1 < \log_3 a < \frac{1}{3},$$

$$\therefore \frac{1}{3} < a < \sqrt[3]{3}。$$

例2. 若 a，b，c 均为实数，$|a| < 1$，$|b| < 1$，$|c| < 1$，求证：$ab + bc + ca > -1$。

证明：原不等式等价于 $(b + c)a + bc + 1 > 0$，

令 $f(x) = (b + c)x + bc + 1$，$x \in (-1, 1)$。

$\because f(-1) = -b - c + bc + 1 = (1 - b)(1 - c)$，

$\therefore f(1) = b + c + bc + 1 = (1 + b)(1 + c)$。

又 $\because |b| < 1$，$|c| < 1$，即得 $1 - b > 0$，$1 + b > 0$，$1 - c > 0$，$1 + c > 0$，

$\therefore f(-1) > 0$，$f(1) > 0$。

根据性质（2），则对于任意的 $a \in (-1, 1)$，都有 $f(a) > 0$ 恒成立。

即 $ab + bc + ca > -1$ 成立，命题得证。

例3. 对于满足 $0 \leqslant p \leqslant 4$ 的实数 p，不等式 $x^2 + px > 4x + p - 3$ 恒成立，试求 x 的取值范围。

解：令 $f(p) = (x - 1)p + (x^2 - 4x + 3)$，

则根据题意，即当 $0 \leqslant p \leqslant 4$ 时 $f(p) > 0$ 恒成立。

而 $f(p)$ 是关于 p 的直线型函数，则 $\begin{cases} f(0) > 0 \\ f(4) > 0 \end{cases}$，

得 $\begin{cases} x^2 - 4x + 3 > 0 \\ 4(x - 1) + x^2 - 4x + 3 > 0 \end{cases}$

$\Rightarrow \begin{cases} x < 1 \text{ 或 } x > 3 \\ x < -1 \text{ 或 } x > 1 \end{cases} \Rightarrow x < -1 \text{ 或 } x > 3。$

例4. 对于 $x \in (1, 2]$，关于 x 的不等式 $\dfrac{\lg 2ax}{\lg(a + x)} < 1$ 总成立，求 a 的取值范围。

解：$\because x \in (1, 2]$，由已知不等式知 $a > 0$，$a + x > 1$，

则原不等式同解于 $2ax < a + x$。

119

令 $f(x) = (2a - 1)x - a < 0$，$x \in (1, 2]$，$a > 0$，

由 $\begin{cases} f(1) \leq 0 \\ f(2) < 0 \Rightarrow \\ a > 0 \end{cases} \begin{cases} a \leq 1 \\ 3a < 2 \Rightarrow 0 < a < \dfrac{2}{3} \\ a > 0 \end{cases}$ 为所求。

二、二次函数的再认识和应用

（一）认识性质

1. 有关恒为正（或负）的结论

（1）若 $a > 0$ 时，函数 $y = ax^2 + bx + c$ 恒为正的充要条件是 $\Delta = b^2 - 4ac < 0$。

（2）若 $a < 0$ 时，函数 $y = ax^2 + bx + c$ 恒为负的充要条件是 $\Delta = b^2 - 4ac < 0$。

（3）若 $a \neq 0$ 时，函数 $y = ax^2 + bx + c \neq 0$ 的充要条件是 $\Delta = b^2 - 4ac < 0$。

2. 二次函数 $f(x) = ax^2 + bx + c$ 的性质

（1）若 $f(x_1) = f(x_2)$，则 $x = \dfrac{1}{2}(x_1 + x_2)$ 为其图像的对称轴方程；

若二次函数的图像的对称轴方程为 $x = m$，则 $f(m - x) = f(m + x)$。

（2）①当 $a > 0$ 时，二次函数的图像是开口向上的抛物线。

对任何的 x_1，$x_2 \in \mathbf{R}$，$x_1 \neq x_2$，$x_0 = \dfrac{x_1 + \lambda x_2}{1 + \lambda}$（$\lambda > 0$），

均有 $\dfrac{f(x_1) + \lambda f(x_2)}{1 + \lambda} > f(x_0)$；

当 $\lambda = 1$ 时，x_0 为 x_1，x_2 的中点，则有 $\dfrac{1}{2}[f(x_1) + f(x_2)] > f\left(\dfrac{x_1 + x_2}{2}\right)$。

若 α，β 为抛物线与 x 轴的交点的横坐标，当 γ 在区间 (α, β) 的内部时，则 $f(\gamma) < 0$；当 γ 在区间 (α, β) 的外部时，则 $f(\gamma) > 0$。

②当 $a < 0$ 时，$f(x)$ 的图像开口是向下的抛物线。

对任何的 x_1，$x_2 \in \mathbf{R}$，$x_1 \neq x_2$，$x_0 = \dfrac{x_1 + \lambda x_2}{1 + \lambda}$（$\lambda > 0$），

均有 $\dfrac{f(x_1) + \lambda f(x_2)}{1 + \lambda} < f(x_0)$；

当 $\lambda = 1$ 时，x_0 为 x_1，x_2 的中点，则有 $\frac{1}{2}[f(x_1) + f(x_2)] < f\left(\frac{x_1 + x_2}{2}\right)$。

若 $x_1 = \alpha$，$x_2 = \beta(\alpha < \beta)$ 为抛物线与 x 轴的交点的横坐标，当 γ 在区间 (α, β) 的内部时，则有 $f(\gamma) > 0$；当 γ 在区间 (α, β) 的外部时，则 $f(\gamma) < 0$。

3. 二次函数 $f_1(x) = a(x-h)^2 + k$

（1）二次函数 $f_1(x) = a(x-h)^2 + k$ 的图像可看成是由函数 $f_2(x) = ax^2$ 的图像向右（左）平移 $|h|$ 个单位，再向上（下）平移 $|k|$ 个单位而得到的。

（2）当 $a > 0$ 时，$f_1(x)$ 在定区间 $[m, n]$ 上的最值取决于 h。具体而言：

当 $h \leqslant m$ 时，$\{f_1(x)\}_{\min} = f_1(m)$，$\{f_1(x)\}_{\max} = f_1(n)$；

当 $m < h < \frac{m+n}{2}$ 时，$\{f_1(x)\}_{\min} = k$，$\{f_1(x)\}_{\max} = f_1(n)$；

当 $h = \frac{m+n}{2}$ 时，$\{f_1(x)\}_{\min} = k$，$\{f_1(x)\}_{\max} = f_1(m) = f_1(n)$；

当 $\frac{m+n}{2} < h < n$ 时，$\{f_1(x)\}_{\min} = k$，$\{f_1(x)\}_{\max} = f_1(m)$；

当 $h \geqslant n$ 时，$\{f_1(x)\}_{\min} = f_1(n)$，$\{f_1(x)\}_{\max} = f_1(m)$；

相应地，对于 $a < 0$ 时，$f_1(x)$ 在定区间 $[m, n]$ 上的最值仍取决于 h，方法同上。

4. 二次函数 $f(x) = ax^2 + bx + c$

二次函数 $f(x) = ax^2 + bx + c$ 中的二次项系数 a 不仅决定着抛物线的开口方向，而且决定着抛物线开口的大小，即 $|a|$ 越小，抛物线的开口越开阔。

（二）应用举例

例1. 对任意 $x \in \mathbf{R}$，求使 $x^2 - 2ax + 3a^2 - 3a > 0$ 的 a 值的集合。

解：由 $\Delta = 4a^2 - 4(3a^2 - 3a + 1) < 0 \Rightarrow 2a^2 - 3a + 1 > 0$

$$\Rightarrow (2a-1)(a-1) > 0 \Rightarrow a < \frac{1}{2} \text{ 或 } a > 1,$$

则 a 值的集合是 $\{a \mid a < \frac{1}{2} \text{ 或 } a > 1\}$。

例2. 函数 $f(x) = \dfrac{kx+7}{kx^2 + 4kx + 3}$ 的定义域为 $\mathbf{R}$，求 k 的取值范围。

解：（1）当 $k = 0$ 时，$f(x) = \frac{7}{3}$，显然成立。

（2）当 $k \neq 0$ 时，须 $kx^2 + 4kx + 3 \neq 0$，则 $\Delta = 16k^2 - 12k < 0$

$\Rightarrow 0 < k < \dfrac{3}{4}$，由（1）（2）得 $0 \leqslant k < \dfrac{3}{4}$。

例3. 已知 a，b，c 为实数，求证：$(b - 2a + c)^2 \geqslant 3(a - 2b + c)(a - c)$。

证明：设辅助二次函数 $f(x) = x^2 + 2(b - 2a + c)x + 3(a - 2b + c)(a - c)$，

有 $f(a - 2b + c) = (a - 2b + c)\big[(a - 2b + c) + 2(b - 2a + c) + 3(a - c)\big]$

$= 0$，

则 $\Delta \geqslant 0$，即得 $(b - 2a + c)^2 \geqslant 3(a - 2b + c)(a - c)$。

例4. 实数 a，b，c 满足 $(a + c)(a + b + c) < 0$，求证：$(b - c)^2 > 4a(a + b + c)$。

证明：设辅助二次函数 $y = ax^2 + (b - c)x + (a + b + c)$。

当 $x_1 = -1$ 时，$y_1 = a - (b - c) + (a + b + c) = 2(a + c)$，

当 $x_2 = 0$ 时，$y_2 = a + b + c$，所以 $y_1 y_2 = 2(a + c)(a + b + c)$。

根据已知条件可知 $y_1 y_2 < 0$，这说明二次函数图像上两点 (x_1, y_1)，(x_2, y_2) 在 x 轴的两侧，即函数 $y = ax^2 + (b - c)x + (a + b + c)$ 的图像与 x 轴相交。

则有 $\Delta = (b - c)^2 - 4a(a + b + c) > 0$，即 $(b - c)^2 > 4a(a + b + c)$。

例5. 设 a，b，$c \in \mathbf{R}$，求证：$a^2 + ac + c^2 + 3b(a + b + c) \geqslant 0$。

证明：设 $f(a) = a^2 + ac + c^2 + 3b(a + b + c)$

$= a^2 + (3b + c)a + (c^2 + 3b^2 + 3bc)$，

$\because \Delta = (3b + c)^2 - 4(c^2 + 3b^2 + 3bc) = -3b^2 - 6bc - 3c^2$

$= -3(b + c)^2 \leqslant 0$，故总有 $f(a) \geqslant 0$，则原不等式成立。

例6. 已知 $f(x) = ax^2 + bx - 1$ $(a \neq 0)$ 的图像过点 $(2, -1)$，$\{f(x)\}_{\min} = -3$，求 $f(x)$ 的表达式。

解：据已知二次函数的图像过点 $(2, -1)$，又观察到此二次函数的图像还过点 $(0, -1)$，即 $f(2) = f(0) = -1$，可知 $f(x)$ 的对称轴为 $x = \dfrac{2 + 0}{2} = 1$ 所表示的直线，于是 $-\dfrac{b}{2a} = 1$，又据 $\{f(x)\}_{\min} = -3$，即

$\dfrac{4a \times (-1) - b^2}{4a} = -3$。由以上两式可得 $a = 2$，$b = -4$，故 $f(x) = 2x^2 - 4x - 1$。

例7. 已知二次函数 $y = f(x)$ 对一切的 $x \in \mathbf{R}$ 都有 $f(3-x) = f(3+x)$ ，且 $f(x) = 0$ 有两个不等的实根 x_1 ，x_2 ，求 $x_1 + x_2$ 的值。

解：据 $f(3-x) = f(3+x)$ 可知二次函数的图像的对称轴方程为 $x = 3$ 。又据 x_1 ，x_2 为 $f(x) = 0$ 的两个不等的实根，可知二次函数的图像的对称轴方程为

$x = \dfrac{x_1 + x_2}{2}$ ，于是有 $\dfrac{x_1 + x_2}{2} = 3$ ，即 $x_1 + x_2 = 6$ 。

例8. 已知 a ，$b \in \mathbf{R}^*$ ，且 $a \neq \sqrt{2}b$ ，求证：$\sqrt{2}$ 介于 $\dfrac{a}{b}$ 与 $\dfrac{a+2b}{a+b}$ 之间。

证明：令 $f(x) = \left(x - \dfrac{a}{b}\right)\left(x - \dfrac{a+2b}{a+b}\right)$ ，

则 $f(x)$ 的图像为开口向上的抛物线，

$\dfrac{a}{b}$ 与 $\dfrac{a+2b}{a+b}$ 为方程 $f(x) = 0$ 的两个根。根据结论，只需证 $f(\sqrt{2}) < 0$ 。

事实上，$f(\sqrt{2}) = \left(\sqrt{2} - \dfrac{a}{b}\right)\left(\sqrt{2} - \dfrac{a+2b}{a+b}\right) = \dfrac{\left(\sqrt{2}b - a\right)^2 \left(1 - \sqrt{2}\right)}{b(a+b)} < 0$ ，

于是 $\sqrt{2}$ 介于 $\dfrac{a}{b}$ 与 $\dfrac{a+2b}{a+b}$ 之间。

例9. 已知关于 x 的实系数二次方程 $x^2 + ax + b = 0$ 有实根 α ，β 。

求证：如果 $|\alpha| < 2$ ，$|\beta| < 2$ ，那么 $2|a| < 4 + b$ ，且 $|b| < 4$ 。

证明：据韦达定理，得 $\alpha\beta = b$ 。

又据 $|\alpha| < 2$ ，$|\beta| < 2$ ，得 $|b| = |\alpha\beta| < 4$ 。

因 $f(x) = x^2 + ax + b$ 的开口向上，$|\alpha| < 2$ ，$|\beta| < 2$ ，

故 $f(\pm 2) > 0$（由以上结论得）。

即 $4 + 2a + b > 0$ ，$2a > -(4+b)$ ；$4 - 2a + b > 0$ ，$2a < 4 + b$ 。

所以 $2|a| < 4 + b$ 。

练习：

设二次函数 $f(x) = ax^2 + bx + c(a > 0)$ ，方程 $f(x) - x = 0$ 的两个根 x_1 ，

x_2 满足 $0 < x_1 < x_2 < \dfrac{1}{a}$ 。（1997 年高考题）

（1）当 $x \in (0, x_1)$ 时，证明 $x < f(x) < x_1$ ；

（2）设函数 $f(x)$ 的图像关于直线 $x = x_0$ 对称，证明 $x_0 < \dfrac{x_1}{2}$ 。

（三）例说二次函数根的分布理论及应用

二次函数与一元二次方程有着密切的联系，有时处理一元二次方程问题时完全可借助二次函数根的分布理论来解决。二次函数根的分布是指其函数图像与横轴的交点的位置。如何应用这一理论解题，下面用具体例题来加以说明：

例1. 如图1，m 是何实数时，关于 x 的方程 $x^2 + (m-2)x + (5-m) = 0$ 的两根都大于2。

分析：要满足条件，必须先保证有两个实根；然后满足小根大于2即可。但这样运算起来较麻烦，如能联想到二次函数根的分布，解决起来就方便了。

解：令 $f(x) = x^2 + (m-2)x + (5-m)$，

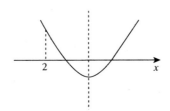

图1

则由 $\begin{cases} \Delta \geq 0 \\ f(2) > 0 \\ -\dfrac{m-2}{2} > 2 \end{cases}$，即 $\begin{cases} m \leq -4 \text{ 或 } m \geq 4 \\ m > -5 \\ m < -2 \end{cases}$ $\Rightarrow -5 < m \leq -4$。

题解说明：首先将方程问题转化为二次函数问题，由 $\Delta \geq 0$ 确保有两实根，由 $f(2) > 0$，$-\dfrac{m-2}{2} > 2$ 确保两根都大于2。

例2. 设方程 $ax^2 - x + 1 = 0 (a \in \mathbf{R})$ 有实根，求证：方程的一个根在 $(0, 2]$ 内。

证明：令 $f(x) = ax^2 - x + 1$，

当 $a = 0$ 时，$f(x) = -x + 1$，$\because f(0) \cdot f(2) = -1 < 0$，即 $x = 1 \in (0, 2]$。

当 $a \neq 0$ 时，$\Delta = 1 - 4a \geq 0$，得 $a \leq \dfrac{1}{4}$，$\therefore f(0) = 1$，$f(2) = 4a - 1 \leq 0$，

故方程 $f(x) = 0$ 有一个根在 $(0, 2]$ 内。

综上所述，灵活掌握一、二次函数的一些性质，对解决有关问题会起到很大的作用；若能结合联想，把一些表面上并不是一、二次函数的问题，通过变

形、联想成一、二次函数问题来处理，更是妙不可言。

（四）二次函数压轴题

例 1. 函数 $f(x) = ax^2 + 8x + 3(a < 0)$，对于给定的负数 a，有一个最大的正数 $g(a)$，使得整个区间 $[0, g(a)]$ 上，不等式 $|f(x)| \leq 5$ 都成立，问 a 为何值时，$g(a)$ 最大？求出这个最大的 $g(a)$，证明你的结论。

分析：$|f(x)| \leq 5$ 的几何意义是，$f(x)$ 图像在平行直线 $y = \pm 5$ 之间，$f(x)$ 图像开口向下，由此对 $f(x)$ 图像最高点与 $y = 5$ 的位置关系进行讨论。

解：$f(x) = a\left(x + \dfrac{4}{a}\right)^2 + 3 - \dfrac{16}{a}$。

当 $3 - \dfrac{16}{a} > 5$，即 $-8 < a < 0$ 时，$g(a)$ 是关于 x 的方程 $ax^2 + 8x + 3 = 5$

的小根，如图 2，$\therefore g(a) = \dfrac{-4 + \sqrt{16 + 2a}}{a} = \dfrac{2}{\sqrt{2a + 16} + 4}$。

$\because g(a)$ 在 $(-8, 0)$ 上递减，

$\therefore g(a) < g(-8) = \dfrac{1}{2}$。

又 $f(0) = 3 > 0 > -5$ 恒成立，$\therefore x \in [0, g(a)]$ 时，$|f(x)| \leq 5$ 恒成立。

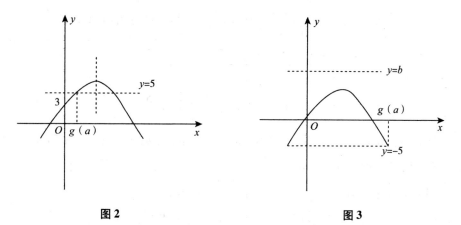

图 2　　　　　　　　　图 3

当 $3 - \dfrac{16}{a} \leq 5$，即 $a \leq -8$ 时，如图 3，$g(a)$ 是关于 x 方程 $ax^2 + 8x + 3 = -5$ 的大根。

$$g(a) = \dfrac{-4 - 2\sqrt{4 - 2a}}{a} = \dfrac{4}{\sqrt{4 - 2a} - 2}。$$

$\because g(a)$ 在 $(-\infty, -8)$ 上递增，

$\therefore g(a) \leqslant g(-8) = \dfrac{1+\sqrt{5}}{2}$。综上，当 $a = -8$ 时，$g(a)_{max} = \dfrac{1+\sqrt{5}}{2}$。

例 2. 设二次函数 $f(x) = ax^2 + bx + c(a > 0)$，若 $|f(0)| \leqslant 1$，$|f(-1)| \leqslant 1$，$|f(1)| \leqslant 1$。

求证：当 $|x| \leqslant 1$ 时，$|f(x)| \leqslant \dfrac{5}{4}$。

分析：因 $f(0)$，$f(-1)$，$f(1)$ 范围已知，故用 $f(0)$，$f(-1)$，$f(1)$ 表示 $f(x)$。

证明：$\because \begin{cases} f(0) = c \\ f(1) = a+b+c \\ f(-1) = a-b+c \end{cases}$，$\therefore \begin{cases} a = \dfrac{f(1)+f(-1)}{2} - f(0) \\ b = \dfrac{f(1)-f(-1)}{2} \\ c = f(0) \end{cases}$，

$\therefore |f(x)| = \left| \dfrac{f(1)+f(-1)-2f(0)}{2}x^2 + \dfrac{f(1)-f(-1)}{2}x + f(0) \right|$

$= \left| f(1)\dfrac{x^2+x}{2} + f(-1)\dfrac{x^2-x}{2} + f(0)(1-x^2) \right|$

$\leqslant |f(1)|\left|\dfrac{x^2+x}{2}\right| + |f(-1)|\left|\dfrac{x^2-x}{2}\right| + |f(0)||1-x^2|$

$\leqslant \dfrac{|x|(x+1)}{2} + \dfrac{|x|(1-x)}{2} + 1 - x^2$

$= -|x|^2 + |x| + 1 = -\left(|x| - \dfrac{1}{2}\right)^2 + \dfrac{5}{4} \leqslant \dfrac{5}{4}$。

例 3. 已知 a，b，$c \in \mathbf{R}$，二次函数 $f(x) = ax^2 + bx + c$，$g(x) = ax + b$，当 $x \in [-1, 1]$ 时，$|f(x)| \leqslant 1$。

（1）求证：当 $x \in [-1, 1]$ 时，$|g(x)| \leqslant 2$。

（2）若 $a > 0$，$g(x)$ 在 $[-1, 1]$ 上的最大值为 2，求 $f(x)$。

（1）证法 1：仿例 2 得：

$|g(x)| = |ax + b| = \left| \dfrac{f(1)+f(-1)-2f(0)}{2}x + \dfrac{f(1)-f(-1)}{2} \right|$

$= \left| \dfrac{x+1}{2}f(1) + \dfrac{x-1}{2}f(-1) - xf(0) \right| \leqslant \left|\dfrac{x+1}{2}\right| + \left|\dfrac{x-1}{2}\right| + |x|$

$$\leqslant \frac{|x+1|}{2} + \frac{|x-1|}{2} + 1 = \frac{1+x}{2} + \frac{1-x}{2} + 1 = 2 。$$

证法 2：$|g(x)| \leqslant 2 \Leftrightarrow |g(1)| \leqslant 2$ 且 $|g(-1)| \leqslant 2$。

$\because |g(1)| \leqslant |a+b| = |f(1) - f(0)| \leqslant |f(1)| + |f(0)| \leqslant 2$，

$|g(-1)| \leqslant |a-b| = |f(-1) - f(0)| \leqslant |f(-1)| + |f(0)| \leqslant 2$，

$\therefore$ 当 $x \in [-1, 1]$ 时，$|g(x)| \leqslant 2$。

（2）解：$\because a > 0$，$\therefore g(1) = a + b = 2$，

$\therefore f(1) - f(0) = 2$，$f(0) = f(1) - 2$。

$\because -1 \leqslant f(1) \leqslant 1$，$\therefore -3 \leqslant f(0) \leqslant -1$，又 $-1 \leqslant f(0) \leqslant 1$，

$\therefore f(0) = -1$，即 $c = -1$，$\therefore f(x) \geqslant -1 = f(0)$。

$\because 0 \in [-1, 1]$，$\therefore x = 0$ 为 $f(x)$ 图像的对称轴，

$\therefore -\dfrac{b}{2a} = 0$，$b = 0$，$\therefore a = 2$，

$\therefore f(x) = 2x^2 - 1$。

例 4. 已知函数 $f(x) = x^2 + bx + c(b, c \in \mathbf{R}, c \geqslant -2)$，当 $x \in [-\sqrt{2}, \sqrt{2}]$ 时，有 $f(x) \leqslant 0$，求 $f(x)$ 的解析式。

解：$\because x \in [-\sqrt{2}, \sqrt{2}]$ 时，$f(x) \leqslant 0$ 恒成立，由图像可知，$\begin{cases} f(-\sqrt{2}) \leqslant 0 \\ f(\sqrt{2}) \leqslant 0 \end{cases}$，

$\therefore \begin{cases} 2 - \sqrt{2}b + c \leqslant 0 \\ 2 + \sqrt{2}b + c \leqslant 0 \end{cases}$，两式相加得，$c \leqslant -2$。又由已知 $c \geqslant -2$，$\therefore c = -2$。

则 $\begin{cases} \sqrt{2}b \geqslant 0 \\ \sqrt{2}b \leqslant 0 \end{cases}$，$\therefore b = 0$，$\therefore f(x) = x^2 - 2$。

例 5. 已知函数 $f(x) = x^2 + ax + b$，$x \in [-1, 1]$，若 $|f(x)|$ 的最大值为 $\dfrac{1}{2}$，求 $f(x)$ 的表达式。

解：$\because |f(0)| = |b| \leqslant \dfrac{1}{2}$，$\therefore -\dfrac{1}{2} \leqslant b \leqslant \dfrac{1}{2}$ ①

$\because |f(1)| = |a+b+1| \leqslant \dfrac{1}{2}$，$|f(-1)| = |-a+b+1| \leqslant \dfrac{1}{2}$，

$$\therefore \begin{cases} -\dfrac{1}{2} \leqslant a+b+1 \leqslant \dfrac{1}{2} ② \\ -\dfrac{1}{2} \leqslant -a+b+1 \leqslant \dfrac{1}{2} ③ \end{cases}, \quad ② + ③ 得 -\dfrac{3}{2} \leqslant b \leqslant -\dfrac{1}{2} ④,$$

由①④得，$b = -\dfrac{1}{2}$。此时②③为 $\begin{cases} -1 \leqslant a \leqslant 0 \\ 0 \leqslant a \leqslant 1 \end{cases}$，$a = 0$，

$$\therefore f(x) = x^2 - \dfrac{1}{2}。$$

对称问题

对称问题是高中数学重点内容之一，往往以选择题和填空题形式直接考查，有时也会与其他内容综合在一起出现，所以必须系统地掌握好各种对称问题。

一、对称问题

（1）关于点对称 $\begin{cases} \text{点关于点对称} \\ \text{线关于点对称} \begin{cases} \text{直线关于点对称} \\ \text{曲线关于点对称} \end{cases} \end{cases}$

（2）关于直线对称 $\begin{cases} \text{点关于直线对称} \\ \text{直线关于直线对称} \begin{cases} \text{直线与对称轴平行} \\ \text{直线与对称轴相交} \end{cases} \\ \text{曲线关于直线对称} \end{cases}$

二、对称问题的处理

（一）点关于点对称（根据中点坐标公式来处理）

例1. 已知 $P(2, 5)$，$Q(6, 7)$，求点 P 关于点 Q 的对称点的坐标。

解：设所求点的坐标为 $P'(x, y)$，则 Q 为 PP' 的中点，

$\therefore 6 = \dfrac{x + 2}{2}$，$7 = \dfrac{y + 5}{2} \Rightarrow x = 10$，$y = 9$，$\therefore P'(10, 9)$ 为所求。

例2. 一条直线 l 被两条直线 $l_1: 2x + y + 3 = 0$ 和 $l_2: 2x - 3y - 6 = 0$ 截得的线段中点恰好是坐标原点，求这条直线的方程。

解：设直线 l 与 l_1，l_2 分别交于 M，N 两点，又设点 M 的坐标为 (x_1, y_1)，则有

$2x_1 + y_1 + 3 = 0 \cdots$ ①，$\because M$，N 关于原点对称，$\therefore N$ 的坐标为 $(-x_1$，$-y_1)$ 在 l_2 上，则有 $-2x_1 + 3y_1 - 6 = 0 \cdots$ ②，由 ①$\times 2+$② 得 $2x_1 + 5y_1 = 0$，可见点 M，N 在直线 $2x + 5y = 0$ 上，又此直线过原点，由两点确定一条直线知，所求直线 l 的方程为 $2x + 5y = 0$。

（二）线关于点对称

问题：“线 $C:f(x$，$y) = 0$ 关于点 $(a$，$b)$ 对称的线 C' 的方程的求法。”

（1）通法：设 C' 上任一动点 $(x$，$y)$ 关于点 $(a$，$b)$ 对称的点 $(x_1$，$y_1)$，让点 $(x_1$，$y_1)$ 在 C 上即可，即 $f(x_1$，$y_1) = 0$，显然，$x_1 = 2a - x$，$y_1 = 2b - y$，$\therefore C':f(2a - x$，$2b - y) = 0$ 为所求。

（2）直线关于点对称的问题：

特征：$l_1 \parallel l_2$，且点到 l_1，l_2 的距离相等。

例：求直线 $l_1:3x + 2y - 1 = 0$ 关于点 $(5$，$4)$ 对称的直线 l_2 的方程。

解法一：设 l_2 上任意一点为 $(x$，$y)$，

关于点 $(5$，$4)$ 对称的点 $(x_1$，$y_1)$ 在 l_1 上。

$\therefore x_1 = 10 - x$，$y_1 = 8 - y$，代入 l_1 的方程得 $3(10 - x) + 2(8 - y) - 1 = 0$，

即所求方程是 $3x + 2y - 45 = 0$。

解法二：根据特征 $l_1 \parallel l_2$，可设 $l_2:3x + 2y + c = 0$，

由 $\dfrac{|3 \times 5 + 2 \times 4 - 1|}{\sqrt{3^2 + 2^2}} = \dfrac{|3 \times 5 + 2 \times 4 + c|}{\sqrt{3^2 + 2^2}}$，

即 $|23 + c| = 22 \Rightarrow c = -45$ 或 $c = -1$（舍），则所求直线 $l_2:3x + 2y - 45 = 0$。

（三）关于直线对称问题

1. 对称轴直线为特殊直线类

（1）对称轴为 $x = a$ 时，（用 $2a - x$ 换 x，y 不变）。

即曲线 $C:f(x$，$y) = 0$ 关于 $x = a$ 对称的方程是 $C':f(2a - x$，$y) = 0$。

（2）对称轴为 $y = b$ 时，（用 $2b - y$ 换 y，x 不变）。

即曲线 $C:f(x$，$y) = 0$ 关于 $y = b$ 对称的方程是 $C':f(x$，$2b - y) = 0$。

（3）对称轴为 $y = x + b$ 时，可直接用 $\begin{cases} x = y - b \\ y = x + b \end{cases}$ 代换而得。即曲线 $C:$

$f(x,y) = 0$ 关于 $y = x + b$ 对称的方程是 $C':f(y - b$，$x + b) = 0$。

（4）对称轴为 $y = -x + b$ 时，可直接用 $\begin{cases} x = b - y \\ y = b - x \end{cases}$ 代换而得。即曲线

$C : f(x, y) = 0$ 关于 $y = -x + b$ 对称的方程是 $C' : f(b - y, b - x) = 0$。

例 1. 求直线 $3x + 4y - 5 = 0$ 关于直线 $x = 3$ 对称的直线方程。

解：由（1）可知，用 $6 - x$ 代换 x 即可，得所求直线方程为 $3x - 4y - 13 = 0$。

例 2. 求曲线 $C : f(x, y) = 0$ 关于直线 $x - y - 1 = 0$ 的对称曲线 C' 的方程。

解：由（3）可知，可直接用 $\begin{cases} x = y + 1 \\ y = x - 1 \end{cases}$ 代入 $C : f(x, y) = 0$，即得所求

曲线 C' 的方程为 $f(y + 1, x - 1) = 0$。

2. 若对称轴为一般的直线 $Ax + By + C = 0$（$|A| \neq |B|$）

这类问题的一般方法是用求轨迹的办法，先设一动点 $P(x, y)$，并求出该点关于直线 $Ax + By + C = 0$（$|A| \neq |B|$）的对称点 $P'(x', y')$，即用 x, y 来表示 x', y'，且这一点应在已知曲线上。

（1）点关于直线对称的点。

例 1. 求点 $A(2, 2)$ 关于直线 $2x - 4y + 9 = 0$ 的对称点的坐标。

方法有二：设两点 A，B 关于直线 l 对称，即有 $AB \perp l$。垂足为线段 AB 的中点，根据这个特征可得解法一。

解法一：根据与已知直线垂直的直线系方程，可设直线 AB 的方程为 $4x + 2y + c = 0$，直线 AB 过点 $A(2, 2)$，则 $c = -12$，则 $AB : 2x + y - 6 = 0$，由 $\begin{cases} 2x - 4y + 9 = 0 \\ 2x + y - 6 = 0 \end{cases}$，解得 $M\left(\dfrac{3}{2}, 3\right)$，则 $B\left(2 \times \dfrac{3}{2} - 2, 2 \times 3 - 2\right)$，即 $B(1, 4)$ 为所求。

解法二：设对称点为 $B(a, b)$，由 $k_1 k_2 = -1$，以及 AB 的中点 $\left(\dfrac{a + 2}{2}, \dfrac{b + 2}{2}\right)$ 在直线 $2x - 4y + 9 = 0$ 上，

则有 $\begin{cases} 2 \times \dfrac{a + 2}{2} - 4 \times \dfrac{b + 2}{2} + 9 = 0 \\ \dfrac{b - 2}{a - 2} \cdot \dfrac{1}{2} = -1 \end{cases} \Rightarrow \begin{cases} a - 2b + 7 = 0 \\ 2a + b - 6 = 0 \end{cases}$，解得 $a = 1$，$b = 4$，

所以 $B(1, 4)$ 为所求。

（2）直线关于直线对称的直线。

① 若对称轴与两直线都平行的情况：

已知两平行直线 $l_1 : Ax + By + C_1 = 0$ ，$l_2 : Ax + By + C_2 = 0 (C_1 \neq C_2)$ ，$l : Ax + By + C = 0$ ，l_1 与 l_2 关于 l 对称，讨论其特征：

特征：l_1 ，l_2 ，l 平行而不重合。

l 与 l_1 ，l 与 l_2 等距离，$C = \dfrac{C_1 + C_2}{2}$ 。

例 2. 已知两直线 $l_1 : 3x + 2y - 6 = 0$ ，$l_2 : 3x + 2y + 4 = 0$ ，求 l_1 与 l_2 的对称轴方程。

解：$\because l_1 \ /\!/ \ l_2$ ，设对称轴方程 $l : 3x + 2y + c = 0$ ，

其中 $C = \dfrac{C_1 + C_2}{2} = \dfrac{-6 + 4}{2} = -1$ ，即 $l : 3x + 2y - 1 = 0$ 为所求。

② 若对称轴与直线相交，求其对称直线。

处理这类问题的方法有两类：一类是找出确定直线方程的两个条件，选择适当的直线方程的形式，求出直线方程；一类是直接由轨迹求方程。

例 3. 求直线 $a : 2x + y - 4 = 0$ 关于直线 $l : 3x + 4y - 1 = 0$ 对称的直线 b 的方程。

分析：它具有下列几何性质：

① 若 a ，b 相交，则 l 是 a ，b 交角的平分线；

② 若点 A 在直线 a 上，那么 A 关于直线 l 的对称点 B 一定在直线 b 上，这时 $AB \perp l$ ，并且 AB 的中点 D 在 l 上；

③ 直线 a 以 l 为轴旋转 $180°$ ，一定与 b 重合。

使用上述性质，可以找出直线 b 的方程。

思路一：先由两方程联立，解出交点，其交点也在所求直线上，设所求直线的斜率为 k 。再根据夹角公式即可确定斜率 k 。

思路二：根据直线系方程设出所求直线的方程，这样避免求两直线的交点坐标。然后在对称轴直线上任取一点（除交点外），由这一点到直线 a ，b 的距离相等，建立等量关系确定参数即可。

思路三：用求轨迹的办法来进行。具体解法如下：

设直线 b 上的动点 $P(x , y)$ 关于 $l : 3x + 4y - 1 = 0$ 的对称点 $Q(x_0 , y_0)$ ，

则有

$$\begin{cases} 3 \times \dfrac{x + x_0}{2} + 4 \times \dfrac{y + y_0}{2} - 1 = 0 \\ \dfrac{y - y_0}{x - x_0} = \dfrac{4}{3} \end{cases} \Rightarrow \begin{cases} x_0 = \dfrac{7x - 24y + 6}{25} \\ y_0 = \dfrac{-24x - 7y + 8}{25} \end{cases},$$

因点 $Q(x_0, y_0)$ 在直线 $a : 2x + y - 4 = 0$ 上，

则得 $2x + 11y + 16 = 0$ 为所求直线 b 的方程。

思路四：根据对称两点到对称轴的距离相等和两点所在直线与对称轴垂直，建立等量关系。具体解法如下：

解：设直线 b 上的动点 $P(x, y)$，直线 a 上的点 $Q(x_0, 4 - 2x_0)$，

且 P，Q 两点关于直线 $l : 3x + 4y - 1 = 0$ 对称，

则有 $\begin{cases} \dfrac{|3x + 4y - 1|}{5} = \dfrac{|3x_0 + 4(4 - 2x_0) - 1|}{5} \\ \dfrac{y - (4 - 2x_0)}{x - x_0} = \dfrac{4}{3} \end{cases}$，消去 x_0，

得 $2x + 11y + 16 = 0$ 或 $2x + y - 4 = 0$（舍）。

（3）曲线关于直线对称问题

通常采用求轨迹的方法来处理这类问题。

例 4. 求曲线 $C : f(x, y) = 0$ 关于直线 $2x + 3y + 1 = 0$ 的对称曲线 C' 的表达式。

分析：找出所求曲线上任一点与已知曲线上关于对称轴对称点的坐标间的关系，即可求出所求曲线的方程。

解：设 $P(x, y) \in C'$，$P'(x', y') \in C$，P 与 P' 关于直线 $2x + 3y + 1 = 0$ 的对称，则由 $\begin{cases} 2 \times \dfrac{x + x'}{2} + 3 \times \dfrac{y + y'}{2} + 1 = 0 \\ \dfrac{y' - y}{x' - x} \times \left(-\dfrac{2}{3}\right) = -1 \end{cases} \Rightarrow \begin{cases} x' = \dfrac{1}{13}(5x - 12y - 4) \\ y' = \dfrac{1}{13}(-2x - 5y - 6) \end{cases}$，

$\therefore C' : f\left[\dfrac{1}{13}(5x - 12y - 4), \dfrac{1}{13}(-12x - 5y - 6)\right] = 0$ 为所求。

例说函数方程根的个数问题

通过几例函数方程根的个数问题的处理，探索解决这类问题的常规方法。

例1. 如图1，已知函数 $f(x) = \begin{cases} a^x + 1 , & x \leqslant 0 \\ |\ln x| , & x > 0 \end{cases}$，当 $1 < a < 2$ 时，关于 x 的方程 $f[f(x)] = a$ 实数解的个数为（　　　）

A. 2　　　　　　　B. 3　　　　　　　C. 4　　　　　　　D. 5

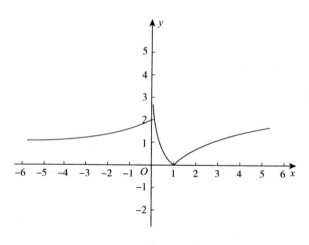

图1

解：由已知有 $f(x) \geqslant 0$，令 $t = f(x)$，则有 $f(t) = a$，且 $t \geqslant 0$，

从而 $f(t) = |\ln t|$，且 $t > 0$，由 $|\ln t| = a$，且 $1 < a < 2$，可得 $\ln t = -a$ 或 $\ln t = a$，

解得 $t_1 = e^{-a} \in (e^{-2} , e^{-1})$ 或 $t_2 = e^a \in (e , e^2)$（因 $1 < a < 2$），

即 $0 < t_1 < 1$，$t_2 > 2$。

又由已知当 $x \leqslant 0$ 时，有 $f(x) = a^x + 1 \in (1 , 2]$。

由 $f(x) = t_1 \in (0, 1)$，只能得到 $|\ln x| = t_1$，可得 $x = e^{-t_1}$ 或 $x = e^{t_1}$。

由 $f(x) = t_2 > 2$，只能得到 $|\ln x| = t_2$，可得 $x = e^{-t_2}$ 或 $x = e^{t_2}$。

从而，关于 x 的方程 $f[f(x)] = a$ 实数解只有 4 个。

注：为了更好掌握这类题型的解答，可继续讨论关于 x 的方程 $f[f(x)] = a$ 的有解情况。

例 2. 如图 2，已知函数 $f(x) = \begin{cases} |\lg x|, & x > 0 \\ -x^2 - 2x, & x \leqslant 0 \end{cases}$，且方程 $[f(x)]^2 - f(x)$

$+ 2a - 3 = 0$ 有 8 个不同的实根，则实数 a 的取值范围为（　　　）

A. $\left(\dfrac{3}{2}, 4\right)$　　　　　　　　　　　　B. $\left(\dfrac{3}{2}, \dfrac{13}{8}\right)$

C. $\left(\dfrac{3}{2}, +\infty\right)$　　　　　　　　　　　D. $(2, 4)$

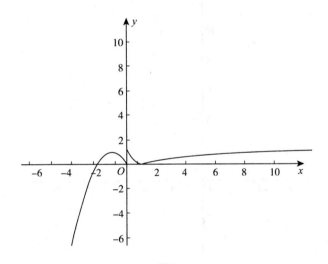

图 2

解：令 $t = f(x) \in \mathbf{R}$，作出函数 $t = f(x)$ 的图像。

则原方程可化为 $t^2 - t + 2a - 3 = 0$，

由方程 $[f(x)]^2 - f(x) + 2a - 3 = 0$ 有 8 个不同的实根，

所以 $t^2 - t + 2a - 3 = 0$ 在 $(0, 1)$ 内有两个不等的实根，令 $g(t) = t^2 - t$

$+ 2a - 3$ 在 $(0, 1)$ 内有两个零点，因 $t = \dfrac{1}{2}$ 为其对称轴，

则有 $\begin{cases} g(0) > 0 \\ g\left(\dfrac{1}{2}\right) < 0 \\ g(1) > 0 \end{cases} \Rightarrow \begin{cases} 2a - 3 > 0 \\ \dfrac{1}{4} - \dfrac{1}{2} + 2a - 3 < 0 \end{cases} \Rightarrow \begin{cases} a > \dfrac{3}{2} \\ a < \dfrac{13}{8} \end{cases} \Rightarrow \dfrac{3}{2} < a < \dfrac{13}{8}。$

故选 B。

例 3. 如图 3，已知函数 $f(x) = \begin{cases} \ln(-x)，x < 0 \\ \dfrac{x}{e^{x-1}}，x \geqslant 0 \end{cases}$，若方程 $[f(x)]^2 +$

$mf(x) - m(m + 1) = 0$ 有 4 个不等的实数根，则 m 的取值范围是（　　）

A. $-1 \leqslant m \leqslant -\dfrac{4}{5}$　　　　　　　　B. $m \leqslant -1$ 或 $m > 1$

C. $m > 1$ 或 $m = -1$　　　　　　　　D. $0 < m < 1$ 或 $m = -1$

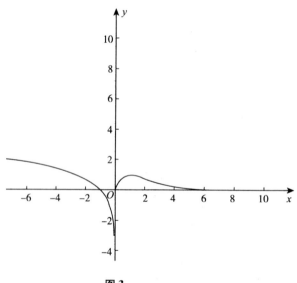

图 3

解：令 $t = f(x) \in \mathbf{R}$，如图所示，

要想方程 $[f(x)]^2 + mf(x) - m(m + 1) = 0$ 有 4 个不等的实数根，则方程 $t^2 +$

$mt - m(m + 1) = 0$ 必有两个不等的实数根，不妨设两个根为 t_1，t_2，且 $t_1 < t_2$。

要满足条件，则 $\begin{cases} t_1 = 0 \\ t_2 = 1 \end{cases}$ 或 $\begin{cases} t_1 < 0 \\ 0 < t_2 < 1 \end{cases}$ 或 $\begin{cases} 0 < t_1 < 1 \\ t_2 > 1 \end{cases}$。

令 $g(t) = t^2 + mt - m(m + 1)$，

则有 $\begin{cases} g(0) = 0 \\ g(1) = 0 \end{cases}$ 或 $\begin{cases} g(0) < 0 \\ g(1) > 0 \end{cases}$ 或 $\begin{cases} g(0) > 0 \\ g(1) < 0 \end{cases}$,

$\Rightarrow \begin{cases} m(m + 1) = 0 \\ 1 + m - m^2 = 0 \end{cases}$ 或 $\begin{cases} -m(m + 1) < 0 \\ 1 + m - m(m + 1) > 0 \end{cases}$ 或 $\begin{cases} -m(m + 1) > 0 \\ 1 + m - m(m + 1) < 0 \end{cases}$,

$\Rightarrow 0 < m < 1$ 或 $m = -1$,故选 D。

例 4. 如图 4,已知函数 $f(x)$ 的定义域为 $[-1, 3]$,图像如图所示,则关于 x 的方程:$f(f(x)) = 0$,$f(f(x)) = 1$,$f(f(x)) = 2$,$f(f(x)) = 3$,下列说法正确的是（　　）

① 方程 $f(f(x)) = 0$ 有四个实数根;

② 方程 $f(f(x)) = 1$ 有三个实数根;

③ 方程 $f(f(x)) = 2$ 有两个实数根;

④ 方程 $f(f(x)) = 3$ 有一个实数根。

A. ①② 　　　　B. ①③ 　　　　C. ②③ 　　　　D. ②④

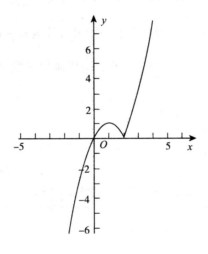

图 4

解:令 $f(x) = t$,由①方程 $f(t) = 0$,结合 $f(x)$ 的图像可知方程 $f(t) = 0$ 有 2 个根,分别是 $t_1 = 0$,$t_2 = 2$,而 $f(x) = t_1 = 0$ 有 2 个实数根,$f(x) = t_2 = 2$ 有 1 个实数根,故方程 $f(f(x)) = 0$ 有 3 个实数根。

同理,②方程 $f(t) = 1$ 有 2 个实数根,$t_1 = 1$,$2 < t_2 < 3$。

而 $f(x) = t_1 = 1$ 有 2 个实数根,$f(x) = t_2$ 有 1 个实数根,故方程 $f(f(x)) = 1$ 有 3 个实数根。

同理，③方程 $f(f(x)) = 2$ 有一个实数根，④方程 $f(f(x)) = 3$ 有一个实数根。

则正确的是②④，故选 D。

例5. 如图5，已知函数 $f(x) = \begin{cases} -xe^x, & (x < 0) \\ \ln(x+1), & (x \geq 0) \end{cases}$，若方程 $[f(x)]^2 + af(x) + 2 = 0(a \in \mathbf{R})$ 恰有 4 个不等的实数根，则实数 a 的取值范围为（　　）

A. $\left(-\dfrac{2e^2+1}{e}, 0 \right)$　　　　　　B. $\left(-\dfrac{e^2+1}{e}, 0 \right)$

C. $\left(-\infty, -\dfrac{e^2+1}{e} \right)$　　　　　D. $\left(-\infty, -\dfrac{2e^2+1}{e} \right)$

解析：当 $x \geq 0$ 时，$f(x) = \ln(x+1)$ 在 $[0, +\infty)$ 上为增函数；

当 $x < 0$ 时，$f'(x) = -e^x - xe^x = -e^x(x+1)$，由 $f'(x) = 0$，得 $x = -1$，

当 $x \in (-\infty, -1)$ 时，$f'(x) = -e^x(x+1) > 0$，$f(x)$ 为增函数，

当 $x \in (-1, 0)$ 时，$f'(x) = -e^x(x+1) < 0$，$f(x)$ 为减函数，

所以函数 $f(x)$ 在 $(-\infty, 0)$ 上有一个最大值为 $f(-1) = -(-1)e^{-1} = \dfrac{1}{e}$，

且 $x \in (-\infty, 0)$ 时，$f(x) = -xe^x > 0$，可以画出函数 $f(x)$ 的大致图像，如图所示：

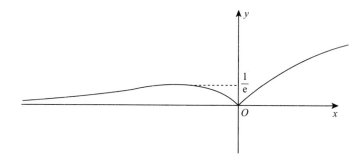

图5

令 $t = f(x)$，要使方程 $[f(x)]^2 + af(x) + 2 = 0(a \in \mathbf{R})$ 恰有 4 个不等的实数根，

即 $t^2 + at + 2 = 0$ 应有两个不等根，

且一个根在 $\left(0, \dfrac{1}{e}\right)$ 内，一个根在 $\left(\dfrac{1}{e}, +\infty\right)$ 内，

再令 $\varphi(t) = t^2 + at + 2$，因为 $\varphi(0) = 2 > 0$，

则只需 $\varphi\left(\dfrac{1}{e}\right) < 0$，即 $\left(\dfrac{1}{e}\right)^2 + a\dfrac{1}{e} + 2 < 0$，

解得 $a < -\dfrac{2e^2+1}{e}$，

所以，要使方程 $[f(x)]^2 + af(x) + 2 = 0(a \in \mathbf{R})$ 恰有 4 个不等的实数根，

实数 a 的取值范围是 $\left(-\infty,\ -\dfrac{2e^2+1}{e}\right)$，故选 D。

解题技巧：将方程根的个数转化为函数图像的交点个数，通过导数探究函数的图像来解决。

练习：

1. 已知函数 $y = f(x)$ 是定义域为 $\mathbf{R}$ 的偶函数，当 $x \geq 0$ 时，$f(x) = \begin{cases} \left(\dfrac{1}{2}\right)^x, 0 \leq x < 2 \\ \log_{16}x,\ x \geq 2 \end{cases}$，若关于 x 的方程 $[f(x)]^2 + a \cdot f(x) + b = 0(a,b \in \mathbf{R})$ 有且只有 7 个不同实数根，则实数 a 的取值范围是（　　）

A. $\left(\dfrac{1}{4},\ 1\right)$ 　　　　 B. $(-2,\ -1)$

C. $\left(-2,\ -\dfrac{5}{4}\right)$ 　　　 D. $\left(\dfrac{1}{4},\ +\infty\right)$

2. 已知函数 $f(x) = \dfrac{|\ln x|}{x}$，若方程 $f^2(x) + tf(x) + 1 = 0$ 有四个不同的实数根，则实数 t 的取值范围是（　　）

A. $(-\infty,\ -e)$ 　　　　 B. $\left(-\infty,\ -e-\dfrac{1}{e}\right)$

C. $(-\infty,\ -2)$ 　　　　 D. $\left(-e-\dfrac{1}{e},\ -2\right)$

一类参数取值范围问题的处理

一、预备知识

（一）导数的定义

$$f'(x_0) = \lim_{\Delta x \to 0} \frac{f(x_0 + \Delta x) - f(x_0)}{\Delta x} = \lim_{x \to x_0} \frac{f(x) - f(x_0)}{x - x_0} = \lim_{\Delta x \to 0} \frac{f(x_0 + 2\Delta x) - f(x_0)}{2\Delta x}$$

（二）导数的几何意义

（1）函数 $y = f(x)$ 在点 x_0 处的导数 $f'(x_0)$，就是曲线 $y = f(x)$ 在点 $P(x_0, y_0)$ 处的切线的斜率；

（2）函数 $s = s(t)$ 在点 t_0 处的导数 $s'(t_0)$，就是物体的运动方程 $s = s(t)$ 在时刻 t_0 时的瞬时速度。

（三）拉格朗日中值定理

如果函数 $f(x)$ 的区间 $[a, b]$ 上连续，在区间 (a, b) 内可导，那么在 (a, b) 内至少存在一点 $\xi(a < \xi < b)$，使等式 $\frac{f(b) - f(a)}{b - a} = f'(\xi)$ 成立。

（四）洛必达法则总述

洛比达法则 1：若函数 $f(x)$，$g(x)$ 满足下列条件：$\left(\frac{0}{0} 型 \right)$

（1）在 a 的某去心邻域 $(a - \delta, a + \delta)$ 内可导，即 $f'(x)$ 和 $g'(x)$ 都存在，且 $g'(x) \neq 0$；

（2）$\lim\limits_{x \to a} f(x) = \lim\limits_{x \to a} g(x) = 0$；

（3）$\lim\limits_{x \to a} \frac{f'(x)}{g'(x)} = A$，

则 $\lim\limits_{x \to a} \frac{f(x)}{g(x)} = \lim\limits_{x \to a} \frac{f'(x)}{g'(x)} = A$。

洛比达法则2：若函数 $f(x)$，$g(x)$ 满足下列条件：$\left(\dfrac{0}{0}\ 型\right)$

（1）存在某个数 $a > 0$，当 $|x| > a$ 皆可导，即 $f'(x)$ 和 $g'(x)$ 都存在，且 $g'(x) \neq 0$；

（2）$\lim\limits_{x \to \infty} f(x) = \lim\limits_{x \to \infty} g(x) = 0$；

（3）$\lim\limits_{x \to \infty} \dfrac{f'(x)}{g'(x)} = A$，

则 $\lim\limits_{x \to \infty} \dfrac{f(x)}{g(x)} = \lim\limits_{x \to \infty} \dfrac{f'(x)}{g'(x)} = A$。

一般情况：如果 $\lim\limits_{\substack{x \to a \\ (x \to \infty)}} \dfrac{f(x)}{g(x)}$，$\lim\limits_{\substack{x \to a \\ (x \to \infty)}} \dfrac{f'(x)}{g'(x)}$，$\lim\limits_{\substack{x \to a \\ (x \to \infty)}} \dfrac{f''(x)}{g''(x)}$，…

$\lim\limits_{\substack{x \to a \\ (x \to \infty)}} \dfrac{f^{(n-1)}(x)}{g^{(n-1)}(x)}$ 皆是 $\dfrac{0}{0}$ 的待定型，而极限 $\lim\limits_{\substack{x \to a \\ (x \to \infty)}} \dfrac{f^{(n)}(x)}{g^{(n)}(x)}$ 存在，

则 $\lim\limits_{\substack{x \to a \\ (x \to \infty)}} \dfrac{f(x)}{g(x)} = \lim\limits_{\substack{x \to a \\ (x \to \infty)}} \dfrac{f'(x)}{g'(x)} = \lim\limits_{\substack{x \to a \\ (x \to \infty)}} \dfrac{f''(x)}{g''(x)} = \cdots = \lim\limits_{\substack{x \to a \\ (x \to \infty)}} \dfrac{f^{(n)}(x)}{g^{(n)}(x)}$。

洛比达法则3：若函数 $f(x)$，$g(x)$ 满足下列条件：（8 型）

（1）在 a 的某去心邻域 $(a - \delta, a + \delta)$ 内可导，即 $f'(x)$ 和 $g'(x)$ 都存在，且 $g'(x) \neq 0$；

（2）$\lim\limits_{x \to a} f(x) = \lim\limits_{x \to a} g(x) = \infty$；

（3）$\lim\limits_{x \to a} \dfrac{f'(x)}{g'(x)} = A$，

则 $\lim\limits_{x \to a} \dfrac{f(x)}{g(x)} = \lim\limits_{x \to a} \dfrac{f'(x)}{g'(x)} = A$。

在洛比达法则3中，将 $x \to a$ 换成 $x \to \infty$ 亦成立。

（五）结论应用

结论1：若函数 $f(x)$ 在区间 D 上可导，对于区间 D 上任意两个不等的实数 x_1，x_2，恒有 $f(x_1) - f(x_2) <$（或 $\leqslant$）$k(x_1 - x_2)$ 成立。当 $x_1 < x_2$，则恒有 $f'(x) \geqslant k$；当 $x_1 > x_2$，则恒有 $f'(x) \leqslant k$。

结论2：若函数 $f(x)$ 在区间 D 上可导，对于区间 D 上任意两个不等的实数 x_1，x_2，恒有 $f(x_1) - f(x_2) >$（或 $\geqslant$）$k(x_1 - x_2)$ 成立。当 $x_1 < x_2$，则恒有 $f'(x) \leqslant k$；当 $x_1 > x_2$，则恒有 $f'(x) \geqslant k$。

注：$f(x)$ 的 D 上不为常数函数，D 是指 (a, b) 或 $(a, +\infty)$，$(-\infty, b)$

的形式。

结论3：$y = f(x)$ 是定义在区间 I 上的下凸函数 $\Leftrightarrow f''(x) \geq 0$；

$y = f(x)$ 是定义在区间 I 上的下凹函数 $\Leftrightarrow f''(x) \leq 0$；

注：① $f''(x)$ 表示 $f(x)$ 在区间 I 上的二阶导数；

②若函数 $y = f(x)$ 对于定义域内的任意 x_1，x_2，均有 $\dfrac{f(x_1) + f(x_2)}{2} \geq f\left(\dfrac{x_1 + x_2}{2}\right)$，称 $y = f(x)$ 为下凸函数；

③若函数 $y = f(x)$ 对于定义域内的任意 x_1，x_2，均有 $\dfrac{f(x_1) + f(x_2)}{2} \leq f\left(\dfrac{x_1 + x_2}{2}\right)$，称 $y = f(x)$ 为下凹函数。

结论四：$f(x) \geq f(0)$ 在 $x \geq 0$ 上成立的一个充分不必要条件是 $f'(x) \geq 0$。

结论五：

(1) 若 $a > f(x)$ 恒成立，当 $f(x)_{\max}$ 存在时，有 $a > f(x)_{\max}$；当 $f(x)_{\max}$ 不存在，且 $f(x) < b$ 时，则有 $a \geq b$。

(2) 若 $a < f(x)$ 恒成立，当 $f(x)_{\min}$ 存在时，有 $a < f(x)_{\min}$；当 $f(x)_{\min}$ 不存在，且 $f(x) > b$ 时，则有 $a \leq b$。

(3) 若 $a > f(x)$ 有解，当 $f(x)_{\min}$ 存在时，有 $a > f(x)_{\min}$；当 $f(x)_{\min}$ 不存在，且 $f(x) > b$ 时，则有 $a > b$。

(4) 若 $a < f(x)$ 有解，当 $f(x)_{\max}$ 存在时，有 $a < f(x)_{\max}$；当 $f(x)_{\max}$ 不存在，且 $f(x) < b$ 时，则有 $a < b$。

二、应用结论求解

例1. 已知函数 $f(x) = (a+1)\ln x + ax^2 + 1$，设 $a < -1$，若对任意正实数 x_1，x_2 都有 $|f(x_1) - f(x_2)| > 4|x_1 - x_2|$ 成立，求实数 a 的取值范围。

解：当 $a < -1$ 时，有 $f'(x) = \dfrac{2ax^2 + (a+1)}{x} < 0$，则 $f(x)$ 在 $(0, +\infty)$ 上为减函数。

不妨设 $x_1 < x_2$，则有 $f(x_1) > f(x_2)$，从而有 $\dfrac{f(x_1) - f(x_2)}{x_1 - x_2} < -4$，即得

$f'(x) \leqslant -4$ 。

即 $f'(x) = \dfrac{2ax^2 + (a+1)}{x} \leqslant -4$ 在 $x \in (0, +\infty)$ 恒成立。

即得 $a \leqslant -\dfrac{4x+1}{2x^2+1}$ 在 $x \in (0, +\infty)$ 恒成立，令 $g(x) = -\dfrac{4x+1}{2x^2+1}(x>0)$ ，

可得 $g'(x) = \dfrac{4(x+1)(2x-1)}{(2x^2+1)^2}$ 。

当 $0 < x < \dfrac{1}{2}$ 时，$g'(x) < 0$ ；当 $x > \dfrac{1}{2}$ 时，$g'(x) > 0$ 。

当 $x = \dfrac{1}{2}$ 时，$g(x)_{\min} = g\left(\dfrac{1}{2}\right) = -2$ ，从而 $a \leqslant -2$ 为所求。

例 2. 若 $\dfrac{1}{1+x} < \dfrac{\ln x}{2a(x-1)}$ 对任意的 $x \in (0, 1)$ 恒成立，求实数 a 的取值范围。

解法一：易知 $a > 0$ ，则有 $2a < \dfrac{(x+1)\ln x}{x-1}$ ，$x \in (0, 1)$ 恒成立。

令 $f(x) = (x+1)\ln x$ ，$f(1) = 0$ ，则 $2a < \dfrac{(x+1)\ln x}{x-1} = \dfrac{f(x)-f(1)}{x-1}$ ，

因为 $f'(x) = \ln x + \dfrac{x+1}{x}$ ，$f''(x) = \dfrac{1}{x} - \dfrac{1}{x^2} = \dfrac{x-1}{x^2} < 0$ ，$x \in (0, 1)$ ，

所以，函数 $f(x) = (x+1)\ln x$ 为下凹函数，则 $f'(1) \leqslant \dfrac{f(x)-f(1)}{x-1} \leqslant f'(0)$ ，

则有 $2a \leqslant f'(1)$ ，而 $f'(x) = \ln x + \dfrac{x+1}{x}$ ，$f'(1) = 2$ ，

$\therefore 0 < a \leqslant 1$ 为所求。

解法二：易知 $a > 0$ ，则有 $2a < \dfrac{(x+1)\ln x}{x-1}$ ，$x \in (0, 1)$ 恒成立。

令 $f(x) = \dfrac{(x+1)\ln x}{x-1}$ ，则 $f'(x) = \dfrac{x^2 - 2x\ln x - 1}{(x-1)^2}$ ，$x \in (0, 1)$ 。

又令 $g(x) = x^2 - 2x\ln x - 1$ ，则 $g'(x) = 2x - 2\ln x - 2 = 2(x - 1 - \ln x) > 0$ ，

则 $g(x) = x^2 - 2x\ln x - 1$ 在 $(0, 1)$ 为增函数，则有 $g(x) < g(1) = 0$ ，

即 $f'(x) = \dfrac{g(x)}{x(x-1)^2} < 0$ ，$x \in (0, 1)$ ，即 $f(x) = \dfrac{(x+1)\ln x}{x-1}$ 在 $(0, 1)$

为减函数。

而 $\lim\limits_{x \to 1^-} f(x) = \lim\limits_{x \to 1^-} \dfrac{(x+1)\ln x}{x-1} = \lim\limits_{x \to 1^-}\left[\ln x + \dfrac{x+1}{x}\right] = 2$（洛比达法则），

从而知 $f(x) > 2$，于是有 $2a \leqslant 2$，且 $a > 0$，则 $0 < a \leqslant 1$ 为所求。

例 3. 设函数 $f(x) = \dfrac{\sin x}{2 + \cos x}$，如果对任何 $x \geqslant 0$，都有 $f(x) \leqslant ax$，求 a 的取值范围。

解法一：令 $g(x) = ax - f(x)$，则

$$g'(x) = a - \dfrac{2\cos x + 1}{(2 + \cos x)^2} = a - \dfrac{2}{2 + \cos x} + \dfrac{3}{(2 + \cos x)^2},$$

令 $t = \dfrac{1}{2 + \cos x}$，则 $\dfrac{1}{3} \leqslant t \leqslant 1$，

$$F'(t) = a - 2t + 3t^2 = 3\left(t - \dfrac{1}{3}\right)^2 + a - \dfrac{1}{3},$$

则当 $a \geqslant \dfrac{1}{3}$ 时，有 $F'(t) \geqslant 0$，即有 $g'(x) \geqslant 0$。

当 $a < \dfrac{1}{3}$ 时，由 $3t^2 - 2t + a < 0$，有 $\dfrac{1 - \sqrt{1 - 3a}}{3} < t < \dfrac{1 + \sqrt{1 - 3a}}{3}$，

易知 $\dfrac{1}{3} < \dfrac{1 + \sqrt{1 - 3a}}{3}$。

则当 $t \in \left(\dfrac{1 - \sqrt{1 - 3a}}{3}, \dfrac{1 + \sqrt{1 - 3a}}{3}\right) \cap \left[\dfrac{1}{3}, 1\right]$ 时，有 $F'(t) < 0$，相应有 x 满足 $g'(x) < 0$，

综上，得 a 的取值范围是 $\left[\dfrac{1}{3}, +\infty\right)$。

解法二：$f(x) = \dfrac{\sin x}{2 + \cos x} \leqslant ax$。

① 若 $x = 0$，则 $a \in \mathbf{R}$；

② 若 $x > 0$，则 $\dfrac{\sin x}{2 + \cos x} \leqslant ax$ 等价于 $a \geqslant \dfrac{\sin x}{x(2 + \cos x)}$，

令 $g(x) = \dfrac{\sin x}{x(2 + \cos x)}$，

则 $g'(x) = \dfrac{2x\cos x - 2\sin x - \sin x\cos x + x}{x^2(2 + \cos x)^2}$。

记 $h(x) = 2x\cos x - 2\sin x - \sin x\cos x + x$，

$$h'(x) = 2\cos x - 2x\sin x - 2\cos x - \cos 2x + 1$$

$$= -2x\sin x - \cos 2x + 1 = 2\sin^2 x - 2x\sin x = 2\sin x(\sin x - x),$$

因此，当 $x \in (0, \pi)$ 时，$h'(x) < 0$，$h(x)$ 在 $(0, \pi)$ 上单调递减，且 $h(0) = 0$，

故 $g'(x) < 0$，所以 $g(x)$ 在 $(0, \pi)$ 上单调递减，

而 $\lim\limits_{x \to 0} g(x) = \lim\limits_{x \to 0} \dfrac{\sin x}{x(2 + \cos x)} = \lim\limits_{x \to 0} \dfrac{\cos x}{2 + \cos x - x\sin x} = \dfrac{1}{3}$。

另一方面，当 $x \in [\pi, +\infty)$ 时，$g(x) = \dfrac{\sin x}{x(2 + \cos x)} \leqslant \dfrac{1}{x} \leqslant \dfrac{1}{\pi} < \dfrac{1}{3}$，因此 $a \geqslant \dfrac{1}{3}$。

解法三： ①当 $x = 0$ 时，$a \in \mathbf{R}$。

②当 $x > 0$ 时，可得 $a \geqslant \dfrac{f(x)}{x}$，易知 $f(0) = 0$，则 $\dfrac{f(x)}{x} = \dfrac{f(x) - f(0)}{x - 0}$。

而 $f'(x) = \dfrac{\cos x(2 + \cos x) - \sin x(-\sin x)}{(2 + \cos x)^2} = \dfrac{2\cos x + 1}{(2 + \cos x)^2}$，

$$f''(x) = \dfrac{2\sin x(\cos x - 1)}{(2 + \cos x)^3} < 0,\ x \in (0, \pi),$$

则函数 $f(x) = \dfrac{\sin x}{2 + \cos x}$ 在 $x \in (0, \pi)$ 为下凹函数，

则有 $f'(\pi) < \dfrac{f(x) - f(0)}{x - 0} < f'(0)$。

从而，$a \geqslant f'(0)$，又 $f'(0) = \dfrac{1}{3}$，于是 $a \geqslant \dfrac{1}{3}$。

因此，由①②知 a 的取值范围是 $\left[\dfrac{1}{3}, +\infty\right)$。

例 4. 设函数 $f(x) = (x+1)\ln(x+1)$，若对所有的 $x \geqslant 0$ 都有 $f(x) \geqslant ax$ 成立，求实数 a 的取值范围。

解法一：① 当 $x = 0$ 时，$a \in \mathbf{R}$，

② 当 $x > 0$ 时，$a \leqslant \dfrac{f(x)}{x}$，令 $g(x) = \dfrac{f(x)}{x} = \dfrac{(x+1)\ln(x+1)}{x}$，

$$g'(x) = \dfrac{[\ln(x+1) + 1]x - (x+1)\ln(x+1)}{x^2} = \dfrac{x - \ln(x+1)}{x^2},$$

∵ $x > 0$ 时，$\ln(x + 1) < x$ ，则知 $g'(x) > 0$ 。从而 $g(x)$ 在 $(0, +\infty)$ 为增函数。

又 $\lim\limits_{x \to 0^+} g(x) = \lim\limits_{x \to 0^+} \dfrac{(x + 1)\ln(x + 1)}{x} = \lim\limits_{x \to 0^+} \dfrac{\ln(x + 1) + (x + 1) \times \dfrac{1}{(x + 1)}}{1}$

$= 1$ ，∴ $g(x) > 1$ ，从而，$a \leqslant 1$ ，由①②知 a 的取值范围是 $(-\infty, 1]$ 。

解法二：① 当 $x = 0$ 时，$a \in \mathbf{R}$;

② 当 $x > 0$ 时，$a \leqslant \dfrac{f(x)}{x}$ ，

令 $g(x) = \dfrac{f(x)}{x} = \dfrac{(x + 1)\ln(x + 1)}{x} = \dfrac{f(x) - f(0)}{x - 1}$ ，

而 $f'(x) = \ln(x + 1) + 1$ ，$f''(x) = \dfrac{1}{x + 1} > 0$ ，则 $f(x)$ 在 $(0, +\infty)$ 为下凸函数。

则 $\dfrac{(x + 1)\ln(x + 1)}{x} = \dfrac{f(x) - f(0)}{x - 0} > f'(0)$ ，而 $f'(0) = 1$ ，于是 $a \leqslant 1$ 。

由①②知 a 的取值范围是 $(-\infty, 1]$ 。

例5. 设函数 $f(x) = \mathrm{e}^x - \mathrm{e}^{-x}$ 。若对所有 $x \geqslant 0$ 都有 $f(x) \geqslant ax$ ，求 a 的取值范围。

解法一：令 $g(x) = f(x) - ax$ ，则 $g'(x) = f'(x) - a = \mathrm{e}^x + \mathrm{e}^{-x} - a$ 。

①若 $a \leqslant 2$ ，当 $x > 0$ 时，$g'(x) = \mathrm{e}^x + \mathrm{e}^{-x} - a > 2 - a \geqslant 0$ ，

故 $g(x)$ 在 $(0, +\infty)$ 上为增函数，

所以，$x \geqslant 0$ 时，$g(x) \geqslant g(0)$ ，即 $f(x) \geqslant ax$;

②若 $a > 2$ ，方程 $g'(x) = 0$ 的正根为 $x_1 = \ln\dfrac{a + \sqrt{a^2 - 4}}{2}$ ，

此时，若 $x \in (0, x_1)$ ，则 $g'(x) < 0$ ，故 $g(x)$ 在该区间为减函数，

所以，$x \in (0, x_1)$ 时，$g(x) < g(0) = 0$ ，即 $f(x) < ax$ ，与题设 $f(x) \geqslant ax$ 矛盾。

综上，满足条件的 a 的取值范围是 $(-\infty, 2]$ 。

解法二：① 当 $x = 0$ 时，$a \in \mathbf{R}$ ，

② 当 $x > 0$ 时，$a < \dfrac{f(x)}{x}$ ，∵ $f(0) = 0$ ，$\dfrac{f(x)}{x} = \dfrac{f(x) - f(0)}{x - 0}$ ，

因 $f'(x) = e^x + e^{-x}$, $f''(x) = e^x - e^{-x} > 0$, 则 $f(x)$ 在 $(0, +\infty)$ 为下凸函数。

$$\frac{f(x)}{x} = \frac{f(x) - f(0)}{x - 0} \geq f'(0) , \therefore a \leq f'(0) ,$$

而 $f'(x) = e^x + e^{-x}$, $f'(0) = 2$, $a \leq 2$, 由①②知 a 的取值范围是 $(-\infty, 2]$。

例 6. 设函数 $f(x) = 1 - e^{-x}$ 。

(1) 证明：当 $x > -1$ 时,$f(x) \geq \dfrac{x}{x + 1}$ ；

(2) 设当 $x \geq 0$ 时,$f(x) \leq \dfrac{x}{ax + 1}$, 求 a 的取值范围。

证明：(1) 当 $x > -1$ 时,$f(x) \geq \dfrac{x}{x + 1}$, 当且仅当 $e^x \geq 1 + x$ 。

令 $g(x) = e^x - x - 1$, 则 $g'(x) = e^x - 1$ 。

当 $x \geq 0$ 时,$g'(x) \geq 0$,$g(x)$ 在 $[0, +\infty)$ 上是增函数；

当 $x \leq 0$ 时,$g'(x) \leq 0$,$g(x)$ 在 $(-\infty, 0]$ 上是减函数；

于是 $g(x)$ 在 $x = 0$ 处达到最小值, 因而当 $x \in \mathbf{R}$ 时,$g(x) \geq g(0)$,

即 $e^x \geq 1 + x$, 所以当 $x > -1$ 时,$f(x) \geq \dfrac{x}{x + 1}$ 。

(2) 解法一：由题设 $x \geq 0$, 此时 $f(x) \geq 0$ 。

当 $a < 0$ 时, 若 $x > -\dfrac{1}{a}$, 则 $\dfrac{x}{ax + 1} < 0$,$f(x) \leq \dfrac{x}{ax + 1}$ 不成立；

当 $a \geq 0$ 时, 令 $h(x) = axf(x) + f(x) - x$,

则 $f(x) \leq \dfrac{x}{ax + 1}$, 当且仅当 $h(x) \leq 0$ 。

$$h'(x) = af(x) + axf'(x) + f'(x) - 1 = af(x) + axe^{-x} + e^{-x} - 1$$
$$= af(x) - axf(x) + ax - f(x) 。$$

① 当 $0 \leq a \leq \dfrac{1}{2}$ 时, 由 (1) 知 $x \leq (x + 1)f(x)$,

则 $h'(x) \leq af(x) - axf(x) + a(x + 1)f(x) - f(x) = (2a - 1)f(x) \leq 0$,

$h(x)$ 在 $[0, +\infty)$ 是减函数,$h(x) \leq h(0) = 0$, 即 $f(x) \leq \dfrac{x}{ax + 1}$ 。

② 当 $a > \dfrac{1}{2}$ 时，由①知 $x \geqslant f(x)$ ，

则 $h(x) = af(x) - axf(x) + ax - f(x) \geqslant af(x) - axf(x) + af(x) - f(x)$

$\qquad = (2a - 1 - ax)f(x)$ ，

当 $0 < x < \dfrac{2a - 1}{a}$ 时，$h'(x) > 0$ ，

所以 $h(x) > h(0) = 0$ ，即 $f(x) > \dfrac{x}{ax + 1}$ 。

综上，a 的取值范围是 $\left[0, \dfrac{1}{2}\right]$ 。

解法二：由题设 $x \geqslant 0$ ，此时 $f(x) \geqslant 0$ 。

当 $a < 0$ 时，若 $x > -\dfrac{1}{a}$ ，则 $\dfrac{x}{ax + 1} < 0$ ，$f(x) \leqslant \dfrac{x}{ax + 1}$ 不成立；从而 $a \geqslant 0$ 。

① 当 $x = 0$ 时，$a \geqslant 0$ 。

② 当 $x > 0$ 时，由已知有 $0 < \dfrac{\mathrm{e}^x - 1}{\mathrm{e}^x} \leqslant \dfrac{x}{ax + 1}$ ，即得 $a - 1 \leqslant \dfrac{x + 1 - \mathrm{e}^x}{x(\mathrm{e}^x - 1)}$ ，

令 $g(x) = \dfrac{x + 1 - \mathrm{e}^x}{x(\mathrm{e}^x - 1)}$ ，则 $g'(x) = \dfrac{\mathrm{e}^{2x} - \mathrm{e}^x(x^2 + 2) + 1}{(\mathrm{e}^x - 1)^2 x^2}$ ，

又令 $h(x) = \mathrm{e}^{2x} - \mathrm{e}^x(x^2 + 2) + 1$ ，则 $h'(x) = 2\mathrm{e}^x\left(\mathrm{e}^x - \dfrac{1}{2}x^2 - x - 1\right)$ ，

再令 $\varphi(x) = \mathrm{e}^x - \dfrac{1}{2}x^2 - x - 1$ ，则 $\varphi'(x) = \mathrm{e}^x - (x + 1) > 0$ ，$x > 0$ ，

知 $\varphi(x)$ 在 $x > 0$ 为增函数。

则有 $\varphi(x) > \varphi(0) = 0$ ，即知 $h'(x) > 0$ ，$h(x) > h(0) = 0$ ，

则 $g'(x) > 0$ ，可知 $g(x)$ 在 $x > 0$ 为增函数。

$\because \lim\limits_{x \to 0^+} \dfrac{x + 1 - \mathrm{e}^x}{x(\mathrm{e}^x - 1)} = \lim\limits_{x \to 0^+} \dfrac{1 - \mathrm{e}^x}{\mathrm{e}^x - 1 + x\mathrm{e}^x} = \lim\limits_{x \to 0^+} \dfrac{-\mathrm{e}^x}{(x + 2)\mathrm{e}^x} = -\dfrac{1}{2}$ 。（二次使用洛比达法则）

$\therefore a - 1 \leqslant -\dfrac{1}{2}$ ，即 $a \leqslant \dfrac{1}{2}$ 。

综上，a 的取值范围是 $\left[0, \dfrac{1}{2}\right]$ 。

例 7. 设函数 $f(x) = e^x - 1 - x - ax^2$，若当 $x \geqslant 0$ 时，$f(x) \geqslant 0$，求 a 的取值范围。

解法一：$f'(x) = e^x - 1 - 2ax$，由（1）知 $e^x \geqslant 1 + x$，当且仅当 $x = 0$ 时等号成立。

故 $f'(x) \geqslant x - 2ax = (1 - 2a)x$，从而当 $1 - 2a \geqslant 0$，

即 $a \leqslant \dfrac{1}{2}$ 时，$f'(x) \geqslant 0$（$x \geqslant 0$），

而 $f(0) = 0$，于是当 $x \geqslant 0$ 时，$f(x) \geqslant 0$。

由 $e^x \geqslant 1 + x$（$x \neq 0$），可得 $e^{-x} > 1 - x$（$x \neq 0$），

从而当 $a > \dfrac{1}{2}$ 时，

$f'(x) = e^x - 1 - 2ax < e^x - 1 + 2a(e^{-x} - 1) = e^{-x}(e^x - 1)(e^x - 2a)$。

故当 $x \in (0, \ln2a)$ 时，$f'(x) < 0$，而 $f(0) = 0$，

于是当 $x \in (0, \ln2a)$ 时，$f(x) < 0$，

综上，得 a 的取值范围是 $\left(-\infty, \dfrac{1}{2} \right]$。

解法二：① 当 $x = 0$ 时，$a \in \mathbf{R}$。

② 当 $x > 0$ 时，由已知可得 $a \leqslant \dfrac{e^x - x - 1}{x^2}$ 恒成立。

令 $g(x) = \dfrac{e^x - x - 1}{x^2}$，$g'(x) = \dfrac{(x - 2)e^x + x + 2}{x^3}$，

又令 $h(x) = (x - 2)e^x + x + 2$，$h'(x) = (x - 1)e^x + 1 > 0(x > 0)$，

则 $h(x) > h(0) = 0$，即得 $g'(x) = \dfrac{h(x)}{x^2} > 0$，则 $g(x)$ 为增函数。

$\therefore \lim\limits_{x \to 0^+} \dfrac{e^x - x - 1}{x^2} = \lim\limits_{x \to 0^+} \dfrac{e^x - 1}{2x} = \lim\limits_{x \to 0^+} \dfrac{e^x}{2} = \dfrac{1}{2}$（二次使用洛比达法则），

则 $g(x) > \dfrac{1}{2}$，从而 $a \leqslant \dfrac{1}{2}$，

由①②知 a 的取值范围是 $\left(-\infty, \dfrac{1}{2} \right]$。

例 8. 已知函数 $f(x) = x^2 + 2x - m\ln x$，$m \in \mathbf{R}$，当 $t > 1$ 时，不等式 $f(2t - 1) \geqslant 2f(t) - 3$ 恒成立，求实数 m 的取值范围。

解法一：由已知有 $2t^2 + m\ln t^2 \geq 2(2t - 1) + m\ln(2t - 1)$ ，

令 $g(x) = 2x + m\ln x(x > 1)$ ，则有 $g(t^2) \geq g(2t - 1)$ 。

又 $t^2 > 2t - 1(t > 1)$ ，

知 $g(x) = 2x + m\ln x(x > 1)$ 为增函数，

则 $g'(x) = 2 + \dfrac{m}{x} \geq 0$ ， $x > 1$ 恒成立。

即 $m \geq -2x$ ， $x > 1$ 恒成立，从而得 $m \geq -2$ 为所求。

解法二：易知 $f(1) = 3$ ，则原不等式即为 $f(2t - 1) + f(1) \geq 2f(t)$ ，

即得 $\dfrac{f(2t - 1) + f(1)}{2} \geq f\left(\dfrac{(2t - 1) + 1}{2}\right)$ ，知 $f(x)$ 为区间上的下凸函数，

可得 $f''(t) \geq 0$ ，即有 $2 + \dfrac{m}{t^2} \geq 0$ 在 $t > 1$ 恒成立，即 $m \geq -2t^2$ 在 $t > 1$ 恒成立。

从而得 $m \geq -2$ 为所求。

例9. 已知函数 $f(x) = (x - 2)e^x + a(x - 1)^2$ 有两个零点。

（1）求 a 的取值范围；

（2）设 x_1 ， x_2 是 $f(x)$ 的两个零点，证明： $x_1 + x_2 < 2$ 。

解：（1）方法一： $f'(x) = (x - 1)(e^x + 2a)$ 。

当 $a = 0$ 时，则 $f(x) = (x - 2)e^x$ ， $f(x)$ 只有一个零点。

当 $a > 0$ 时，当 $x < 1$ 时， $f'(x) < 0$ ，当 $x > 1$ 时， $f'(x) > 0$ 。

所以 $f(x)$ 在 $(-\infty, 1)$ 上单调递减，在 $(1, +\infty)$ 上单调递增。

又 $f(1) = -e$ ， $f(2) = a$ ，取 b 满足 $b < 0$ 且 $b < \ln\dfrac{a}{2}$ ，

则 $f(b) > \dfrac{a}{2}(b - 2) + a(b - 1)^2 = a\left(b^2 - \dfrac{3}{2}b\right) > 0$ ，

故 $f(x)$ 存在两个零点。

当 $a < 0$ 时，由 $f'(x) = 0$ 得， $x = 1$ 或 $x = \ln(-2a)$ 。

若 $a \geq -\dfrac{e}{2}$ 时，则 $\ln(-2a) \leq 1$ ，故当 $x > 1$ 时， $f'(x) > 0$ ，

即 $f(x)$ 在 $(1, +\infty)$ 上单调递增。

又当 $x \leq 1$ 时， $f(x) < 0$ ，所以不存在两个零点。

若 $a < -\dfrac{e}{2}$ 时，则 $\ln(-2a) > 1$ ，故当 $x \in (1, \ln(-2a))$ 时，$f'(x) < 0$ ；

当 $x \in (\ln(-2a), +\infty)$ 时，$f'(x) > 0$ ，

因此 $f(x)$ 在 $(1, \ln(-2a))$ 单调递减，在 $(\ln(-2a), +\infty)$ 单调递增，

又当 $x \leqslant 1$ 时，$f(x) < 0$ ，所以不存在两个零点，

综上，a 的取值范围为 $(0, +\infty)$ 。

方法二：易知 $x = 1$ 不是 $f(x)$ 的零点，由 $f(x) = 0$ 可得 $-a = \dfrac{(x-2)e^x}{(x-1)^2}$ ，

令 $g(x) = \dfrac{(x-2)e^x}{(x-1)^2}$ ，$g'(x) = \dfrac{(x-2)^2 + 1}{(x-2)^3}e^x$ ，

则当 $x < 1$ 时，$g'(x) < 0$ ；当 $x > 1$ 时，$g'(x) > 0$ ，

即 $g(x)$ 在 $(-\infty, 1)$ 为减函数，在 $(1, +\infty)$ 为增函数。

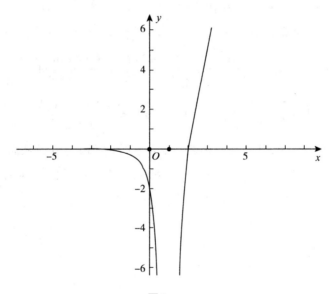

图1

$\therefore \lim\limits_{x \to -\infty} g(x) = \lim\limits_{x \to -\infty} \dfrac{(x-2)e^x}{(x-1)^2} = \lim\limits_{x \to -\infty} \dfrac{(x-1)e^x}{2(x-1)} = \lim\limits_{x \to -\infty} \dfrac{e^x}{2} = 0$ 。（$\dfrac{\infty}{\infty}$型，用

洛比达法则）

当 $x \to +\infty$ 时，$g(x) \to +\infty$ ；当 $x \to 1$ 时，$g(x) \to -\infty$ 。

由此可作出 $y = g(x)$ 的大致图像（图1），

要满足题意，则 $-a < 0$ ，从而 $a > 0$ 。

（2）由（1）知，令 $g(x) = \dfrac{(x-2)e^x}{(x-1)^2}$，则 $g(x_1) = g(x_2)$，$x_1 < 1 < x_2$，

设 $m > 0$，则 $g(1+m) - g(1-m) = \dfrac{m-1}{m^2}e^{1+m} - \dfrac{-m-1}{m^2}e^{1-m} = \dfrac{m+1}{m^2}e^{1-m}\left(\dfrac{m-1}{m+1}e^{2m} + 1\right)$。

令 $h(m) = \dfrac{m-1}{m+1}e^{2m} + 1$，$m > 0$，易知，$h(m)$ 在 $(0, +\infty)$ 为增函数，则 $h(m) > h(0) = 0$ 恒成立。即 $g(1+m) > g(1-m)$ 恒成立，令 $m = 1 - x_1$，则 $g(2-x_1) > g(x_1) = g(x_2)$。

由 $2 - x_1 > 1$，$x_2 > 1$，从而得 $2 - x_1 > x_2$，即 $x_1 + x_2 < 2$。

另证：由（1）知，可设 $x_1 < 1 < x_2$，则 $2 - x_1 \in (1, +\infty)$，

又 $g(x)$ 在 $(1, +\infty)$ 为增函数，

要证 $x_1 + x_2 < 2$，即 $x_2 < 2 - x_1$，即证 $g(2-x_1) > g(x_2) = g(x_1)$。

$\because g(2-x_1) - g(x_1) = \dfrac{-x_1 e^{2-x_1}}{(x_1-1)^2} - \dfrac{(x_1-2)e^{x_1}}{(x_1-1)^2} = \dfrac{(2-x_1)e^{x_1}}{(x_1-1)^2}\left(1 - \dfrac{x_1}{2-x_1}e^{2-2x_1}\right)$，

令 $h(x) = 1 - \dfrac{x}{2-x}e^{2-2x}$（$x < 1$），$h'(x) = \dfrac{-2(x-1)^2}{(x-2)^2}e^{2-2x} < 0$，

则 $h(x)$ 在 $(-\infty, 1)$ 为减函数，则 $h(x) > h(1) = 0$，从而 $h(x_1) > 0$。即有 $g(2-x_1) > g(x_1) = g(x_2)$，即 $x_2 < 2 - x_1$，即 $x_1 + x_2 < 2$。

"三教"引领高中数学"一题一课、多解变式"

"三教"引领教学，不论在概念课、习题课，还是在"一题一课、多解变式"教学中，在课堂中围绕"教思考、教体验、教表达"进行教学就能实现数学核心素养目标。本文拟从一道高考试题的多解变式出发，对高考试题解答教学中如何实施"三教"引领。在高考复习、冲刺阶段如何贯彻"三教"在高中数学"一题一课、多解变式"的教学。让学生在解题过程中，明白长了什么见识、悟了什么道理。在高考复习阶段，围绕"三教"引领，通过一些典型问题的解答，让学生到达真正理解和掌握知识点和考点，实现"减负提质、课堂高效"的教学效果。

下面以一道高考题为例，体验"三教"引领下的"一题多解、多解变式"教学。

问题：已知抛物线 $C: y^2 = 4x$ 的焦点为 F，其准线 l 与 x 轴相交于点 M，过点 M 作斜率为 k 的直线与抛物线 C 相交于 A，B 两点，若 $\angle AFB = 60°$，则 $k =$ _____ 。

一、"三教"引领下的一题多解

（一）探索一

1. 引导学生理解题意多思考

从题目已知中间接可知点 F 和 M 的坐标，如果围绕已知 $\angle AFB = 60°$ 来求解，可先把 $\overrightarrow{FA}$，$\overrightarrow{FB}$ 表示出来，利用 $\cos \langle \overrightarrow{FA}, \overrightarrow{FB} \rangle = \cos \angle AFB = \cos 60° = \dfrac{1}{2}$ 建立关系式，这是一种常规解法。

2. 确立解题方法并进行体验

引导学生按理解的解题思路进行解题体验。

3. 教会学生规范书面表达

解：由已知得 $M(-1, 0)$，$F(1, 0)$，

设 AB 的直线方程为 $y = k(x + 1)$，代入抛物线 $C: y^2 = 4x$，得

$k^2 x^2 + 2(k^2 - 2)x + k^2 = 0$，有 $\Delta = -16k^2 + 16 > 0$，$k^2 < 1$。

设 $A(x_1, y_1)$，$B(x_2, y_2)$，则 $x_1 + x_2 = \dfrac{4 - 2k^2}{k^2}$，$x_1 x_2 = 1$，

$\overrightarrow{FA} = (x_1 - 1, y_1)$，$\overrightarrow{FB} = (x_2 - 1, y_2)$，

由抛物线的定义，易知 $|\overrightarrow{FA}| = x_1 + 1$，$|\overrightarrow{FB}| = x_2 + 1$，

又 $y_1 = k(x_1 + 1)$，$y_2 = k(x_2 + 1)$，

$$\cos \angle AFB = \cos <\overrightarrow{FA}, \overrightarrow{FB}> = \frac{\overrightarrow{FA} \cdot \overrightarrow{FB}}{|\overrightarrow{FA}| \cdot |\overrightarrow{FB}|},$$

则有 $\cos 60° = \dfrac{(x_1 - 1)(x_2 - 1) + y_1 y_2}{(x_1 + 1)(x_2 + 1)} = \dfrac{x_1 x_2 - (x_1 + x_2) + 1}{x_1 x_2 + (x_1 + x_2) + 1} + k^2$，

即 $\dfrac{1}{2} = \dfrac{2 - \dfrac{4 - 2k^2}{k^2}}{2 + \dfrac{4 - 2k^2}{k^2} + k^2} \Rightarrow k^2 = \dfrac{3}{4} \Rightarrow k = \pm \dfrac{\sqrt{3}}{2}$。

4. 总结反思

着眼于已知 $\angle AFB = 60°$ 来求解，是一种十分常见的思路，学生容易想到，只是运算量较大。我们应认真思考在这种解法中要注意些什么？给我们留下了什么值得思考的东西？

（二）探索二

1. 引导学生理解题意多思考

从题目已知中间接可知点 F 和 M 的坐标，先不考虑 $\angle AFB = 60°$，而是寻找另外两角 $\angle AFM$，$\angle BFG$ 的关系，用几何知识辅助求解。

2. 确立解题方法并进行体验

引导学生按理解的解题思路进行解题体验，并灵活运用平面几何知识作答。

3. 教会学生规范书面表达

解：如图1，设 $\angle AME = \alpha$，$\angle AFE = \beta$，$\angle BFG = \theta$，

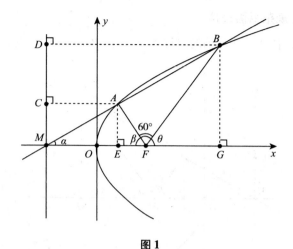

图1

由抛物线定义，有 $|ME| = |AC| = |AF|$，$|MG| = |BD| = |BF|$，

则有 $\tan\alpha = \dfrac{|AE|}{|ME|} = \dfrac{|AE|}{|AF|} = \sin\beta$。

又 $\tan\alpha = \dfrac{|BG|}{|MG|} = \dfrac{|BG|}{|BF|} = \sin\theta$，故 $\sin\beta = \sin\theta$，β，$\theta \in (0°, 90°)$，

则 $\beta = \theta$。

又 $\angle AFB = 60°$，则 $\beta = \theta = 60°$，则 $\tan\alpha = \sin\theta = \sin 60° = \dfrac{\sqrt{3}}{2}$，

又由对称性，则 $k = \pm\dfrac{\sqrt{3}}{2}$。

4. 总结反思

巧妙使用平面几何知识来解答解析几何是一种不错的策略，本解答充分抓住抛物线的定义和解三角形的简单知识，巧妙灵活地解答本题。

（三）探索三

1. 引导学生理解题意多思考

从题目已知中间接可知点 F 和 M 的坐标，应用抛物线的对称性，巧妙求出 $\beta = \theta = 60°$，充分利用抛物线的对称性。

2. 确立解题方法并进行体验

引导学生按理解的解题思路进行解题体验，并利用常规解析几何方法完成后续求斜率。

3. 教会学生规范书面表达

解：如图 2，作 A 关于 x 轴的对称点 A'，由 B，F，A' 三点共线，知 $\beta = \theta$。

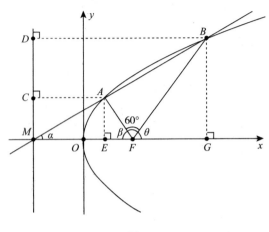

图 2

又 $\angle AFB = 60°$，则 $\beta = \theta = 60°$，

则直线 BF：$y = \sqrt{3}(x - 1)$，由 $\begin{cases} y = \sqrt{3}(x - 1) \\ y^2 = 4x \end{cases} \Rightarrow 3(x - 1)^2 = 4x$，

即 $3x^2 - 10x + 3 = 0$，解得 $x_B = 3$，则 $y_B = 2\sqrt{3}$。

即得 $B(3, 2\sqrt{3})$，则 $k_{MB} = \dfrac{2\sqrt{3}}{4} = \dfrac{\sqrt{3}}{2}$，

由对称性可得，$k = \pm\dfrac{\sqrt{3}}{2}$。

4. 总结反思

此种解法是充分应用抛物线的对称性，巧妙求出 $\beta = \theta = 60°$，然后利用常规解析法求出结果。

（四）探索四

1. 引导学生理解题意多思考

从题目已知中间接可知点 F 和 M 的坐标，应用抛物线的对称性，巧妙求出 $\beta = \theta = 60°$，然后利用二级结论 $|BF| = \dfrac{p}{1 - \cos\theta}$ 求出 $|BF|$。

2. 确立解题方法并进行体验

引导学生按理解的解题思路进行解题体验，并利用常规解直角三角形知识

求出斜率。

3. 教会学生规范书面表达

解：如图 3，作 A 关于 x 轴的对称点 A'，由 B，F，A' 三点共线，知 $\beta = \theta$。

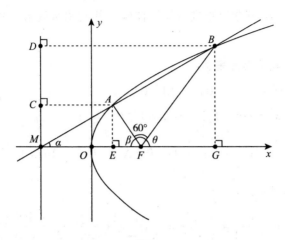

图 3

又 $\angle AFB = 60°$，则 $\beta = \theta = 60°$，

则 $|BF| = \dfrac{p}{1 - \cos\theta} = \dfrac{2}{1 - \dfrac{1}{2}} = 4$，

从而 $|BG| = 2\sqrt{3}$，$|FG| = 2$，

于是 $|MG| = |MF| + |FG| = 4$，

$k_{MB} = \tan\alpha = \dfrac{|BG|}{|MG|} = \dfrac{2\sqrt{3}}{4} = \dfrac{\sqrt{3}}{2}$，

由对称性可得，$k = \pm\dfrac{\sqrt{3}}{2}$。

4. 总结反思

此种解法是充分应用抛物线的对称性，巧妙求出 $\beta = \theta = 60°$，然后利用二级结论 $|BF| = \dfrac{p}{1 - \cos\theta}$ 求出 $|BF|$，再利用抛物线定义及解直角三角形求出斜率。

（五）探索五

1. 引导学生理解题意多思考

从题目已知中间接可知点 F 和 M 的坐标，通过常规解析法探索出 $k_{FA} + k_{FB}$

$= 0$ ，得到 $\angle MFA = \angle BMG$ ，又 $\angle AFB = 60°$ ，可得 $\angle MFA = \angle BMG = 60°$ ，然后进行后续步骤求出斜率。

2. 确立解题方法并进行体验

引导学生按 1 的解题思路进行解题体验，并利用常规解直角三角形知识完求斜率。

3. 教会学生规范书面表达

解：由已知有 $M(-1, 0)$ ，$F(1, 0)$ 。

设直线 $AB : x = my - 1$ ，$A(x_1, y_1)$ ，$B(x_2, y_2)$ ，

由 $\begin{cases} x = my - 1 \\ y^2 = 4x \end{cases} \Rightarrow y^2 - 4my + 4 = 0$ ，$\Delta = 16m^2 - 16 > 0$ ，得 $m^2 > 1$ ，

得 $y_1 + y_2 = 4m$ ，$y_1 y_2 = 4$ ，

则 $k_{FA} + k_{FB} = \dfrac{y_1}{x_1 - 1} + \dfrac{y_2}{x_2 - 1} = \dfrac{y_1}{my_1 - 2} + \dfrac{y_2}{my_2 - 2} = \dfrac{2my_1 y_2 - 2(y_1 + y_2)}{(my_1 - 2)(my_2 - 2)}$

$$= \dfrac{8m - 8m}{(my_1 - 2)(my_2 - 2)} = 0 ，$$

从而 $\angle MFA = \angle BMG$ ，又 $\angle AFB = 60°$ ，可得 $\angle MFA = \angle BMG = 60°$ ，

则 $|BG| = \sqrt{3}|FG|$ ，于是 $|y_2| = \sqrt{3}(x_2 - 1)$ ，

由 $y_2^2 = 4x_2$ ，有 $3(x_2 - 1)^2 = 4x_2$ ，解得 $x_2 = 3$ ，则 $y_2 = \pm 2\sqrt{3}$ ，

则 $k = \dfrac{y_2}{x_2 + 1} = \pm \dfrac{\sqrt{3}}{2}$ 。

4. 总结反思

本解法用的是常规解析法，适合学生的认知水平。

二、"三教"引领下的一题多变

由上述几种解法中可以归纳出如下几个变式题。

变式一：已知抛物线 $C : y^2 = 2px$ 的焦点为 F ，其准线 l 与 x 轴相交于点 M ，过点 M 作直线与抛物线 C 相交于 A ，B 两点。求证：$k_{FA} + k_{FB} = 0$ 。

解：由已知有 $M\left(-\dfrac{p}{2}, 0\right)$ ，$F\left(\dfrac{p}{2}, 0\right)$ 。

设直线 $AB : x = my - \dfrac{p}{2}$ ，$A(x_1, y_1)$ ，$B(x_2, y_2)$ ，

由 $\begin{cases} x = my - \dfrac{p}{2} \\ y^2 = 2px \end{cases} \Rightarrow y^2 - 2pmy + p^2 = 0$，$\Delta = 4p^2m^2 - 4p^2 > 0$，得 $m^2 > 1$，

得 $y_1 + y_2 = 2pm$，$y_1 y_2 = p^2$，

则 $k_{FA} + k_{FB} = \dfrac{y_1}{x_1 - \dfrac{p}{2}} + \dfrac{y_2}{x_2 - \dfrac{p}{2}} = \dfrac{y_1}{my_1 - p} + \dfrac{y_2}{my_2 - p} = \dfrac{2my_1 y_2 - p(y_1 + y_2)}{(my_1 - p)(my_2 - p)}$

$= \dfrac{2mp^2 - 2mp^2}{(my_1 - p)(my_2 - p)} = 0$。

变式二：已知抛物线 $C : y^2 = 2px$ 的焦点为 F，其准线 l 与 x 轴相交于点 M，过点 M 作斜率为 k 的直线与抛物线 C 相交于 A，B 两点，若 $\angle AFB = \theta$，则 $k = $ _____。

略解：由上面的解答不难知道，$k = \pm \sin \dfrac{\pi - \theta}{2} = \pm \cos \dfrac{\theta}{2}$。

变式三：已知抛物线 $C : y^2 = 2px$ 的焦点为 F，过焦点 F 的两直线 FA，FB 与抛物线 C 交于 A，B 两点，若 A，B 两点同在抛物线的上半部分或下半部分，且有 $k_{FA} + k_{FB} = 0$，证明：直线 AB 恒过一定点。

略证：由上面的解答不难知道，直线 AB 恒过一定点 $\left(-\dfrac{p}{2}, 0 \right)$。

三、"三教"引领，提升课堂理性认识

新课程理念下的数学教学核心素养，即数学抽象、逻辑推理、数学建模、直观想象、数学运算、数据分析。培养学生"四基"（基础知识、基本技能、基本思想、基本活动经验）、"四能"（发现和提出问题的能力、分析和解决问题的能力）、"三会"（会用数学的眼光观察世界、会用数学思维思考世界、会用数学语言表达世界）。这与"三教"理念是一脉相承的，"三教"是针对课堂教学中要达到的目标，课堂教学要"教思考、教体验、教表达"。

在高考题解答教学中，所谓"教思考"就是教学生破题的关键能力、解题的思路，题目要求解答或证明什么？要涉及哪些知识点？如何用相关的知识点动笔去解答？以帮助学生在解答高考题中去发现问题、提高学生"数学抽象""逻辑推理"的数学核心素养及培养学生独立思考及解答高考题的能力。

在高考题解答教学中，所谓"教体验"就是教学生解题时一定要亲自动笔去做，在解答过程中去发现"一题多解""一题多变""一题多用""多题一解"，在体验过程中增强学生的计算及化简能力，帮助学生避免解题出现会而不全丢分的短板，以及帮助学生在解答及证明题中去提出问题、培养学生一题多变的思路、提高学生"数学运算""数据分析"的数学核心素养。

在高考题解答教学中，所谓"教表达"就是教学生解题时要把自己在课堂老师所传授的知识、教材中所描述的知识以及自己在解答题目中所积累的知识在口头及卷面上表达出来，与同学、老师及评卷老师沟通，懂得哪些过程在卷面上必须表达清楚，哪些过程可以省略，真正做到"言简意赅"，以帮助学生在解答函数题中去解决问题、提高学生"数学建模""直观想象"的数学核心素养。

一题多解培养思维发散能力

问题：解方程 $\sqrt{9-x^2}+\sqrt{16-x^2}=5$。

思路一：这类题的常规方法是平方去掉根号，然后再求解。

遇到根号问题一般情况会直接想到通过两边平方去掉根号，直到可以求出为止。

解法一：两边同时平方，$9-x^2+16-x^2+2\sqrt{(9-x^2)(16-x^2)}=25$，

即得 $\sqrt{(9-x^2)(16-x^2)}=x^2$，两边同时再平方得，$9\times16-25x^2+x^4=x^4$，

即得 $x^2=\dfrac{9\times16}{25}$，$x=\pm\dfrac{12}{5}$。

解法二：原方程即为 $\sqrt{16-x^2}=5-\sqrt{9-x^2}$，

两边平方得，$16-x^2=25-10\sqrt{9-x^2}+9-x^2$，

即 $\sqrt{9-x^2}=\dfrac{9}{5}\Rightarrow9-x^2=\dfrac{9^2}{25}$，即 $x^2=\dfrac{16\times9}{25}$，得 $x=\pm\dfrac{12}{5}$。

归纳小结：解法一不是常处理两个根号之和的方法，更多会选择解法二，解法二是先把两个根号分到等号的两边，再进行平方化简，直到可以解答为止。为什么解法一显得还要简单一点呢？

思路二：换元法去掉根号，然后再求解。

遇到根号问题，通过换元把根号问题进行转化也是一种较为常规的解题思路。

解法三：令 $\sqrt{16-x^2}-\sqrt{9-x^2}=t$，又 $\sqrt{16-x^2}+\sqrt{9-x^2}=5$，

则有 $16 - x^2 - (9 - x^2) = 5t$ ，即 $t = \dfrac{7}{5}$ ，

则 $2\sqrt{16 - x^2} = \dfrac{7}{5} + 5$ ，即 $\sqrt{16 - x^2} = \dfrac{16}{5}$ ，

即 $x^2 = 16 - \dfrac{16^2}{25} = \dfrac{16 \times 9}{25}$ ，得 $x = \pm \dfrac{12}{5}$ 。

解法四：令 $m = \sqrt{9 - x^2}, n = \sqrt{16 - x^2}$ ，

则 $n^2 - m^2 = 7$ ，又 $n + m = 5$ ，则有 $\begin{cases} n + m = 5 \\ n - m = \dfrac{7}{5} \end{cases} \Rightarrow \begin{cases} n = \dfrac{16}{5} \\ m = \dfrac{9}{5} \end{cases}$ ，

由 $\sqrt{9 - x^2} = \dfrac{9}{5}$ ，解得 $x = \pm \dfrac{12}{5}$ 。

解法五：令 $x = 3\cos\theta$ ，则原方程为 $3|\sin\theta| + \sqrt{16 - 9\cos^2\theta} = 5$ ，

即 $\sqrt{7 + 9\sin^2\theta} = 5 - 3|\sin\theta|$ ，

两边平方得，$7 + 9\sin^2\theta = 25 - 30|\sin\theta| + 9\sin^2\theta$ ，

即 $|\sin\theta| = \dfrac{3}{5}$ ，则 $x = 3\cos\theta = \pm \dfrac{12}{5}$ 。

解法六：令 $x = 3\cos\theta = 4\sin\varphi$ ，

则原方程变为 $3|\sin\theta| + 4|\cos\varphi| = 5$ ，即 $3|\sin\theta| = 5 - 4|\cos\varphi|$ ，

两式平方相加得，$9 = 25 - 40|\cos\varphi| + 16$ ，则 $|\cos\varphi| = \dfrac{4}{5}$ ，

则 $x = 4 \times \left(\pm \dfrac{3}{5} \right)$ ，即 $x = \pm \dfrac{12}{5}$ 。

归纳小结：解法三不只是换元，构造 $\sqrt{16 - x^2} - \sqrt{9 - x^2} = t$ 是关键，利用平方差公式 $a^2 - b^2 = (a + b)(a - b)$ ，巧妙去掉根号，求出 $t = \dfrac{7}{5}$ ，再求出 $x = \pm \dfrac{12}{5}$ 。解法四用了双换元法，把两个根号去掉，两种解法都用了换元，但数学思维品质的培养有明显的差异，前者有构造的思想，后者只是体现换元思想。

思路三：数形结合，巧妙构思。

数学家华罗庚说得好："数形结合百般好，隔离分家万事休，几何代数统一体，永远联系莫分离。"几何图形的形象直观，便于理解，代数方法的一般性，解题过程的机械化，可操作性强，便于把握，因此数形结合思想是数学中重要的解题思想方法。

解法七：（几何法）

如图 1，由勾股定理知，

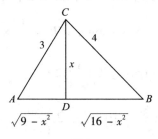

图 1

在 Rt $\triangle ABC$ 中，$AB = 5$，$BC = 4$，$CA = 3$，则斜边 AB 的高 $CD = |x|$，

由等面积法可得，$\frac{1}{2} \times 3 \times 4 = \frac{1}{2} \times 5 \times |x| \Rightarrow |x| = \frac{12}{5}$，则 $x = \pm \frac{12}{5}$。

归纳小结：从题目条件中会发现 $9 + 16 = 5^2$，联想到勾股定理，发现未知数 x 的绝对值就是 AB 边上的高。

变式一：解方程 $\sqrt{9 - x^2} + \sqrt{16 - x^2} = \sqrt{13}$。

可用上述所有方法解本题，这里只给出两种解法。

解法一（代数法）：令 $m = \sqrt{9 - x^2}, n = \sqrt{16 - x^2}$，

则 $n^2 - m^2 = 7$，又 $n + m = \sqrt{13}$，则有 $\begin{cases} n + m = \sqrt{13} \\ n - m = \dfrac{7}{\sqrt{13}} \end{cases} \Rightarrow \begin{cases} n = \dfrac{10}{\sqrt{13}} \\ m = \dfrac{3}{\sqrt{13}} \end{cases}$。

由 $\dfrac{3}{\sqrt{13}} = \sqrt{9 - x^2}$，即 $x^2 = 9 - \dfrac{9}{13} = \dfrac{9 \times 12}{13}$，得 $x = \pm \dfrac{6\sqrt{39}}{13}$。

解法二（几何法）：如图 2 所示，

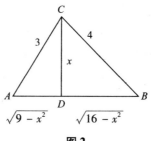

图 2

在 $\triangle ABC$ 中，$AB = \sqrt{13}$，$BC = 4$，$CA = 3$，则边 AB 的高 $CD = |x|$，

由等面积法可得，$\dfrac{1}{2} \times 3 \times 4 \times \sin\angle ACB = \dfrac{1}{2} \times \sqrt{13} \times |x|$，

由余弦定理可得，$\cos\angle ACB = \dfrac{9 + 16 - 13}{2 \times 3 \times 4} = \dfrac{1}{2}$，则 $\sin\angle ACB = \dfrac{\sqrt{3}}{2}$。

从而 $|x| = \dfrac{6\sqrt{3}}{\sqrt{13}} = \dfrac{6\sqrt{39}}{13}$，则 $x = \pm\dfrac{6\sqrt{39}}{13}$。

变式二：已知 $x + y = 12$，求 $\sqrt{x^2 + 4} + \sqrt{y^2 + 9}$ 的最小值。

解法一：令 $\vec{a} = (x, 2)$，$\vec{b} = (y, 3)$，

则 $\sqrt{x^2 + 4} + \sqrt{y^2 + 9} = |\vec{a}| + |\vec{b}| \geqslant |\vec{a} + \vec{b}| = |(x + y, 5)| = |(12, 5)| = 13$，

当且仅当 $\vec{a}$，$\vec{b}$ 同向时，取 "="，

即 $\begin{cases} x + y = 12 \\ 3x = 2y \end{cases} \Rightarrow \begin{cases} x = \dfrac{24}{5} \\ y = \dfrac{36}{5} \end{cases}$ 时，$\sqrt{x^2 + 4} + \sqrt{y^2 + 9}$ 的最小值是 13。

解法二：由 $x + y = 12$，得 $y = 12 - x$，

则 $\sqrt{x^2 + 4} + \sqrt{y^2 + 9} = \sqrt{(x - 0)^2 + (0 - 2)^2} + \sqrt{(x - 12)^2 + (0 + 3)^2}$，

可理解为点 $M(x, 0)$ 到点 $A(0, 2)$ 和 $B(12, -3)$ 的距离和的最小值。

由于点 $A(0, 2)$ 和点 $B(12, -3)$ 在 CD 的异侧，

则 $\sqrt{x^2 + 4} + \sqrt{y^2 + 9}$ 的最小值即是 $|AB| = \sqrt{12^2 + 5^2} = 13$。

解法三：如图 3，作矩形 $ABCD$，使 $AB = 3$，$AD = 12$，

在 AD 上任取一点 P，使 $AP = x$，则 $PD = y$。

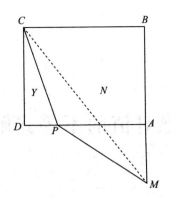

图3

延长 BA 到 M ，使 $AM = 2$ ，连接 CM 交 AD 于 N ，连接 MP ，CP ，

则 $\sqrt{x^2 + 4} + \sqrt{y^2 + 9} = CP + PM \geq CM$ ，$CM = \sqrt{12^2 + 5^2} = 13$ ，

此时 $\dfrac{x}{12} = \dfrac{2}{5}$ ，

即 $x = \dfrac{24}{5}$ ，$y = 12 - \dfrac{24}{5} = \dfrac{36}{5}$ ，

则 $\sqrt{x^2 + 4} + \sqrt{y^2 + 9}$ 的最小值是 13。

含两个绝对值的不等式解法探索

在解不等式的问题中，含多个绝对值的不等式的解是较为复杂的、困难的，结合多年的教学实践总结出一些解决方法，本文通过对常见含两个绝对值的不等式问题的处理，可以得到对含两个以上的绝对值的不等式处理启示。

一、含两个绝对值的不等式解决方法

解决方法常见有：思路一：根据零点去掉绝对值符号；思路二：平方去掉绝对值符号；思路三：可先去掉两个绝对值符号中的一个，然后去掉第二个绝对值符号；思路四：根据绝对值的几何意义去掉绝对值符号；等等。

（一）根据绝对值的几何意义去掉绝对值符号可得到如下结论

（1）不等式 $|x-a|+|x-b|<c(a<b)$ 的解集：

① 当 $c \leqslant b-a$ 时，解集为 Φ；

② 当 $c > b-a$ 时，解集为 $\left\{x \left| \dfrac{a+b-c}{2} < x < \dfrac{a+b+c}{2}\right.\right\}$。

（2）不等式 $|x-a|+|x-b|>c(a<b)$ 的解集：

① 当 $c < b-a$ 时，解集为 $\mathbf{R}$；

② 当 $c \geqslant b-a$ 时，解集为 $\left\{x \left| x < \dfrac{a+b-c}{2}\right. \text{ 或 } x > \dfrac{a+b+c}{2}\right\}$。

（3）不等式 $|x-a|+|x-b| \leqslant c(a<b)$ 的解集：

① 当 $c < b-a$ 时，解集为 Φ；

② 当 $c \geqslant b-a$ 时，解集为 $\left\{x \left| \dfrac{a+b-c}{2} \leqslant x \leqslant \dfrac{a+b+c}{2}\right.\right\}$。

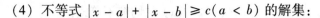

（4）不等式 $|x - a| + |x - b| \geqslant c(a < b)$ 的解集：

① 当 $c \leqslant b - a$ 时，解集为 **R**；

② 当 $c > b - a$ 时，解集为 $\left\{ x \,\middle|\, x \leqslant \dfrac{a + b - c}{2} \text{或} x \geqslant \dfrac{a + b + c}{2} \right\}$。

（二）对上述形式作变形可得如下列结论

（1）不等式 $|x - a| + |x - b| < f(x)$ 的同解不等式组：

$$\begin{cases} f(x) > |a - b| \\ a + b - f(x) < 2x < a + b + f(x) \end{cases}。$$

（2）不等式 $|x - a| + |x - b| > f(x)$ 的同解不等式：

$$f(x) < |a - b| \text{ 或 } \begin{cases} f(x) \geqslant |a - b| \\ 2x \langle a + b - f(x) \text{ 或 } 2x > a + b + f(x) \end{cases}。$$

（3）不等式 $|x - a| + |x - b| \leqslant f(x)$ 的同解不等式组：

$$\begin{cases} f(x) \geqslant |a - b| \\ a + b - f(x) \leqslant 2x \leqslant a + b + f(x) \end{cases}。$$

（4）不等式 $|x - a| + |x - b| \geqslant f(x)$ 的同解不等式：

$$f(x) \leqslant |a - b| \text{ 或 } \begin{cases} f(x) > |a - b| \\ 2x < a + b - f(x) \text{ 或 } 2x > a + b + f(x) \end{cases}。$$

（三）对上述形式再作变形可得如下结论

（1）不等式 $|x - g(x)| + |x - h(x)| < f(x)$ 的同解不等式组：

$$\begin{cases} f(x) > |g(x) - h(x)| \\ g(x) + h(x) - f(x) < 2x < g(x) + h(x) + f(x) \end{cases}。$$

（2）不等式 $|x - g(x)| + |x - h(x)| > f(x)$ 的同解不等式：

$$f(x) < |g(x) - h(x)| \text{ 或 } \begin{cases} f(x) \geqslant |g(x) - h(x)| \\ 2x < g(x) + h(x) - f(x) \text{ 或 } 2x > g(x) + h(x) + f(x) \end{cases}。$$

（3）不等式 $|x - g(x)| + |x - h(x)| \leqslant f(x)$ 的同解不等式组：

$$\begin{cases} f(x) \geqslant |g(x) - h(x)| \\ g(x) + h(x) - f(x) \leqslant 2x \leqslant g(x) + h(x) + f(x) \end{cases}。$$

（4）不等式 $|x - g(x)| + |x - h(x)| \geqslant f(x)$ 的同解不等式：

$$f(x) \leqslant |g(x) - h(x)| \text{ 或 } \begin{cases} f(x) > |g(x) - h(x)| \\ 2x < g(x) + h(x) - f(x) \text{ 或 } 2x > g(x) + h(x) + f(x) \end{cases}。$$

二、例题解析

注：思路一、思路二是常见方法，但运算量大，本文重点介绍思路三、思路四两种新思路，供读者参考。

例 1. 解不等式 $|x - 1| + |x - 2| < 2$。

解：$\because |2 - 1| < 2$，则不等式的解集是 $\left\{ x \mid \dfrac{1 + 2 - 2}{2} < x < \dfrac{1 + 2 + 2}{2} \right\}$，

即 $\left\{ x \mid \dfrac{1}{2} < x < \dfrac{5}{2} \right\}$。

例 2. 解不等式 $|x - 1| + |x - 2| < 2 - 5x$。

解法一：原不等式同解于 $\begin{cases} 2 - 5x > 1 \\ 1 + 2 - (2 - 5x) < 2x \\ 1 + 2 + (2 - 5x) > 2x \end{cases}$，

即 $\begin{cases} 5x < 1 \\ 5x + 1 < 2x \\ 2x < 5 - 5x \\ x < -\dfrac{1}{3} \Rightarrow x < -\dfrac{1}{3} \\ x < \dfrac{5}{7} \end{cases}$，解集是 $\left(-\infty, -\dfrac{1}{3} \right)$。

解法二：原不等式同解于 $\begin{cases} x \leqslant 1 \\ 1 - x + 2 - x < 2 - 5x \end{cases}$ 或 $\begin{cases} x > 1 \\ x - 1 + |x - 2| < 2 - 5x \end{cases}$，

即 $\begin{cases} x \leqslant 1 \\ 3x < -1 \end{cases}$ 或 $\begin{cases} x > 1 \\ |x - 2| < 3 - 4x \end{cases}$，得 $x < -\dfrac{1}{3}$，

解集是 $\left(-\infty, -\dfrac{1}{3} \right)$。

例 3. 解不等式 $|2x - 3| + |3x - 2| < 5 - 2x$。

解法一：原不等式同解于 $\begin{cases} 3x - 2 \leqslant 0 \\ 3 - 2x + 2 - 3x < 5 - 2x \end{cases}$ 或 $\begin{cases} 3x - 2 > 0 \\ |2x - 3| + 3x - 2 < 5 - 2x \end{cases}$，

即 $\begin{cases} x \leqslant \dfrac{2}{3} \\ x > 0 \end{cases}$ 或 $\begin{cases} x > \dfrac{2}{3} \\ |2x - 3| < 7 - 5x \end{cases}$，即 $0 < x \leqslant \dfrac{2}{3}$ 或 $\begin{cases} 3x - 2 > 0 \\ 2x - 3 < 7 - 5x \\ 2x - 3 > 5x - 7 \end{cases}$，

即 $0 < x \leqslant \dfrac{2}{3}$ 或 $\dfrac{2}{3} < x < \dfrac{4}{3}$，即 $0 < x < \dfrac{4}{3}$，解集是 $\left(0, \dfrac{4}{3}\right)$。

解法二：原不等式同解于 $|x - (3 - x)| + |x - (2 - 2x)| < 5 - 2x$，

同解于 $\begin{cases} 5 - 2x > |x + 1| \\ 5 - 3x - (5 - 2x) < 2x < 5 - 3x + (5 - 2x) \end{cases}$，

即 $\begin{cases} 2x - 5 < x + 1 < 5 - 2x \\ -x < 2x < 10 - 5x \end{cases}$，即 $\begin{cases} x < \dfrac{4}{3} \\ 0 < x < \dfrac{10}{7} \end{cases} \Rightarrow 0 < x < \dfrac{4}{3}$，

所求的解集是 $\left(0, \dfrac{4}{3}\right)$。

例 4. 解不等式 $|x^2 - 4x + 3| + |x - 2| \leqslant 5 - 2x$。

解法一：原不等式同解于 $\begin{cases} x \leqslant 2 \\ |x^2 - 4x + 3| \leqslant 3 - x \end{cases}$ 或 $\begin{cases} x > 2 \\ |x^2 - 4x + 3| \leqslant 7 - 3x \end{cases}$，

即 $\begin{cases} x \leqslant 2 \\ x^2 - 3x \leqslant 0 \\ x^2 - 5x + 6 \geqslant 0 \end{cases}$ 或 $\begin{cases} x > 2 \\ x^2 - x - 4 \leqslant 0 \\ x^2 - 7x + 10 \geqslant 0 \end{cases}$，

即 $\begin{cases} x \leqslant 2 \\ 0 \leqslant x \leqslant 3 \\ x \leqslant 2 \text{ 或 } x \geqslant 3 \end{cases}$ 或 $\begin{cases} x > 2 \\ \dfrac{1 - \sqrt{17}}{2} \leqslant x \leqslant \dfrac{1 + \sqrt{17}}{2} \\ x \leqslant 2 \text{ 或 } x \geqslant 5 \end{cases}$，得 $0 \leqslant x \leqslant 2$，

所求解集是 $[0, 2]$。

解法二：原不等式即为 $|x - (x^2 - 3x + 3)| + |x - 2| \leqslant 5 - 2x$，

$|x^2 - 3x + 3 - 2| = |x^2 - 3x + 1|$，$x^2 - 3x + 3 + 2 = x^2 - 3x + 5$，

则原不等式同解于 $\begin{cases} |x^2 - 3x + 1| \leqslant 5 - 2x \\ x^2 - 3x + 5 - (5 - 2x) \leqslant 2x \leqslant x^2 - 3x + 5 + (5 - 2x) \end{cases}$,

即 $\begin{cases} x^2 - x - 4 \leqslant 0 \\ x^2 - 5x + 6 \geqslant 0 \\ x^2 - 3x \leqslant 0 \\ x^2 - 7x + 10 \geqslant 0 \end{cases}$ $\Rightarrow$ $\begin{cases} \dfrac{1 - \sqrt{17}}{2} \leqslant x \leqslant \dfrac{1 + \sqrt{17}}{2} \\ x \leqslant 2 \text{ 或 } x \geqslant 3 \\ 0 \leqslant x \leqslant 3 \\ x \leqslant 2 \text{ 或 } x \geqslant 5 \end{cases}$ $\Rightarrow 0 \leqslant x \leqslant 2$,

所求解集是 $[0, 2]$。

注：本例用思路一和思路二来做很难完成。

例 5. 设实数 a 使得不等式 $|2x - a| + |3x - 2a| \geqslant a^2$ 对任意实数 x 恒成立，求满足条件的 a 的取值范围。（2007 年全国高中联赛试题）

解法一：原不等式即为 $|x - (a - x)| + |x - (2a - 2x)| \geqslant a^2$ ，

同解于 $a^2 \leqslant |x - a|$ 或 $\begin{cases} a^2 > |x - a| \\ 2x \leqslant 3a - 3x - a^2 \text{ 或 } 2x \geqslant 3a - 3x + a^2 \end{cases}$,

即 $a^2 \leqslant |x - a|$ 或 $\begin{cases} a^2 > |x - a| \\ x \leqslant \dfrac{3a - a^2}{5} \text{ 或 } x \geqslant \dfrac{3a + a^2}{5} \end{cases}$,

即 $a^2 \leqslant |x - a|$ 或 $\begin{cases} a - a^2 < x < a + a^2 \\ x \leqslant \dfrac{3a - a^2}{5} \text{ 或 } x \geqslant \dfrac{3a + a^2}{5} \end{cases}$,

要满足题设对任意实数 x 恒成立，

则有 $a + a^2 \leqslant \dfrac{3a - a^2}{5}$ 或 $\dfrac{3a + a^2}{5} \leqslant a - a^2$ ，即 $3a^2 - a \leqslant 0$ 或 $3a^2 + a \leqslant 0$ ，

即得 $-\dfrac{1}{3} \leqslant a \leqslant \dfrac{1}{3}$ 为所求。

解法二：令 $x = at$ ，则原不等式变为 $|a||2t - 1| + |a||3t - 2| \geqslant a^2$ 。

当 $|a| = 0$ 时，不等式恒成立；

当 $|a| > 0$ 时，不等式同解于 $|2t - 1| + |3t - 2| \geqslant |a|$ 对一切实数 t 恒成立。

由于 $|2t-1|+|3t-2| = \begin{cases} 3-5t \, , \, t < \dfrac{1}{2} \\[2mm] 1-t \, , \, \dfrac{1}{2} \leqslant t < \dfrac{2}{3} \, , \\[2mm] 5t-3 \, , \, t \geqslant \dfrac{2}{3} \end{cases}$

则 $|2t-1|+|3t-2| \geqslant \dfrac{1}{3}$,

则 $0 < |a| \leqslant \dfrac{1}{3}$ 。综上, $-\dfrac{1}{3} \leqslant a \leqslant \dfrac{1}{3}$ 。

例 6. 若不等式 $|x-1|+|x-2| < a$ 解集为 Φ , 则实数 a 的取值范围是_____。

略解：当 $a \leqslant 2-1$ 即 $a \leqslant 1$ 时, 原不等式的解集为 Φ , 则实数 a 的取值范围是 $a \leqslant 1$ 。

例 7. 若不等式 $|x-1|+|x-2| > a$ 的解集为 **R**, 则实数 a 的取值范围是_____。

略解：当 $a < 2-1$ 即 $a < 1$ 时, 原不等式的解集为 **R**, 则实数 a 的取值范围是 $a < 1$ 。

通过上述例题的解答知道，如果含两个以上绝对值符号的不等式的问题，可逐一利用绝对值的定义去掉绝对值符号，然后再彻底解该不等式。

利用复数相等的充要条件解题

一、求实部、虚部中的未知量

若 $F(x,y) + G(x,y)i = f(x,y) + g(x,y)i(x,y \in \mathbf{R})$，求 x,y。

例1. 已知 $(x^2 + y^2 i)(1 + i) + (x - yi)(1 - i) = 6 + (x - 2y + 9)i(x,y \in \mathbf{R})$，求 x,y。

解：由已知得 $x^2 - y^2 + x - y - 6 + (x^2 + y^2 - 2x + y - 9) = 0$，

则 $\begin{cases} x^2 - y^2 + x - y - 6 = 0 \\ x^2 + y^2 - 2x + y - 9 = 0 \end{cases}$，解得 $\begin{cases} x = 3 \\ y = -3 \end{cases}$ 或 $\begin{cases} x = 3 \\ y = 2 \end{cases}$。

例2. 解关于实数 x 的复系数的方程 $(1 + i)x^2 - (1 - i)x - (2 + 6i) = 0$。

解：原方程可整理得，$(x^2 - x - 2) + (x^2 + x - 6)i = 0$，

$\begin{cases} x^2 - x - 2 = 0 \cdots \cdots ① \\ x^2 + x - 6 = 0 \cdots \cdots ② \end{cases}$ 由①解得 $x = -1$，$x = 2$，

由②解得 $x = -3$，$x = 2$，

则原方程的实数解为 $x = 2$。

注：对于虚系数一元二次方程，判别式已失效，所以不能用公式来解答。

例3. 解方程 $2x^2 - 5x + 2 + (x^2 - x - 2)i = 0$。

错解：由复数相等得 $\begin{cases} 2x^2 - 5x + 2 = 0 \\ x^2 - x - 2 = 0 \end{cases}$，解得 $x = 2$。

错因：本题中的 x 没有明确为实数。

正解一：设 $x = a + bi(a,b \in \mathbf{R})$，

则原方程变为 $2(a + bi)^2 - 5(a + bi) + 2 + [(a + bi)^2 - (a + bi) - 2]i = 0$，

即 $(2a^2 - 2b^2 - 5a + 2 - 2ab + b) + (4ab - 5b + a^2 - b^2 - a - 2)i = 0$，

则有 $\begin{cases} 2a^2 - 2b^2 - 5a + 2 - 2ab + b = 0 \\ a^2 - b^2 - a - 2 - 5b + 4ab = 0 \end{cases}$ ，解得 $\begin{cases} a = 2 \\ b = 0 \end{cases}$ 或 $\begin{cases} a = \dfrac{1}{5} \\ b = -\dfrac{3}{5} \end{cases}$ ，

即得 $x = 2$ 或 $x = \dfrac{1}{5} - \dfrac{3}{5}i$ 。

正解二：因 $\Delta = (5 + i)^2 - 4(2 + i)(2 - i) = 18i = [\pm(3 + 3i)]^2$ ，

则 $x = \dfrac{5 + i \pm (3 + 3i)}{2(2 + i)}$ ，即得 $x = 2$ 或 $x = \dfrac{1}{5} - \dfrac{3}{5}i$ 。

二、解含有未知复数 z 的方程

例 1. 解方程 $3z + (2z - 13)i = (2 - 3i)(2 - i)$ 。

解法一：设 $z = a + bi(a, b \in \mathbf{R})$ 来解答。（略）

解法二：原方程即为 $(3 + 2i)z = 1 + 5i$ ，即得 $z = \dfrac{1 + 5i}{3 + 2i} = 1 + i$ 。

例 2. 解方程 （1） $z^2 = \bar{z}$ ；（2） $z + |\bar{z}| = 2 + i$ 。

解法一：都可设 $z = a + bi$ （ $a, b \in \mathbf{R}$ ）来解答。（略）（运算量大）

（1）解法二：由 $|z| = |\bar{z}|$ ，则有 $|z|^2 = |\bar{z}| = |z|$ ，解得 $|z| = 0$ 或 $|z| = 1$ 。

① 当 $|z| = 0$ 时， $z_1 = 0$ ；

② 当 $|z| = 1$ 时，原方程可变为 $z^3 = z^2 \cdot z = \bar{z} \cdot z = |z|^2 = 1$ ，即 $z^3 = 1$ ，

从而 $z_2 = 1$ ， $z_3 = -\dfrac{1}{2} + \dfrac{\sqrt{3}}{2}i$ ， $z_4 = -\dfrac{1}{2} - \dfrac{\sqrt{3}}{2}i$ 。

（2）解法二：由 $z + |\bar{z}| = 2 + i$ 得 $z = 2 - |\bar{z}| + i$ ，

代入 $|z| = |\bar{z}|$ 得 $z = 2 - |z| + i$ ，

两边取模得 $|z|^2 = (2 - |z|)^2 + 1$ ，即得 $|z| = \dfrac{5}{4}$ ，

则 $z = \dfrac{3}{4} + i$ 为所求。

三、求复数的平方根

例：求 $-16 + 30i$ 。

解：设 $-16+30i$ 的平方根为 $z = a + bi(a, b \in \mathbf{R})$，

则有 $(x + yi)^2 = -16 + 30i$，即 $x^2 - y^2 + 2xyi = -16 + 30i$，

则 $\begin{cases} x^2 - y^2 = -16 \\ xy = 15 \end{cases} \Rightarrow \begin{cases} x = 3 \\ y = 5 \end{cases}$ 或 $\begin{cases} x = -3 \\ y = -5 \end{cases}$，

从而 $-16+30i$ 的平方根为 $3+5i$ 和 $-3-5i$。

四、其他情况

例1. 二次方程 $(1-i)x^2 + (\lambda + i)x + (1 + i\lambda) = 0(\lambda \in \mathbf{R})$ 有两个虚根的条件是_____。

解：考虑问题的反面，设方程有实根为 x_0，

则有 $(1 - i)x_0^2 + (\lambda + i)x_0 + (1 + i\lambda) = 0$，

即 $(x_0^2 + \lambda x_0 + 1) + i(-x_0^2 + x_0 + \lambda) = 0$，

则有 $\begin{cases} x_0^2 + \lambda x_0 + 1 = 0 \\ -x_0^2 + x_0 + \lambda = 0 \end{cases}$，两方程相加得 $(\lambda + 1)x_0 + (\lambda + 1) = 0$，

即 $(\lambda + 1)(x_0 + 1) = 0$，得 $\lambda = -1$ 或 $x_0 = -1$，

当 $\lambda = -1$ 时，方程 $x_0^2 - x_0 + 1 = 0$ 无实根；

当 $x_0 = -1$ 时，$\lambda = 2$，即当且仅当 $\lambda = 2$ 时，原方程有实根。

于是方程无实根，即有两个虚根的条件是 $\lambda \neq 2$。

例2. 求实数 k，使方程 $x^2 + (k + 2i)x + 2 + ki = 0$ 至少有一个实根。

解：设方程有实根 x_0，则有 $x_0^2 + (k + 2i)x_0 + 2 + ki = 0$，

即 $x_0^2 + kx_0 + 2 + (2x_0 + k)i = 0$，

则 $\begin{cases} x_0^2 + kx_0 + 2 = 0 \\ 2x_0 + k = 0 \end{cases}$，解得 $\begin{cases} x_0 = \pm\sqrt{2} \\ k = \mp 2\sqrt{2} \end{cases}$，

即 $k = \pm 2\sqrt{2}$ 为所求。

例3. 求使方程 $x^2 + (a + 1)x + a^2 = 0$ 至少有一个实根的所有的 a 值。

解：这里没有说明 a 为实数，需要分情况讨论：

① 当 $a \in \mathbf{R}$ 时，由 $\Delta = (a + 1)^2 - 4a^2 = -3a^2 + 2a + 1 \geqslant 0$，

即 $-\dfrac{1}{3} \leqslant a \leqslant 1$；

② 当 a 为虚数时，设 $a = m + ni(m，n \in \mathbf{R}$ 且 $n \neq 0)$ 有实根 x_0。

$x_0^2 + (m + 1 + ni)x_0 + m^2 - n^2 + 2mni = 0$，

则 $\begin{cases} x_0^2 + (m + 1)x_0 + m^2 - n^2 = 0 \\ nx_0 + 2mn = 0 \end{cases} \Rightarrow \begin{cases} x_0 = -2m \\ n = \pm \sqrt{m(3m - 2)} \end{cases}$，

从而 $a = m \pm \sqrt{m(3m - 2)}i \left(m < 0 \text{ 或 } m > \dfrac{2}{3} \right)$，此时方程有一实根 $x_0 = -2m$。

例4. 复数 $z_1，z_2，z_3$ 的辐角分别为 $\alpha，\beta，\gamma$，又 $|z_1| = 1$，$|z_2| = k$，$|z_3| = 2 - k$，且 $z_1 + z_2 + z_3 = 0$，问 k 取何值时，$\cos(\beta - \gamma)$ 分别取得最大值和最小值，并求出最大值和最小值。

解：设 $z_1 = \cos\alpha + i\sin\alpha$，$z_2 = k\cos\beta + ik\sin\beta$，

$z_3 = (2 - k)\cos\gamma + i(2 - k)\sin\gamma$，

由 $z_1 + z_2 + z_3 = 0$，

即 $\cos\alpha + k\cos\beta + (2 - k)\cos\gamma + [\sin\alpha + k\sin\beta + (2 - k)\sin\gamma]i = 0$，

故 $\begin{cases} \cos\alpha = (k - 2)\cos\gamma - k\cos\beta\cdots\cdots① \\ \sin\alpha = (k - 2)\sin\gamma - k\sin\beta\cdots\cdots② \end{cases}$，

$①^2 + ②^2$ 得 $1 = (k - 2)^2 + k^2 - 2(k - 2)k\cos(\beta - \gamma)$，

由已知有 $k \neq 0$，$k \neq 2$，

则 $\cos(\beta - \gamma) = \dfrac{(k - 2)^2 + k^2 - 1}{2k(k - 2)} = 1 + \dfrac{3}{2(k - 1)^2 - 2}$，

由 $|\cos(\beta - \gamma)| \leq 1$，

即有 $\left| 1 + \dfrac{3}{2(k - 1)^2 - 2} \right| \leq 1 \Leftrightarrow \dfrac{3}{(2k^2 - 4k)^2}(4k^2 - 8k + 3) \leq 0$，

得 $k(k - 2)(2k - 3)(2k - 1) \leq 0$ 且 $k \neq 0, 2$，则 $\dfrac{1}{2} \leq k \leq \dfrac{3}{2}$，

所以，当 $k = 1$ 时，$[\cos(\beta - \gamma)]_{\max} = -\dfrac{1}{2}$，

当 $k = \dfrac{1}{2}$ 或 $\dfrac{3}{2}$ 时，$[\cos(\beta - \gamma)]_{\min} = -1$。

例5. 若 $\sin A + \sin B + \sin C = \cos A + \cos B + \cos C = 0$，

求 $\cos^2 A + \cos^2 B + \cos^2 C$ 的值。

解：设 $z_1 = \cos A + i\sin A$，$z_2 = \cos B + i\sin B$，$z_3 = \cos C + i\sin C$，

则 $|z_1| = |z_2| = |z_3| = 1$，$z_1 + z_2 + z_3 = 0$，所以 z_1，z_2，z_3 在复平面上对应的点在单位圆上且是正三角形的顶点（因其外心、重心重合）。于是，我们可设 $A = B + 120°$，$C = B - 120°$，

则 $\cos^2 A + \cos^2 B + \cos^2 C = \cos^2(B + 120°) + \cos^2 B + \cos^2(B - 120°)$

$$= \frac{3}{2} + \frac{1}{2}\big[\cos(2B + 240°) + \cos(2B - 240°) + \cos 2B\big]$$

$$= \frac{3}{2} + \frac{1}{2}\big[2\cos 2B\cos 240° + \cos 2B\big] = \frac{3}{2}。$$

一题多解与一题多变的探究

一、提出问题

问题 1. 已知 AC，BD 为圆 $O：x^2 + y^2 = 4$ 的两条相互垂直的弦，垂足为 $M（1，\sqrt{2}）$，则四边形 $ABCD$ 的面积的最大值为＿＿＿＿＿＿。

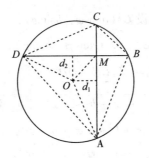

图 1

分析：如图 1，设圆心 O 到 AC，BD 的距离分别为 d_1，d_2，

则有 $|OA| = 2$，$|OM|^2 = d_1^2 + d_2^2 = 3$，

$|AC| = 2\sqrt{4 - d_1^2}$，$|BD| = 2\sqrt{4 - d_2^2}$，

则 $S_{四边形ABCD} = \dfrac{1}{2}|AC||BD| = 2\sqrt{(4 - d_1^2)(4 - d_2^2)}$

$$\leqslant 4 - d_1^2 + 4 - d_2^2 = 8 - (d_1^2 + d_2^2) = 8 - 3 = 5，$$

当且仅当 $d_1 = d_2$ 时，取 "＝"，即 $S_{max} = 5$。

上述解法是这一高考题的简单解法，考生在考场中不易想到，这题换成其他方法就难了，运算量大。这也是考生难以解答此题的重要原因。本文把该题进行一些拓宽，引申到圆锥曲线中进行探究。

问题 2. 如图 2，过椭圆 $\dfrac{x^2}{a^2} + \dfrac{y^2}{b^2} = 1\,(a > b > 0)$ 中心作两条相互垂直的弦，

与椭圆分别交于 A，C 和 B，D，求四边形 $ABCD$ 的面积的最大值和最小值。

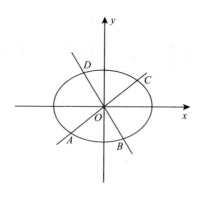

图 2

解法一：由对称性，可设 $C\,(a\cos\varphi,\ b\sin\varphi)$，

则 $A\,(-a\cos\varphi,\ -b\sin\varphi)$，$D\,(a\cos\beta,\ b\sin\beta)$，

易知 $S_{\text{四边形}ABCD} = 4S_{\triangle DOC} = 2\,|OC||OD|$

$$= 2\,\sqrt{a^2\cos^2\varphi + b^2\sin^2\varphi} \cdot \sqrt{a^2\sin^2\varphi + b^2\cos^2\varphi}$$

$$\leqslant a^2\cos^2\varphi + b^2\sin^2\varphi + a^2\sin^2\varphi + b^2\cos^2\varphi = a^2 + b^2,$$

当且仅当 $|\cos\varphi| = |\sin\varphi|$ 时，取 "$=$"，即 $S_{\max} = a^2 + b^2$。

解法二：由解法 1 得，$S_{\text{四边形}ABCD} = 4S_{\triangle DOC} = 2\,|OC||OD|$

$$= 2\,\sqrt{a^2\cos^2\varphi + b^2\sin^2\varphi} \cdot \sqrt{a^2\sin^2\varphi + b^2\cos^2\varphi}$$

$$= 2\,\sqrt{(a^2 - c^2\sin^2\varphi)(a^2 - c^2\cos^2\varphi)}$$

$$= 2\,\sqrt{a^2b^2 + \frac{1}{4}c^4\sin^2 2\varphi},$$

当 $\sin 2\varphi = 0$ 时，$S_{\min} = 2ab$，

当 $|\sin 2\varphi| = 1$ 时，$S_{\max} = \sqrt{4a^2b^2 + c^4} = \sqrt{4a^2b^2 + (a^2 - b^2)^2} = a^2 + b^2$。

问题 3. 如图 3，过椭圆 $\dfrac{x^2}{a^2} + \dfrac{y^2}{b^2} = 1\,(a > b > 0)$ 的焦点 $F(c,0)$ 作两条相

互垂直的弦，与椭圆分别交于 A，C 和 B，D，求四边形 $ABCD$ 的面积的最小值

和最大值。

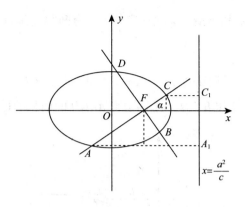

图3

分析：易知 $S_{四边形ABCD} = \dfrac{1}{2}|AC||BD|$ ，解决该题的关键是用变量将 $|AC|$ 和 $|BD|$ 表示出来。常规方法是设出直线 AC ，BD 的方程与椭圆方程联立，通过弦长公式来表示，针对该题直线过椭圆焦点，可按下面较为简单的方法来解答。

解：如图，设直线 AC 的倾斜角为 α ，

$$|AA_1| = \frac{|AF|}{e} = \frac{a}{c}|AF| = \frac{a^2}{c} - c + |AF|\cos\alpha,$$

得 $|AF| = \dfrac{b^2}{a - c\cos\alpha}$ ，同理可得，$|CF| = \dfrac{b^2}{a + c\cos\alpha}$ ，

则 $|AC| = \dfrac{2ab^2}{a^2 - c^2\cos^2\alpha}$ ，又 $DB \perp AC$ ，则可得 $|BD| = \dfrac{2ab^2}{a^2 - c^2\sin^2\alpha}$ ，

所以，$S_{四边形ABCD} = \dfrac{1}{2}|AC||BD| = \dfrac{2a^2b^4}{(a^2 - c^2\cos^2\alpha)(a^2 - c^2\sin^2\alpha)}$

$$= \frac{2a^2b^4}{a^4 - a^2c^2 + c^4\sin^2\alpha\cos^2\alpha} = \frac{2a^2b^4}{a^2b^2 + \dfrac{1}{4}c^4\sin^2 2\alpha}$$

$$= \frac{8a^2b^4}{4a^2b^2 + c^4\sin^2 2\alpha}。$$

当 $\sin^2 2\alpha = 1$ 时，$S_{\min} = \dfrac{8a^2b^4}{4a^2b^2 + c^4} = \dfrac{8a^2b^4}{(a^2 + b^2)^2}$ ，

当 $\sin^2 2\alpha = 0$ 时，$S_{\max} = 2b^2$ 。

注：解题过程出现的 $|AF| = \dfrac{b^2}{a - c\cos\alpha}$ ，$|CF| = \dfrac{b^2}{a + c\cos\alpha}$ ，其实也是椭圆

焦半径公式的又一形式。$|AC| = \dfrac{2ab^2}{a^2 - c^2 \cos^2 \alpha}$ 为椭圆过焦点，且倾斜角为 α 的弦长公式。

问题 4. 如图 4，过抛物线 $y^2 = 2px(p > 0)$ 的焦点 F 作相互垂直的两条弦，分别交抛物线于 A，C 和 B，D。求四边形 $ABCD$ 的面积的最小值。

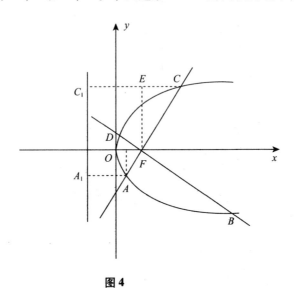

图 4

解：设直线 AC 的倾斜角为 α，

则有 $|CF| = \dfrac{p}{1 - \cos\alpha}$，$|AF| = \dfrac{p}{1 + \cos\alpha}$，

可得 $|AC| = \dfrac{2p}{\sin^2 \alpha}$，

又 $AC \perp BD$，则 $|BD| = \dfrac{2p}{\cos^2 \alpha}$，

于是 $S_{ABCD} = \dfrac{1}{2} |AC||BD| = \dfrac{2p^2}{\sin^2 \alpha \cos^2 \alpha} = \dfrac{8p^2}{\sin^2 2\alpha}$。

$\because 0 < \sin^2 2\alpha \leqslant 1$，

$\therefore$ 当 $\sin^2 2\alpha = 1$ 时，$S_{\min} = 8p^2$。

注：解题中出现的 $|CF| = \dfrac{p}{1 - \cos\alpha}$，$|AF| = \dfrac{p}{1 + \cos\alpha}$ 即是直线 AC 以倾斜角 α 为变量时的焦半径，$|AC| = \dfrac{2p}{\sin^2 \alpha}$ 为弦长公式。

二、两点说明

（1）考虑到双曲线的特殊性所带来问题的复杂性，即随着不同的情况要进行不同的讨论，这里就不去讨论了，我们只要掌握了上述的处理方法就不难处理双曲线中的问题。

（2）上面问题中的点都是特殊位置的点，本人曾试图把问题改为过椭圆内的任意点来考虑，结果是能用上面的方法列出面积关系式，只是很难求出面积的最值。

解读《九章算术》中笔算开方术

　　《九章算术》成书于公元前 1 世纪，是古代中国乃至东方的第一部自成体系的数学专著，它是系统地总结了战国、秦、汉时期的数学成就，是中国数学体系确立的核心标志，代表了东方数学的最高成就。在中世纪古希腊数学衰落之时，东方的算法体系却继续在中国、印度等广为应用。19 世纪以后，分析的严格运动演绎倾向，使得《九章算术》的机械算法体系显示出比欧几里得几何学更高的水准，并将其扩展到其他领域。据数学家证实，《九章算术》的算法体系至今仍在推动着计算机的发展和应用。该书在结构、叙述方式、算法和名词术语等方面对后世都起了示范作用，虽然数学在不断发展，内容在不断更新，但在中国，数学著作的框架仍然遵循《九章算术》。此书不仅是中国数学史上的扛鼎之作，也是世界数学史上少有的经典著作。

　　本文重点介绍《九章算术》第四章《少广》中的开方术，《少广》第十二至第十六问题中介绍了笔算开平方术，第十九至第二十二问题中介绍了笔算开立方术。

一、开平方术

（一）原文再现（摘自《九章算术》之《少广》）

【一二】今有积五万五千二百二十五步。问为方几何？

答曰：二百三十五步。

【一三】又有积二万五千二百八十一步。问为方几何？

答曰：一百五十九步。

【一四】又有积七万一千八百二十四步。问为方几何？

答曰：二百六十八步。

【一五】又有积五十六万四千七百五十二步四分步之一。问为方几何？

答曰：七百五十一步半。

【一六】又有积三十九亿七千二百一十五万六百二十五步。问为方几何？

答曰：六万三千二十五步

开方术曰：置积为实。借一算步之，超一等。议所得，以一乘所借一算为法，而以除。除已，倍法为定法。其复除。折法而下。复置借算步之如初，以复议一乘之，所得副，以加定法，以除。以所得副从定法。复除折下如前。若开之不尽者为不可开，当以面命之。若实有分者，通分内子为定实。乃开之，讫，开其母报除。若母不可开者，又以母乘定实，乃开之，讫，令如母而一。

（二）译文

【一二】今有正方形面积55225平方步。问其边长是多少？

答：边长为235步。

【一三】今有正方形面积25281平方步。问其边长是多少？

答：边长为159步。

【一四】今有正方形面积71824平方步。问其边长是多少？

答：边长为268步。

【一五】今有正方形面积564752$\frac{1}{4}$平方步。问其边长是多少？

答：边长为751$\frac{1}{2}$步。

【一六】今有正方形面积3972150625平方步。问其边长是多少？

答：边长为63025步。

（三）开平方的算法

用面积数作为被除数，假借一枚算筹放在下行，将它由末位向前跨越一"等"。试算初商，以所得之数与"借算"（所表之数）相乘1次作为除数，而相减。相减已毕，以除数之2倍作"定法"。再除（求次商）时，以下步骤折算除数。再取"借算"1枚如前一样移动定位，用试算所得之次商与"借算"（所表之数）相乘1次，所得之数另置，称作"副"，用它加"定

183

法",而相减。(相减已毕)用所得的"副"加入"定法"之内。如果有开不尽的数,用平方根取其近似值的方法处理。如果被开方数中有分数,用整部与分母相乘再加"分子"作"定实",用它开方,算毕,又对分母开方,所得相除。如果分母不可开方,又用分母去乘"定实",这才开方,算毕,令其用分母相除。

1. 现在常用笔算开平方法步骤

第一步:若被开平方数是整数,就将被开平方数的整数部分从个位起向左每二位分为一组;若被开平方数既有整数部分又含小数部分,就以小数点为界向小数点两边进行,整数部分向左每二位分为一组,小数部分就向右每二位分为一组,若不够就在后面补零。

第二步:根据最左边一组,求得平方根的最高位数;

第三步:用第一组数减去平方根最高位数的平方,在其差右边写上第二组数;

第四步:用求得的最高位数的 20 倍试除上述余数,得出试商。再用最高位数的 20 倍与试商的和乘以试商,若所得的积不大于余数,试商就是平方根的第二位数,若大于,就减小试商再试。

第五步:用同样方法继续进行下去。

2. 笔算开平方法的理论基础

不难发现,现代常用的开平方法和《九章算术》中的"开平方术"完全相同,跨越两千年时空所使用的开平方术而今也属先进,是因为它们的依据很科学、合理。

下面介绍开平方术的现代理论依据:

以两位数 $\overline{ab}$ 为例,$\overline{ab}^2 = (10a + b)^2 = 100a^2 + 20ab + b^2 = 100a^2 + (20a + b)b$。这里的 a 代表平方根的最高位数,b 代表试商。事实上,$100a^2$ 已在第三步中被减去了,那么剩下的就是 $(20a + b)b$,也就是"求得的最高位数的 20 倍与试商的和再乘以试商"。这样,如果被开方数是 $(10a + b)^2$,那么最后所得的余数恰好为零;如果被开方数比 $(10a + b)^2$ 大,就把 $10a + b$ 看作 a 继续进行下去。同样的道理,这个法则对多位数、一位数和小数开平方根也适用。

例 1. 求 $\sqrt{55225}$ 。列算式如下：

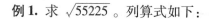

$$
\begin{array}{r}
\;\;2\;3\;\;5 \\
2\,\big)\overline{5,52,25} \\
\;\;4 \\
43\,\big)\overline{152} \qquad (2\times20+3=43) \\
159 \\
465\,\big)\overline{2325} \qquad (2\times20+5=465) \\
2325 \\
\hline
0
\end{array}
$$

解：第一步：定位 $\sqrt{5，52，25}$ ；

第二步：确定平方根最高位数字是 2；

则有 $5-2^2=1$；

第三步：用 152 去试除以 $2\times20=40$，得试商是 3，

然后用 $152-(20\times2+3)\times3=23$；

第四步：用 2325 去试除以 $20\times23=460$，得试商是 5，

然后用 $2325-(20\times23+5)\times5=2325-2325=0$，则得 $\sqrt{55225}=235$。

例 2. 求 $\sqrt{564752.25}$ 。

解：第一步：定位 $\sqrt{56.47，52.25}$ ；列算式如下：

$$
\begin{array}{r}
\;\;7\;\;51.5 \\
7\,\big)\overline{56,47,52,25} \\
\;\;49 \\
145\,\big)\overline{747} \qquad (7\times20+5=145) \\
725 \\
1501\,\big)\overline{2252} \qquad (75\times20+1=1501) \\
1501 \\
15025\,\big)\overline{75125} \qquad (751\times20+5=15025) \\
75125 \\
\hline
0
\end{array}
$$

第二步：确定平方根最高位数字是 7，

则有 $56-7^2=56-49=7$；

第三步：用 747 去试除以 $7\times20=140$，

得试商是 5。然后用

$747 - （7 \times 20 + 5）\times 5 = 747 - 725 = 22；$

第四步：用 2252 去试除以 $75 \times 20 = 1500$，

得试商是1，然后用 $2252 - （75 \times 20 + 1）\times 1 = 751；$

第五步：用 75125 去试除以 $751 \times 20 = 15020$，得试商是5，

然后用 $75125 - （751 \times 20 + 5）\times 5 = 0$，则得 $\sqrt{564752.25} = 751.5$。

二、开立方术

（一）原文再现（摘自《九章算术》之《少广》）

【一九】今有积一百八十六万八百六十七尺。问为立方几何？

答曰：一百二十三尺。

【二〇】今有积一千九百五十三尺八分尺之一。问为立方几何？

答曰：一十二尺半。

【二一】今有积六万三千四百一尺五百一十二分尺之四百四十七。问为立方几何？

答曰：三十九尺八分尺之七。

【二二】又有积一百九十三万七千五百四十一尺二十七分尺之一十七。问为立方几何？

答曰：一百二十四尺太半尺。

开立方术曰：置积为实。借一算步之，超二等。议所得，以再乘所借一算为法，而除之。除已，三之为定法。复除，折而下。以三乘所得数置中行。复借一算置下行。步之，中超一，下超二位。复置议，以一乘中，再乘下，皆副以加定法。以定法除。除已，倍下、并中从定法。复除，折下如前。开之不尽者，亦为不可开。若积有分者，通分内子为定实。定实乃开之，讫，开其母以报除。若母不可开者，又以母再乘定实，乃开之。讫，令如母而一。

（二）译文

【一九】今有立方体的体积为1860867立方尺，问作为立方体，其棱长是多少？

答：123尺。

【二〇】今有立方体的体积为 $1953\frac{1}{8}$ 立方尺，问作为立方体，其棱长是

多少?

答：$12\frac{1}{2}$尺。

【二一】今有立方体的体积为$63401\frac{44}{512}$立方尺，问作为立方体，其棱长是

多少?

答：$39\frac{7}{8}$尺。

【二二】今有立方体的体积为$1937541\frac{17}{27}$立方尺，问作为立方体，其棱长是

多少?

答：$124\frac{2}{3}$尺。

（三）开立方的算法

取体积数为被开方数，借一枚算筹，从数的右方向左移动，由个位起向左移至千位，再移至百万位，每移一步应超两位。议得初商，用初商与"借算"相乘两次作为除数，而由"实"减去。相减完毕，将除数乘以3作"定法"，当再除求次商时，折算如下：用3去乘所得初商，放在中行，再借一枚算筹放于下行，将中行之数前移一"等"（所谓"等"是说千位数的立方根取"十"为等，百万位数的立方根取"百"为等），下行之数向前移二"等"，再设次商，用它乘中行数一次，用它乘下行数两次，都附加入"定法"中，用定法去除被开方数，相减完以后，两倍下行之数并于中行，再加入定法。当再相除时，如同前面一样折算下一"等"之数。如开方不尽，则此数也为不可开。若被开方数含有分数，以整数乘分母再加分子作为"定实"，"定实"再开立方，算毕，对分母开立方而所得相除。若分母不可开方，又用分母与"定实"相乘，再开立方，算完后，以分母除之。

1. 现在常用笔算开立方法步骤

第一步：若被开立方数是整数，就将被开立方数的整数部分从个位起向左每三位分为一组；若被开立方数既有整数部分又含小数部分，就以小数点为界向小数点两边进行，整数部分向左每三位分为一组，小数部分就向右每三位分为一组，若不够就在后面补0。

第二步：根据最左边一组，求得立方根的最高位数；

第三步：用第一组数减去立方根最高位数的立方，在其差右边写上第二组数；

第四步：用求得的最高位数的 300 倍试除上述余数，得出试商。并把求得的最高位数的平方的 300 倍与试商的积、求得的最高位数的 30 倍与试商的平方的积和试商的立方写在竖式左边，观察其和是否大于余数，若大于，就减小试商再试，若不大于，试商就是立方根的第二位数；

第五步：用同样方法继续进行下去。

第六步：算到最后一段，如最后试算出来的余数不为 0，则说明所求数的立方根不是整数，此时，用与求开方相似的方法，在该数后面补一段 000，再算出的得数就是小数点后的第一位数，还有余数，再补三位 0，且到余数为 0 或者至算至足够的小数位即可。

2. 开立方术的现代理论依据

以两位数 $\overline{ab}$ 为例，$\overline{ab}^3 = (10a + b)^3 = 1000a^3 + 300a^2b + 30ab^2 + b^3$。这里的 a 代表立方根的最高位数，b 代表试商。事实上，$1000a^3$ 已在第三步中被减去了，那么剩下的就是 $(300a^2 + 30ab + b^2)b$，也就是"求得的最高位数平方的 300 倍，求得的最高位数的 30 倍与试商的积以及试商平方的和再乘以试商"。这样，如果被开立方数是 $(10a + b)^3$，那么最后所得的余数恰好为零；如果被开立方数比 $(10a + b)^3$ 大，就把 $10a + b$ 看作 a 继续进行下去。同样的道理，这个法则对多位数、一位数和小数开平方根也适用。

例1. 求 $\sqrt[3]{1860867}$。

解：第一步：定位 $\sqrt[3]{1, 860, 867}$；

第二步：确定立方根最高位数字是 1，则有 $1 - 1^3 = 0$；

第三步：用 860 去试除以 $300 \times 1^2 = 300$，得试商是 2，

然后用 $860 - (300 \times 1^2 + 30 \times 1 \times 2 + 2^2) \times 2 = 132$；

第四步：用 132867 去试除以 $300 \times 12^2 = 43200$，得试商是 3，

然后用 $132867 - (300 \times 12^2 + 30 \times 12 \times 3 + 3^2) \times 3 = 132867 - 44289 \times 3 = 0$，

则 $\sqrt[3]{1860867} = 123$。

可列算式如下：

$$
\begin{array}{r}
1\quad2\quad3 \\
\overline{)1{,}860{,}867} \\
1 \\
\end{array}
$$

$$364\,\overline{)\;860\;}$$ 注：$300\times1^2+30\times1\times2+2^2=364$

$$728$$

$$44289\,\overline{)132867}$$ 注：$300\times12^2+30\times12\times3+3^2=44289$

$$132867$$

$$0$$

例 2. 求 $\sqrt[3]{1937541\dfrac{17}{27}}$。

解：第一步：通分 $\sqrt[3]{1937541\dfrac{17}{27}}=\dfrac{1}{3}\sqrt[3]{1937541\times27+17}=\dfrac{1}{3}\sqrt[3]{52313624}$，

定位 $\sqrt[3]{52，313，624}$；

第二步：确定立方根最高位数字是 3，则有 $52-3^3=52-27=25$；

第三步：用 25313 去试除以 $300\times3^2=2700$，得试商是 7，

然后用 $25313-（300\times3^2+30\times3\times7+7^2）\times7=25313-3379\times7=1660$；

第四步：用 1660624 去试除以 $300\times37^2=410700$，得试商是 4，

然后用 $1660624-（300\times37^2+30\times37\times4+4^2）\times4=1660624-$

$415156\times4=0$，

则 $\sqrt[3]{1937541\dfrac{17}{27}}=\dfrac{374}{3}=124\dfrac{2}{3}$。

列算式如下：

$$
\begin{array}{r}
3\quad7\quad4 \\
\overline{)52{,}313{,}624} \\
27 \\
\end{array}
$$

$$3379\,\overline{)25313}$$ 注：$300\times3^2+30\times3\times7+7^2=3379$

$$23653$$

$$415156\,\overline{)1660624}$$ 注：$300\times37^2+30\times37\times4+4^2=415156$

$$1660624$$

$$0$$

例 3. 求 $\sqrt[3]{1780.360128}$。

解：第一步：定位 $\sqrt[3]{1,\overline{780.360},\overline{128}}$；

第二步：确定立方根最高位数字是 1，则有 $1-1^3=0$；

第三步：用 780 去试除以 $300\times1^2=300$，得试商是 2，

然后用 $780-(300\times1^2+30\times1\times2+2^2)\times2=780-364\times2=52$；

第四步：用 52360 去试除以 $300\times12^2=43200$，得试商是 1，

然后用 $52360-(300\times12^2+30\times12\times1+1^2)\times1=52360-43561=8799$；

第五步：用 8799128 去试除以 $300\times121^2=4392300$，得试商是 2，

然后用 $8799128-(300\times121^2+30\times121\times2+2^2)\times2=8799128-4399564$

$\times2=0$，

则 $\sqrt[3]{1780.360128}=12.12$。

三、开 n（$n\geqslant2$，$n\in\mathbf{N}$）次方根方法类似，理论依据如下：

$\overline{ab^n}=(10a+b)^n=10^na^n+(\mathrm{C}_n^110^{n-1}+\mathrm{C}_n^210^{n-2}b+\mathrm{C}_n^310^{n-3}b^2+\cdots+\mathrm{C}_n^nb^{n-1})$

$\times b$。这里的 a 代表 n（$n\geqslant2$，$n\in\mathbf{N}$）次方根的最高位数，b 代表试商。开方步骤与上面介绍的开平方和开立方相同。

在电子产品盛行的今天，开方的事宜可交由计算器之类的工具完成。作者为何还要在这里介绍笔算开方法，其目的有二：一是向读者介绍我国古代数学著作《九章算术》的一些成就，让我们更加了解中华民族古代数学文化的博大精深，培养学生更加热爱自己的祖国。二是通过介绍开方术，让学生至少掌握笔算开平方和立方法，对他们参加各种考试有直接的帮助。鉴于上述两个目的，希望老师们在教学间隙把笔算开方术教给自己的学生。

第三篇

高中数学典型案例解析

直线系方程

一、常见直线系方程

名称	方程	说明
过定点 (x_1, y_1) 的直线系方程	$A(x - x_1) + B(y - y_1) = 0\ (A^2 + B^2 \neq 0,\ A,\ B$ 为任意常数$)$	
平行于直线 $Ax + By + C = 0$ 的直线系方程	$Ax + By = \lambda$ 或 $Ax + By + C_1 = 0$（其中 C_1 为任意实数）	
垂直于直线 $Ax + By + C = 0$ 的直线系方程	$Bx - Ay = \lambda$ 或 $Bx - Ay + C_1 = 0$（其中 C_1 为任意实数）	
过两已知直线：$A_1 x + B_1 y + C_1 = 0$，$A_2 x + B_2 y + C_2 = 0$ 的交点的直线系方程	$A_1 x + B_1 y + C_1 + \lambda(A_2 x + B_2 y + C_2) = 0$	不含直线 $A_2 x + B_2 y + C_2 = 0$
	$m(A_1 x + B_1 y + C_1) + n(A_2 x + B_2 y + C_2) = 0\,(m,\ n$ 为任意实数$)$	

二、例题解析

例1. 求垂直于直线 $3x - 4y - 7 = 0$ 且与两坐标轴构成的三角形周长等于10的直线方程。

解：设所求的直线方程为 $-4x - 3y + m = 0$，即 $4x + 3y - m = 0$，这直线与 x 轴、y 轴的交点分别为 $\left(\dfrac{m}{4}, 0\right)$，$\left(0, \dfrac{m}{3}\right)$，依题意得 $\sqrt{\dfrac{m^2}{16} + \dfrac{m^2}{9}} + \left|\dfrac{m}{4}\right| + \left|\dfrac{m}{3}\right| = 10$，当 $m \geqslant 0$ 时，得 $m = 10$，当 $m < 0$ 时，得 $m = -10$，故所求的直

线方程为 $4x + 3y \pm 10 = 0$ 。

例 2. S 是直线 $l_1 : 7x - 5y + 8 = 0$ 与直线 $l_2 : 3x + 4y - 13 = 0$ 的交点，点 P $(3，7)$，Q $(11，13)$ 所成直线 PQ 上有两点 A，B，其中 P 在 AQ 之间，B 在 PQ 之间，并且 $\dfrac{|PA|}{|AQ|} = \dfrac{|PB|}{|BQ|} = \dfrac{2}{3}$，在不求出 S 的坐标的情况下，求直线 SA 和 SB 的方程。

解：因 P 在 AQ 之间，所以 A 点是 PQ 的外分点，故 $\dfrac{PA}{AQ} = -\dfrac{2}{3}$，则由分点坐标公式得，$A$ 点的坐标为 $x_A = -13$，$y_A = -5$，同理，$x_B = \dfrac{31}{5}$，$y_B = \dfrac{47}{5}$。过 S 的直线系方程为 $7x - 5y + 8 + \lambda(3x + 4y - 13) = 0$，$SA$ 是直线系中的一条直线，把 A $(-13，-5)$ 代入，得 $\lambda_A = -\dfrac{29}{36}$。所以直线 $SA : 165x - 296y + 665 = 0$；同理代入 B 点的坐标，得 $\lambda_B = -\dfrac{11}{108}$，可求出直线 $SB : 723x - 584y + 1007 = 0$。

圆系方程

一、常见圆系方程及求法

（1）如果两圆 $x^2 + y^2 + D_1x + E_1y + F_1 = 0$ 和 $x^2 + y^2 + D_2x + E_2y + F_2 = 0$ 相交，则 $x^2 + y^2 + D_1x + E_1y + F_1 + \lambda(x^2 + y^2 + D_2x + E_2y + F_2) = 0$ 表示过两圆交点的圆系方程，当 $\lambda = -1$ 时，圆系方程表示过已知圆的交点的直线方程。

（2）过圆 C 和直线 L 的交点的圆系方程可表示为 $C + \lambda L = 0$。（此时可理解为一圆退化为直线）

（3）与已知直线或已知圆相切于某一已知点的圆的方程时，常把切点视为"点圆"，并运用共点曲线系的方程来求解。

（4）过两定点 (x_1, y_1)，(x_2, y_2) 的圆系方程为

$(x - x_1)(x - x_2) + (y - y_1)(y - y_2) + \lambda[(x - x_1)(y_2 - y_1) - (y - y_1)(x_2 - x_1)] = 0(\lambda \in \mathbf{R})$。（以 AB 为直径的圆方程是 $(x - x_1)(x - x_2) + (y - y_1)(y - y_2) = 0$，直线 AB 的两点式方程为 $(x - x_1)(y_2 - y_1) - (y - y_1)(x_2 - x_1) = 0$）

这里只对结论 4 加以证明：

由已知所求圆的圆心在两定点 (x_1, y_1)，(x_2, y_2) 连线的垂直平分线上，而垂直平分线 l 的方程为 $(2y_2 - 2y_1)y + (2x_2 - 2x_1)x + (x_1^2 - x_2^2 + y_1^2 - y_2^2) = 0$。取直线上一点 $O(x_0, y_0)$，且 $x_0 = \dfrac{x_1 + x_2 + \lambda(y_2 - y_1)}{2}$，从而 $y_0 = \dfrac{y_1 + y_2 + \lambda(x_1 - x_2)}{2}$。

故以 $O(x_0, y_0)$ 为圆心，半径为 $\sqrt{(x_0 - x_1)^2 + (y_0 - y_1)^2}$ 的圆的方程是

$(x - x_0)^2 + (y - y_0)^2 = (x_0 - x_1)^2 + (y_0 - y_1)^2$。将 x_0，y_0 的值代入整理即得要证的命题。

二、例题解析

例 1. 一个圆经过两已知圆 $x^2 + y^2 - x + y - 2 = 0$ 和 $x^2 + y^2 = 5$ 的交点且圆心在直线 $3x + 4y - 1 = 0$ 上，求这个圆的方程。

解：设这个圆的方程为 $(x^2 + y^2 - x + y - 2) + \lambda(x^2 + y^2 - 5) = 0$，

即 $(1 + \lambda)x^2 + (1 + \lambda)y^2 - x + y - (2 + 5\lambda) = 0$，

其圆心为 $\left(\dfrac{1}{2(1 + \lambda)}, -\dfrac{1}{2(1 + \lambda)} \right)$，

依已知有 $\dfrac{3}{2(1 + \lambda)} - \dfrac{4}{2(1 + \lambda)} - 1 = 0$，解得 $\lambda = -\dfrac{3}{2}$，

则所求圆的方程为 $x^2 + y^2 + 2x - 2y - 11 = 0$。

例 2. 求过直线 $x - 2y + 4 = 0$ 和圆 $x^2 + y^2 + 2x - 4y + 1 = 0$ 的交点，且满足下列条件之一的圆的方程。

(1) 过原点；

(2) 有最小面积。

解：设所求圆的方程是 $x^2 + y^2 + 2x - 4y + 1 + \lambda(x - 2y + 4) = 0$，

即 $x^2 + y^2 + (2 + \lambda)x - 2(2 + \lambda)y + 1 + 4\lambda = 0$。

(1) 因为圆过原点，所以 $1 + 4\lambda = 0$，即 $\lambda = -\dfrac{1}{4}$，

故所求圆的方程是 $x^2 + y^2 + \dfrac{7}{4}x - \dfrac{7}{2}y = 0$。

(2) 将圆系方程化为标准式，

有 $\left(x + \dfrac{2 + \lambda}{2} \right)^2 + (y - 2 - \lambda)^2 = \dfrac{5}{4}\left(\lambda + \dfrac{2}{5} \right)^2 + \dfrac{19}{5}$，

当其半径最小时，圆的面积最小，此时 $\lambda = -\dfrac{2}{5}$ 为所求。

故满足条件的圆的方程是 $\left(x + \dfrac{4}{5} \right)^2 + \left(y - \dfrac{8}{5} \right)^2 = \dfrac{19}{5}$。

例 3. 求与圆 $x^2 + y^2 - 4x - 8y + 15 = 0$ 相切于点 $P(3, 6)$ 且经过点 $Q(5, 6)$ 的圆的方程。

解：切点 $P(3, 6)$ 在已知圆上，将它视为"点圆"：$(x - 3)^2 + (y - 6)^2 = 0$，故建立圆系方程为 $x^2 + y^2 - 4x - 8y + 15 + \lambda[(x - 3)^2 + (y - 6)^2] = 0$，

将点 $Q(5,6)$ 的坐标代入上述方程，解得 $\lambda = -2$。

故所求的圆的方程是 $x^2 + y^2 - 8x - 16y + 75 = 0$。

例 4. 求经过三点 $A(-1,5)$，$B(5,5)$，$C(6,-2)$ 的圆的方程。

解：设过 A，B 两点的圆方程为 $(x+1)(x-5) + (y-5)^2 + \lambda(y-5) = 0$，

将点 $C(6,-2)$ 代入得，$56 - 7\lambda = 0 \Rightarrow \lambda = 8$，

则所求圆的方程为 $(x+1)(x-5) + (y-5)^2 + 8y - 40 = 0$，

即 $(x-2)^2 + (y-1)^2 = 25$。

例 5. 已知一圆与直线 $x + 3y - 26 = 0$ 相切于点 $A(8,6)$，且经过 $B(-2, -4)$，求圆的方程。

解法一：用两点式求得直线 AB 的方程为 $x - y - 2 = 0$，

设过 A，B 两点的圆系方程为 $(x-8)(x+2) + (y-6)(y+4) + \lambda(x-y-2) = 0$，

即 $x^2 + y^2 + (\lambda-6)x - (\lambda+2)y - (40+2\lambda) = 0$，该圆与直线 $x + 3y - 26$

$= 0$ 相切，则有 $\dfrac{\left| -\dfrac{\lambda-6}{2} + \dfrac{3\lambda+6}{2} - 26 \right|}{\sqrt{10}} = \dfrac{1}{2}\sqrt{2\lambda^2 + 200}$，解得 $\lambda = -5$，代入上面方程得所求圆方程是 $x^2 + y^2 - 11x + 3y - 30 = 0$。

解法二：切点 $A(8,6)$ 在所求圆和已知直线上，

将它视为"点圆" $(x-8)^2 + (y-6)^2 = 0$，故建立圆系方程为

$(x-8)^2 + (y-6)^2 + \lambda(x+3y-26) = 0$，

且经过 $B(-2, -4)$，代入得 $\lambda = 5$，

从而所求圆方程为 $(x-8)^2 + (y-6)^2 + 5(x+3y-26) = 0$，

即得所求圆方程是 $x^2 + y^2 - 11x + 3y - 30 = 0$。

三、巩固练习

1. 求经过两圆 $x^2 + y^2 + 3x - y = 0$ 和 $3x^2 + 3y^2 + 2x + y = 0$ 的交点及点 $P(1,1)$ 的圆的方程。

2. 求经过直线 $4x - 3y = 20$ 和圆 $x^2 + y^2 = 25$ 的交点并过点 $(5,6)$ 的圆的方程。

3. 求与圆 $x^2 + y^2 - 4x - 2y - 20 = 0$ 切于点 $A(-1, -3)$，并且过点 $B(1,$

−1）的圆的方程。（提示：仿上面例 3 来解答即可）

4. 从圆 $x^2 + y^2 = 1$ 外一点 $A(2, 2)$ 作圆的两条切线，切点是 B，C，过 A，B，C 三点的圆的方程。（提示：先求出切点弦 BC 的方程是 $2x + 2y = 1$，再设圆系方程求解）

5. 已知圆过 $P(-2, 4)$，$Q(3, -1)$ 两点，且在 x 轴上截得的弦长等于 6，求该圆的方程。

非圆二次曲线系

一、有关内容

（1）共焦点的圆锥曲线系 $\dfrac{x^2}{c^2+t} + \dfrac{y^2}{t} = 1$。

当 $t > 0$ 时，表示共焦点 $(\pm c, 0)$ 的椭圆系；

当 $-c^2 < t < 0$ 时，表示共焦点 $(\pm c, 0)$ 的双曲线系；

当 $t < -c^2$ 时，无轨迹。

Δ：与椭圆 $\dfrac{x^2}{a^2} + \dfrac{y^2}{b^2} = 1$ 共焦点的二次曲线系方程也可以设为 $\dfrac{x^2}{a^2-k} + \dfrac{y^2}{b^2-k}$ $= 1$，若 $0 < b < a$，则 $a^2 > k \ne b^2$，k 为参数。当 $b^2 > k$ 时，表示椭圆的方程；当 $b^2 < k$ 时，表示双曲线的方程。

（2）具有相同离心率的圆锥曲线系 $\dfrac{x^2}{a^2} \pm \dfrac{y^2}{b^2} = \lambda (\lambda > 0)$。

（3）共渐近线的双曲线系 $\dfrac{x^2}{a^2} - \dfrac{y}{b^2} = \lambda (\lambda \ne 0)$。

（4）若双曲线的渐近线方程是 $ax + by + c_1 = 0$ 和 $ax - by + c_2 = 0$ 时，可设双曲线方程为 $(ax + by + c_1)(ax - by + c_2) = \lambda (\lambda \ne 0)$。

（5）共交点的二次曲线系。

设过两已知二次曲线 $S_i : A_i x^2 + B_i xy + C_i y^2 + D_i x + E_i y + F_i = 0 (i = 1, 2)$ 的四个交点的二次曲线系方程是 $S_1 + \lambda S_2 = 0$，其中 λ 为任意常数，但曲线系中不包含 S_2。

特别地，①当二次曲线系方程中的一条二次曲线 S_1 换成两条都与 S_2 相交的直线方程的乘积时结论仍成立；

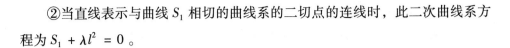

②当直线表示与曲线 S_1 相切的曲线系的二切点的连线时，此二次曲线系方程为 $S_1 + \lambda l^2 = 0$。

二、例题解析

例1. 求与椭圆 $\dfrac{x^2}{16} + \dfrac{y^2}{4} = 1$ 共焦点且过 $P(\sqrt{5}, -\sqrt{6})$ 的椭圆及双曲线方程。

解：由已知有 $c^2 = 12$，设共焦点曲线系方程是 $\dfrac{x^2}{12 + t} + \dfrac{y^2}{t} = 1$。

以点 $P(\sqrt{5}, -\sqrt{6})$ 代入，得 $\dfrac{5}{12 + t} + \dfrac{6}{t} = 1$，解得 $t_1 = 8$，$t_2 = -9$。

当 $t = 8$ 时，得 $\dfrac{x^2}{20} + \dfrac{y^2}{8} = 1$；当 $t = -9$ 时，得双曲线方程 $\dfrac{x^2}{3} - \dfrac{y^2}{9} = 1$。

例2. 求与双曲线 $\dfrac{x^2}{4} - \dfrac{y^2}{5} = 1$ 有共同渐近线且过点 $A(1, 1)$ 的双曲线方程。

解：将点 $A(1, 1)$ 代入 $\dfrac{x^2}{4} - \dfrac{y^2}{5} = \lambda$ 中得 $\lambda = \dfrac{1}{20}$，

故所求双曲线方程是 $5x^2 - 4y^2 = 1$。

例3. 求以 $5y + 4 = 0$ 为准线，$3x - 4y - 2 = 0$ 和 $3x + 4y - 10 = 0$ 为渐近线的双曲线方程，并指出其顶点和焦点的坐标。

解：设双曲线方程是 $(3x - 4y - 2)(3x + 4y - 10) = \lambda$，

展开后配方得 $9(x - 2)^2 - 16(y - 1)^2 = \lambda$。

由准线 $5y + 4 = 0$ 知实轴平行于 y 轴，于是 $y - 1 = -\dfrac{a^2}{c}$ 且 $y = -\dfrac{4}{5}$，

则 $\dfrac{a^2}{c} = \dfrac{9}{5}$。又 $a^2 = -\dfrac{\lambda}{16}$，$b^2 = -\dfrac{\lambda}{9}$，$a^2 + b^2 = c^2$，

解得 $\lambda = -144$。故 $a^2 = 9$，$b^2 = 16$，$c^2 = 25$，

即双曲线方程是 $\dfrac{(y - 1)^2}{9} - \dfrac{(x - 2)^2}{16} = 1$，

顶点坐标是 $(2, -2)$，$(2, 4)$；焦点坐标是 $(2, -4)$，$(2, 6)$。

例4. 四条直线 $l_1 : x + 3y - 15 = 0$，$l_2 : kx - y - 6 = 0$，$l_3 : x + 5y = 0$，$l_4 : y = 0$ 围成一个四边形，问 k 取可值时，此四边形有一个外接圆，并求此外接圆的方程。

解：设过该四边形4个顶点的二次曲线系的方程为

$(x + 3y - 15)(x + 5y) + \lambda(kx - y - 6)y = 0$。

即 $x^2 + (15 - \lambda)y^2 + (8 + k\lambda)xy - 15x - (75 + 6\lambda)y = 0$ 为一圆方程，

则有 $15 - \lambda = 1$，$8 + k\lambda = 0$。解得 $\lambda = 14$，$k = -\dfrac{4}{7}$，

故四个顶点共圆的方程为 $x^2 + y^2 - 15x - 159y = 0$。

例5. 已知双曲线 $x^2 - 2y^2 = 4$ 与两直线 $x + y - 1 = 0$，$2x + y + 1 = 0$ 有四个交点，求过此四个交点且过点 $(-1, 0)$ 的二次曲线方程。

解：设所求的二次曲线方程是 $(x + y - 1)(2x + y + 1) + \lambda(x^2 - 2y^2 - 4) = 0$，因所求曲线过点 $(-1, 0)$，故将 $x = -1, y = 0$ 代入上式，得 $\lambda = \dfrac{2}{3}$，

将 $\lambda = \dfrac{2}{3}$ 代入所设方程，整理得 $8x^2 + 9xy - y^2 - 3x - 11 = 0$ 为所求二次曲线方程。

例6. 求与抛物线 $y^2 = 5x + 9$ 相切于点 $P(0, 3)$，$Q(-1, -2)$ 两点，且过点 $A(-2, 1)$ 的圆锥曲线方程。

解：过 $P(0, 3)$，$Q(-1, -2)$ 两切点的直线方程是 $5x - y + 3 = 0$。

设所求的曲线方程是 $y^2 - 5x - 9 + \lambda(5x - y + 3)^2 = 0$，因曲线过点 $A(-2, 1)$，代入上式得 $\lambda = -\dfrac{1}{32}$。再代入所设的曲线方程，化简整理所求得的圆锥曲线方程是 $25x^2 - 10xy - 31y^2 + 175x - 6y + 297 = 0$。

三、巩固练习

1. 求有一个焦点是 $(0, 2\sqrt{13})$ 且与 $\dfrac{x^2}{4} - \dfrac{y^2}{9} = 1$ 共渐近线的双曲线的方程。

2. 如果对称轴互相垂直的两条抛物线交于 A，B，C，D 四点，求证：四边形 $ABCD$ 的对角互补。

（提示：要证四边形 $ABCD$ 的对角互补，则须证这两条抛物线的交点共圆。即这些交点的坐标满足同一个圆的方程。建立直角坐标系，设一抛物线方程为 $y^2 = 2p_1x$，另一抛物线方程为 $(x-m)^2 = 2p_2(y-n)$，两式相加即得一圆方程，问题得证)

巧设过定点的曲线系方程的应用

在直角坐标系中，对于方程 $(x-a)^2 + \lambda(y-b)^2 = 0$①，若 $\lambda > 0$，a，b 为常数时，表示一个定点 $M(a，b)$。我们规定当 $\lambda = 1$ 时，方程①表示的点 M 为点圆，当 $\lambda > 0$，$\lambda \neq 1$ 时，方程①表示的点 M 为点椭圆。在求圆锥曲线的方程时，若能灵活地把某些特殊点视作点圆或点椭圆，将会收到奇妙的解题效果。

解决这类问题的基本步骤：

（1）设所求圆锥曲线与已知曲线 $f(x，y) = 0$ 相切于点 $M(a，b)$，把切点 M 视作点（椭）圆 $(x-a)^2 + k(y-b)^2 = 0(k > 0)$；

（2）根据共点曲线系方程，设所求圆锥曲线方程为：

$(x-a)^2 + k(y-b)^2 + \lambda f(x，y) = 0$②；

（3）利用题设条件，研究 k，λ 的值代入方程②即为所求。

一、求与已知曲线相切于已知点的圆方程

例 1. 求过点 $A(4，-1)$ 且与圆 $x^2 + y^2 + 2x - 6y + 5 = 0$ 相切于点 $M(1，2)$ 的圆的方程。

解：把切点 $M(1，2)$ 视为点圆 $(x-1)^2 + (y-2)^2 = 0$，设所求圆的方程为 $(x-1)^2 + (y-2)^2 + \lambda(x^2 + y^2 + 2x - 6y + 5) = 0$，

又点 $A(4，-1)$ 在圆上，代入上式得 $\lambda = -\dfrac{1}{2}$。

故所求圆的方程为 $x^2 + y^2 - 6x - 2y + 5 = 0$。

例2. 求与抛物线 $x^2 = \dfrac{8}{3}y$ 相切于点 $M\left(1, \dfrac{3}{8}\right)$ 且半径等于 $\dfrac{5}{24}$ 的圆方程。

解：点 $M\left(1, \dfrac{3}{8}\right)$ 在抛物线 $x^2 = \dfrac{8}{3}y$ 上，

所以过点 M 与抛物线相切的切线方程为 $1 \times x = \dfrac{8}{3} \times \dfrac{1}{2}\left(y + \dfrac{3}{8}\right)$，

即 $6x - 8y - 3 = 0$，

把点 $M\left(1, \dfrac{3}{8}\right)$ 视作点圆 $(x-1)^2 + \left(y - \dfrac{3}{8}\right)^2 = 0$，

则要设所求圆的方程为 $(x-1)^2 + \left(y - \dfrac{3}{8}\right)^2 + \lambda(6x - 8y - 3) = 0$ ①，

即 $x^2 + y^2 + (6\lambda - 2)x - \left(8\lambda + \dfrac{3}{4}\right)y + \dfrac{73}{64} - 3\lambda = 0$，

$\therefore \dfrac{5}{24} = \dfrac{1}{2}\sqrt{(6\lambda - 2)^2 + \left(8\lambda + \dfrac{3}{4}\right)^2 - 4\left(\dfrac{73}{64} - 3\lambda\right)}$，解得 $\lambda = \pm\dfrac{1}{24}$，将其代入方程①，

故所求圆的方程为 $\left(x - \dfrac{7}{8}\right)^2 + \left(y - \dfrac{13}{24}\right)^2 = \left(\dfrac{5}{24}\right)^2$ 或 $\left(x - \dfrac{9}{8}\right)^2 + \left(y - \dfrac{5}{24}\right)^2 = \left(\dfrac{5}{24}\right)^2$。

二、求与已知曲线相切于已知点的椭圆方程

例. 求长轴平行 x 轴，长短轴之比为 $2 : 1$，且与抛物线 $y^2 = x$ 相切于点 $M(1, 1)$，又经过点 $N(2, 1)$ 的椭圆方程。

解：视切点 $M(1, 1)$ 为椭圆 $(x-1)^2 + k(y-1)^2 = 0(k > 0)$，因此可设所求椭圆方程为 $(x-1)^2 + k(y-1)^2 + \lambda(y^2 - x) = 0$ ①，

即 $x^2 + (k+\lambda)y^2 - (2+\lambda)x - 2ky + k + 1 = 0$，由于长轴平行于 x 轴，长短轴之比为 $2 : 1$，$\therefore \dfrac{1}{\dfrac{1}{k+\lambda}} = \dfrac{2^2}{1}$，$\therefore k + \lambda = 4$ ②，

又 $N(2, 1)$ 在所求椭圆①上，将其坐标代入①得 $\lambda = 1$ ③，

由②③得 $\lambda = 1$，$k = 3$，故所求椭圆方程为 $(x-1)^2 + 3(y-1)^2 + y^2 - x = 0$。

即 $x^2 + 4y^2 - 3x - 6y + 4 = 0$。

三、求与已知曲线相切于已知点的抛物线方程

例. 抛物线的对称轴平行于 x 轴，与圆 $x^2 + y^2 = 5$ 相切于点 $M(1，2)$ 且经过点 $N(3，3)$，求抛物线的方程。

解：视 $M(1，2)$ 为点椭圆 $(x-1)^2 + k(y-2)^2 = 0(k > 0)$，

设所求抛物线方程为 $(x-1)^2 + k(y-2)^2 + \lambda(x^2 + y^2 - 5) = 0$，

即 $(1+\lambda)x^2 + (k+\lambda)y^2 - 2x - 4ky + 4k - 5\lambda + 1 = 0$ ①，

由于抛物线的对称轴平行于 x 轴，所以 $1 + \lambda = 0$ ②，

又点 $N(3，3)$ 在抛物线上①，则有 $13\lambda + k + 4 = 0$ ③，

由②③得 $\lambda = -1$，$k = 9$，故所求抛物线方程为

$(x-1)^2 + 9(y-2)^2 - (x^2 + y^2 - 5) = 0$，即 $8y^2 - 2x - 36y + 42 = 0$。

四、求与已知曲线相切于已知点的双曲线方程

例. 求实轴平行于 x 轴与抛物线 $y = 4x^2$ 相切于点 $M(1，4)$，且过点 $N(1，0)$ 的等轴双曲线的方程。

解：视切点 $M(1，4)$ 为点椭圆 $(x-1)^2 + k(y-4)^2 = 0(k > 0)$

设所求双曲线方程为 $(x-1)^2 + k(y-4)^2 + \lambda(y - 4x^2) = 0$ ①，

即 $(1-4\lambda)x^2 + ky^2 - 2x - (8k-\lambda)y + 16k + 1 = 0$，

由双曲线是等轴双曲线，所以 $1 - 4\lambda = -k$，即 $k - 4\lambda + 1 = 0$ ②，

又点 $N(1，0)$ 在所求双曲线①上，将其坐标代入①得 $4k - \lambda = 0$ ③，

由②③得 $\lambda = \dfrac{4}{15}$，$k = \dfrac{1}{15}$，故所求双曲线方程为

$(x-1)^2 + \dfrac{1}{15}(y-4)^2 + \dfrac{4}{15}(y - 4x^2) = 0$，即 $(x+15)^2 - (y-2)^2 = 252$。

谈在数学试题中渗透数学文化

一、数学文化的了解

(一) 数学工作者们对数学文化概念的界定

李大潜院士曾提出：数学是一种先进的文化，是人类文明的重要基础。它的产生和发展在人类文明的进程中起着重要的推动作用，占有举足轻重的地位。

徐乃楠、王宪昌在《数学文化热与数学文化史研究》中说：数学文化是数学史、数学与文化、社会学的交叉学科。

黄秦安认为数学文化可以表述为以数学科学为核心，以数学的思想、精神、方法、内容等所辐射的相关文化领域为有机组成部分的一个具有特定功能的动态系统，其基本要素是数学及与数学有关的各种文化对象。

顾沛给出的定义为："数学文化"一词的内涵，简单说，是指数学的思想、精神、方法、观点，以及它们的形成和发展；广泛地说，除上述内涵外，还包含数学家、数学史、数学美、数学教育、数学发展中的人文成分，数学与社会的联系、数学与各种文化的关系，等等。

代钦认为"数学文化是数学知识、思想方法及其在人类活动的应用以及与数学有关的民俗习惯和信仰的总和"。

通过上述从不同方面论述数学文化的内涵，比较不同定义，可以发现数学文化的最主要内涵是一种理性思维方式在实践过程中的不断探索，形成的数学史、数学精神及其应用。

(二) 普通高中数学课程标准中对"数学文化"的要求

2003年颁布的《普通高中数学课程标准（实验）》（简称《课标》）把"体现数学的文化价值"作为高中数学课程的十项基本理念之一，强调"数学文化是贯穿整个高中数学课程的重要内容"，要求把数学文化"渗透在每个模块或专题中"。

可见，"关注学生数学文化意识的养成，努力推进数学文化教育，已经成为当今数学教育改革的一个重要特征"。在新课改的春风里，数学文化得到足够的重视，但并没有得到应有的落实。造成数学文化教学缺失的根本原因在于教师自身缺乏数学文化素养。在现有条件下如何让《课标》中关于数学文化的要求落到实处，除了通过职前和职后对教师进行培训，还需发挥高考"指挥棒"的威力。

二、高考试题中体现数学文化

数学文化体现了数学的人文价值和科学价值，在培养学生数学素养的教育中扮演着重要角色。近年来，高考数学科试题中也开始渗透数学文化，主要体现在三方面：一是以古代数学名著、名题为背景考查；二是考题渗透数学思想；三是考题渗透数学应用。

数学史对学生数学素养的培养起着重要作用。数学史作为试题背景，主要包括数学家生平故事、数学史事件、数学名著、数学名题、数学发展的历史等。以数学史为试题情景材料，可以引导中学生理解数学、培养学习数学的兴趣起到积极的推动作用；可以让学生感受数学家的崇高品质以及探究解决数学问题的过程；可以弘扬中华优秀传统文化，并潜移默化增加学生的爱国主义情感。

我国古代数学名著《九章算术》和《数书九章》中的问题常作为高考试题背景。近年来在全国高考数学试题中，从《九章算术》中选取与当今高中数学教学相映的题材背景，经命题专家精心加工，再渗透现代数学思想方法。编制出精妙绝伦的当今数学高考试题。体现出《九章算术》与现代高考的优美结合，体现了中华古代文明与现代文明的相映。下面是近年来数学文化与高考有机结合的部分考题：

例1.《九章算术》"竹九节"问题：现有一根9节的竹子，自上而下各节的容积成等差数列，上面4节的容积共3升，下面3节的容积共4升，则第5节的容积为_____升。

解析：设九节竹子的容积从上向下分别为 a_1，a_2，$\cdots$，a_9，设等差数列公差为 d。

由题意有：$a_1 + a_2 + a_3 + a_4 = 3$，$a_7 + a_8 + a_9 = 4$，

解得 $a_1 = \dfrac{13}{22}$，$d = \dfrac{7}{66}$，于是 $a_5 = \dfrac{67}{66}$。

例 2. 我国古代数学名著《九章算术》中"开立圆术"曰：置积尺数，以十六乘之，九而一，所得开立方除之，即立圆径。"开立圆术"相当于给出了已知球的体积 V，求其直径 d 的一个近似公式 $d \approx \sqrt[3]{\dfrac{16}{9}V}$。人们还用过一些类似的近似公式。根据 $\pi \approx 3.14159\cdots$ 判断，下列近似公式中最精确的一个是（ ）

A. $d \approx \sqrt[3]{\dfrac{16}{9}V}$ B. $d \approx \sqrt[3]{2V}$

C. $d \approx \sqrt[3]{\dfrac{300}{157}V}$ D. $d \approx \sqrt[3]{\dfrac{21}{11}V}$

解析：由 $V = \dfrac{4}{3}\pi\left(\dfrac{d}{2}\right)^3$，得 $d = \sqrt[3]{\dfrac{6V}{\pi}}$，若是 A，则有 $\dfrac{16}{9} = \dfrac{6}{\pi}$，从而 $\pi = \dfrac{27}{8} \approx 3.375$；若是 B，则有 $\pi = 3$；若是 C，则有 $\pi = \dfrac{6 \times 157}{300} = 3.14$；若是 D，则有 $\pi = \dfrac{6 \times 11}{21} \approx 3.142857$，由于 D 中值最接近 π 的真实值，故选 D。

例 3. 我国古代数学名著《数书九章》中有"天池盆测雨"题：在下雨时，用一个圆台形的天池盆接雨水。天池盆盆口直径为二尺八寸，盆底直径为一尺二寸，盆深一尺八寸。若盆中积水深九寸，则平地降雨量是_____寸。

解析：由题意盆内所盛水的上底面直径为 $\dfrac{28 + 12}{2} = 20$（寸），下底面半径为 6 寸，高为 9 寸，

故体积为 $V = \dfrac{1}{3} \cdot 9 \cdot (\pi \cdot 10^2 + \pi \cdot 6^2 + \pi \cdot 10 \cdot 6) = 588\pi$，而盆上口面积为 $\pi \cdot 14^2 = 196\pi$，故平地降雨量为 $\dfrac{588\pi}{196\pi} = 3$（寸）。

例4.《九章算术》是我国古代内容极为丰富的数学名著，书中有如下问题："今有委米依垣（yuán）内角，下周八尺，高五尺。问：积及为米几何？"其意思为："在屋内墙角处堆放米（如图1，米堆为一个圆锥的四分之一），米堆底部的弧长为8尺，米堆的高为5尺，问米堆的体积和堆放的米各为多少？"已知1斛（hú）米的体积约为1.62立方尺，圆周率约为3，估算出堆放的米约有（　　）

A. 14斛　　　　　　B. 22斛　　　　　　C. 36斛　　　　　　D. 66斛

图1

解析：设圆锥底面半径为 r ，则 $\dfrac{1}{4} \times 2 \times 3 \times r = 8 \Rightarrow r = \dfrac{16}{3}$ ，

所以米堆的体积为 $\dfrac{1}{4} \times \dfrac{1}{3} \times 3 \times \left(\dfrac{16}{3}\right)^2 \times 5 = \dfrac{320}{9}$ ，故堆放的米约为 $\dfrac{320}{9} \div 1.62$

≈ 22 ，故选 B。

注：此题源于《九章算术》卷第五《商功》之【二五】，将古代文化"依垣"和现代教育元素"圆锥"结合，对培养学生的爱国主义情操和认识中华古典文化有着深刻的教育意义。

例5. 传说古希腊毕达哥拉斯学派的数学家经常在沙滩上画点或用小石子表示数。他们研究过如图2所示的三角形数，将三角形数1，3，6，10，…，记为数 $\{a_n\}$ ，将可被5整除的三角形数按从小到大的顺序组成一个新数列 b_k ，可以推测：

（1） b_{2012} 是数列 $\{a_n\}$ 中的第_____项；

（2） $b_{2k-1} =$ _____。（用 k 表示）

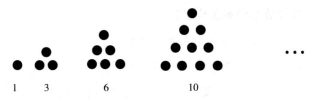

图 2

解析：由以上规律可知三角形数 1，3，6，10，…，的一个通项公式为

$a_n = \dfrac{n(n+1)}{2}$，写出其若干项有 1，3，6，10，15，21，28，36，45，55，

66，78，91，105，110，发现其中能被 5 整除的为 10，15，45，55，105，

110，故 $b_2 = a_5 = 15$，$b_3 = a_9 = 45$，$b_4 = a_{10} = 55$，$b_5 = a_{14} = 105$，$b_6 =$

$a_{15} = 110$。

从而由上述规律可猜想：$b_{2k} = a_{5k} = \dfrac{5k(5k+1)}{2}$（$k$ 为正整数），

$$b_{2k-1} = a_{5k-1} = \dfrac{(5k-1)(5k-1+1)}{2} = \dfrac{5k(5k-1)}{2}，$$

故 $b_{2012} = b_{2\times1006} = a_{5\times1006} = a_{5030}$，即 b_{2012} 是数列 $\{a_n\}$ 中的第 5030 项。

三、传承数学文化

2017 年普通高考考试大纲修订内容中，对数学原有的《考试大纲》内容作了如下修订：①在能力要求内涵方面，增加了基础性、综合性、应用性、创新性的要求，增加了数学文化的要求。同时对能力要求进行了详细说明，使能力要求更加明确具体。②在现行考试大纲三个选考模块中删去"几何证明选讲"，其余 2 个选考模块的内容和范围都不变。考生从"坐标系与参数方程""不等式选讲" 2 个模块中任选 1 个作答。

从新修订的《考试大纲》来看，对数学知识的要求更加体现基础性，同时也注重知识的综合性，在原有的基础上有所加强。对数学知识加强了应用性和创新性，中国古代数学主要强调应用性，在长期生产和生活中积累智慧，形成了中国古代经典的数学文化，并应用在生产和生活中。给人类社会带来了物质和精神文明。传承中国古代数学文化是我们每个人义不容辞的责任，在高考数学中增加数学文化知识的力度也正是一种文化传承。

（一）中国古代数学经典著作了解

流传下来的中国古代主要的著名数学著作有：

（1）《九章算术》（著者［汉］张苍（前256—前152年）等辑撰），阳武县（今河南省原阳县）人，西汉丞相，封北平侯。西汉初年历算学方面的突出代表，他侧辅校正的《九章算术》是对我国及世界数学发展的重大贡献。它是中国古代数学专著，是《算经十书》（汉唐之间出现的十部古算书）中最重要的一种。九章算术将书中的所有数学问题分为九大类就是"九章"。根据《九章算术》中可供判定年代的官名、地名等来推断，现传本《九章算术》的成书年代大约是在公元1世纪的下半叶，该书内容十分丰富，系统总结了战国、秦、汉时期的数学成就，全书总共收集246个数学问题。同时，《九章算术》在数学上还有其独到的成就，不仅最早提到分数问题，也首先记录了盈不足等问题，《方程》章还在世界数学史上首先阐述了负数及其加减运算法则。它是一本综合性的历史著作，是当时世界上最简练有效的应用数学，它的出现标志着中国古代数学形成了完整的体系。

（2）《九章算术注》《海岛算经》和《九章重差图》（刘微约公元225—295年），汉族，山东邹平县人，他是中国数学史上一个非常伟大的数学家，他的杰作《九章算术注》和《海岛算经》，是中国最富贵的数学遗产，除此之外还著有《九章重差图》。《重差》原为《九章算术注》的第十卷，即后来的《海岛算经》，内容是测量目标物的高和远的计算方法。重差法是测量数学中的重要方法。

（3）《张丘建算经》（张丘建著）共三卷，约成书于公元466—485年间。张丘建，北魏时清河（今山东临清一带）人，生平不详。其中，最小公倍数的应用、等差数列各元素互求以及"百鸡术"等是其主要成就。"百鸡术"是世界著名的不定方程问题。

（4）《四元玉鉴》和《算学启蒙》（朱世杰著），字汉卿，号松庭，寓居燕山。数学代表作有《算学启蒙》（1299年）和《四元玉鉴》（1303年）。《算学启蒙》是一部通俗数学名著，曾流传海外，影响了朝鲜、日本数学的发展。《四元玉鉴》则是中国宋元数学高峰的又一标志，其中最杰出的数学创作有

"四元术"（多元高次方程列式与消元解法）、"垛积法"（高阶等差数列求和）与"招差术"（高次内插法）。

（5）《黄帝九章算经细草》（贾宪著）北宋人，约于1050年完成；原书佚失，但其主要内容被杨辉（约13世纪中）著作抄录，因能传世。

（6）《详解九章算术》（杨辉著）成书于1261年；书中载有"开方作法本源"图，注明"贾宪用此术"，这就是著名的"贾宪三角"，或称"杨辉三角"。同时录有贾宪进行高次幂开方的"增乘开方法"。

（7）《数书九章》（秦九韶约1202—1261），字道吉，四川安岳人。他与李冶、杨辉、朱世杰并称宋元数学四大家。他早年在杭州"访习于太史，又尝从隐君子受数学"，1247年写成著名的《数书九章》。《数书九章》全书共18卷，81题，分九大类（大衍、天时、田域、测望、赋役、钱谷、营建、军旅、市易）。其最重要的数学成就是"大衍总数术"（一次同余组解法）与"正负开方术"（高次方程数值解法），使这部宋代算经在中世纪世界数学史上占有突出的地位。

（8）《测圆海镜》李冶（1192～1279）原名李治，号敬斋，金代真定栾城人。1248年撰成《测圆海镜》，其主要目的就是说明用开元术列方程的方法。"开元术"与现代代数中的列方程法相类似，"立天元一为某某"，相当于"设 x 为某某"，可以说是符号代数的尝试。李冶还有另一部数学著作《益古演段》（1259年成书），也是讲解开元术的。

（二）把数学文化渗透到数学教学中

有机地把数学文化渗透到平常的教学活动中去，是对数学文化传承的一种很好方式，把我国古代数学文化融入课堂教学中，能让学生了解数学文化，让学生更加喜爱上数学这门课，让他们看到数学在推动人类社会文明的进程中所发挥的作用。特别是，我国"两弹一星"的成功研制，大量的数学计算起了决定性的作用。课堂上渗透数学文化能让学生增强对数学的认识和了解，有益于我们的数学教育。现行新课程教材在体现了现代数学思想和成果的同时，也逐步在涉及中国古代数学文化的东西，这更多是让学生了解中国历史文化，尤其是数学文化。用现代人的眼光来看中国古代的数学，让我们感受到中华民族从来就是有智慧的民族，在几千年的文明发展中积累的丰硕成果让世界为之称赞。

中国的《九章算术》与古希腊的《欧几里得几何〈原本〉》距今都有两千多年的历史了，它们对后世的影响巨大。"勾股定理""圆周率的精确计算"等都比西方人早发现近千年，就是"杨辉三角"比法国数学家帕斯卡也早发现五百年。我们必须重视数学文化的教育，它也是对学生进行爱国主义教育的一个重要组成部分。现行的新课程高中人教版中，渗透的数学文化十分丰富，在教学活动中要利用好。

利用好教材上知识对学生进行数学文化教育，一定要重视新课程教材中的阅读与思考，如人教版教材（必修一）P$_{26}$《阅读与思考》是《函数概念的发展历程》这个材料，除了对函数概念的发展过程有一定的认识外，同时，也看到我国数学家做出的贡献，如清代数学李善兰（1811—1882）在1859年和英国传教士伟烈亚力全译的《代微积拾级》中首次将"funcotion"译成"函数"。通过组织学生阅读后，安排学生分组完成后面的作业：你能以函数概念的发展为背景，谈谈从初中到高中学习函数概念的体会吗？结合人教版教材（必修一）P$_{40}$的实习作业，我曾做过这样的尝试，让学生3~6人一组对《函数概念》开展研究性学习活动，并形成书面的研究性学习报告，加深了学生对函数概念的理解。

现行教材中所有的《阅读与思考》《探究与发现》内容都体现的是数学文化内容，其中涉及数学史以及数学的应用，只要我们在教学过程中认真引导学生完成好这一相关内容，一定能达到培养学生数学文化的目的。

（三）试题中数学文化的命题形式

纵观近年高考数学试卷中所涉及的数学文化方面的试题，也没有太多让师生难堪的问题出现，更多的是让学生了解数学文化，知道有数学文化的存在，不必惊慌，一定要冷静对待。绝不会像有的人认为那样，数学题中会出现文言文试题让学生读不懂。本人认为传承中国古代数学文化更多是让大家了解，并传承宝贵的精神财富，绝不会让大家去复古，古代的数学虽然在当时世界处于领先水平，但与今天的数学理论及应用来比较又如何。如2015年湖北高考试题中出现的"阳马和鳖臑（nào）"也没有什么大惊小怪的。

原题：《九章算术》中，将底面为长方形且有一条侧棱与底面垂直的四棱锥称之为阳马，将四个面都为直角三角形的四面体称之为鳖臑，如图3，在阳

马 $P-ABCD$ 中，侧棱 $PD \perp$ 底面 $ABCD$，且 $PD = CD$，过棱 PC 的中点 E，作 $EF \perp PB$ 交 PB 于点 F，连接 DE，DF，BD，BE。

（1）证明：$PB \perp$ 平面 DEF。试判断四面体 $DBEF$ 是否为鳖臑，若是，写出其每个面的直角（只需写出结论）；若不是，说明理由。

（2）若面 DEF 与面 $ABCD$ 所成二面角的大小为 $\dfrac{\pi}{3}$，求 $\dfrac{DC}{BC}$ 的值。

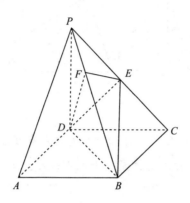

图 3

评析：该题这样出现，只要认真阅读后知道阳马和鳖臑是什么就行了，余下的问题对高中生来说是一道十分简单的题而已。我们老师可在课余时间去阅读一下相关文献，对相关概念作一些了解总没有坏处。老师在组织高考复习时没有必要花太多时间去思考这方面的问题，不要把数学文化过于夸大，更不能陷入"数学文化"这一泥潭中去不能自拔，我们一定要理性面对数学文化的考查。

附录：

1.《九章算术·商功》中对阳马和鳖臑的描述（图 4）："斜解立方，得两堑堵。斜解堑堵，其一为阳马，一为鳖臑。阳马居二，鳖臑居一，不易之率也。合两鳖臑三而一，验之以棊（同棋），其形露矣。"刘徽注："此术臑者，背节也，或曰半阳马，其形有似鳖肘，故以名云。中破阳马，得两鳖臑，鳖臑之起数，数同而实据半，故云六而一即得。

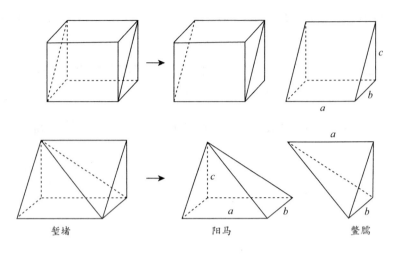

图 4

2.《九章算术》卷第五《商功》中相关内容有（图5）：

【一四】今有堑堵下广二丈，袤一十八丈六尺，高二丈五尺。问积几何？

答曰：四万六千五百尺。

术曰：广袤相乘，以高乘之，二而一。

（堑堵：底面为直角三角形的直棱柱。广：指宽；袤：指长）

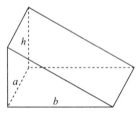

图 5

译文：今有底面为直角三角形的直棱柱，底面的直角边宽为 2 丈，长为 18 丈 6 尺，高为 2 丈 5 尺。问它的体积是多少？

答：46500 立方尺。

算法：两边长相乘，再乘以高，除以2。

今解：如图，所求体积 $V = \dfrac{abh}{2} = \dfrac{20 \times 186 \times 25}{2} = 46500$（立方尺）。

【一五】今有阳马（阳马：指底面为矩形，一棱垂直于底面的四棱锥），广五尺，袤七尺，高八尺。问积几何。（图6）

答曰：九十三尺少半尺。

术曰：广袤相乘，以高乘之，三而一。

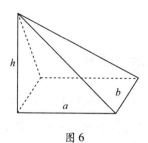

图6

译文：今有底面为矩形，一棱垂直于底面的四棱锥，它的底面边宽都为5尺，长7尺，高8尺，问它的体积是多少？

答：它的体积是 $93\dfrac{1}{3}$ 立方尺。

算法：底面边长乘以宽，再乘以高，除以3。

今解：$V = \dfrac{abh}{3} = \dfrac{5 \times 7 \times 8}{3} = 93\dfrac{1}{3}$（立方尺）。

【一六】今有鳖臑（biē nào：四面皆为直角三角形的棱锥，即将阳马一分为二），下广五尺，无袤，上袤四尺，无广，高七尺。问积几何？（图7）

答曰：二十三尺少半尺。

术曰：广袤相乘，以高乘之，六而一。

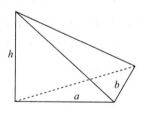

图7

译文：今有四个面都是直角三角形的棱锥，底宽5尺而无长，上底长4尺而无宽，高7尺，问它的体积是多少？

答：体积为 $23\dfrac{1}{3}$ 立方尺。

算法：长宽相乘，再乘以高，除以6。

今解：所求体积为 $\frac{1}{3} \times$ 底面积 $\times$ 高 $= \frac{1}{3} \times \frac{1}{2} \times$ 长 $\times$ 宽 $\times$ 高 $= \frac{4 \times 5 \times 7}{6} = 23$ $\frac{1}{3}$（立方尺）。

四、与数学文化有关的试题参考

例1. 回文数是指从左到右读与从右到左读都一样的正整数。如 22，121，3443，94249 等。显然 2 位回文数有 9 个：11，22，33，44，55，66，77，88，99。3 位回文数有 90 个：101，111，121，…，191，202，…，999。则

（1）4 位回文数有_____个；（结果：90 个）

（2）$n + 1$（$n \in \mathbf{N}_+$）位回文数有_____个。（结果：9×10^n）

解：（1）4 位回文数只用排列前面两位数字，后面数字就可以确定，但是第一位不能为 0，有 9 种情况，第二位有 10 种情况，所以 4 位回文数有 $9 \times 10 = 90$ 种。

（2）由上面多组数据研究发现，$2n + 1$ 位回文数和 $2n + 2$ 位回文数的个数相同，所以可以算出 $2n + 2$ 位回文数的个数。$2n + 2$ 位回文数只用看前 $n + 1$ 位的排列情况，第一位不能为 0 有 9 种情况，后面 n 项每项有 10 种情况，所以个数为 9×10^n。

例2. 我国古代数学名著《九章算术》卷第五《商功》中第十八个问题是：今有刍甍，下广三丈，袤四丈，上袤二丈，无广，高一丈。问积几何？

注：刍甍（chú méng）：本义为盖上草的屋脊。刍：草；甍：屋脊。这里指地面为矩形的屋脊状的楔（xiē）体。

答曰：五千尺。术曰：倍下袤，上袤从之，以广乘之，又以高乘之，六而一。（图8）

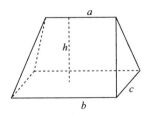

图8

译文：今有底面为矩形的屋脊状的楔体，下底面宽 3 丈，长 4 丈；上棱长 2 丈，无宽，高 1 丈。问它的体积是多少？

答：体积为 5000 立方尺。

算法：下底长乘以 2，再加上上棱长，它们之和用（下底）宽乘，再乘以高，除以 6。

今解：所求物体的形状如图所示，设 $a = 2$ 丈，$b = 4$ 丈，$c = 3$ 丈，$h = 1$ 丈，

则所求体积为 $V = \dfrac{(2b + a) \times ch}{6} = \dfrac{(2 \times 4 + 2) \times 3 \times 1}{6} = 5$（立方丈）$=$

5000 立方尺。

注：这里使用的体积公式可用割补法推导出来。

证法一：$V = \dfrac{1}{2}cha + \dfrac{1}{3}c(b - a)h = \dfrac{1}{6}ch\left[3a + 2(b - a)\right] = \dfrac{1}{6}ch$

$(2b + a)$；

证法二：$V = \dfrac{1}{2}chb - \dfrac{1}{6}ch(b - a) = \dfrac{1}{6}ch\left[3b - (b - a)\right] = \dfrac{1}{6}ch$

$(2b + a)$。

在《九章算术》中用这个公式解决如下一类问题：

原文：刍童、曲池、盘池、冥谷、皆同术。

术曰：倍上袤，下袤从之，亦倍下袤，上袤从之，各以其广乘之，并，以高若深乘之，皆六而一。其曲池者，并上中、外周而半之，以为上袤；亦并下中、外周而半之，以为下袤。

注释：（1）刍童：上下底面皆为长方形的草垛。

（2）曲池：上下底面皆为扇形的土池。

（3）盘池：上下底面皆为长方形的土地。

（4）冥谷：上下底面皆为长方形的墓坑。

译文：上下底面皆为长方形的草垛，上下底面皆为扇形的水池，上下底面皆为长方形的土池，上下底面皆为长方形的墓坑等，都用同一方法。

算法：上底长的 2 倍加下底长，同样下底长的 2 倍加上底长；各用它们对应的宽相乘，再次相加，再用高或深相乘，除以 6。

以公式表示，则所求体积为 $\dfrac{\left[(2\,\text{上袤} + \text{下袤}) \times \text{上广} + (2\,\text{下袤} + \text{上袤}) \times \text{下广}\right] \times \text{高}}{6}$，对

于"曲池"，将上底中外周长相加除以 2，作为上底长；也用下底的中外周长相加除以 2 作下底长。

例 3. 我国古代数学名著《九章算术》卷第五《商功》中第十九个问题是：今有刍童，下广二丈，袤三丈，上广三丈，袤四丈，高三丈。问积几何？

答曰：二万六千五百尺。（图 9）

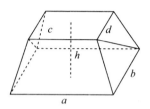

图 9

译文：今有上下底面皆为长方形的草垛，下底宽 2 丈，长 3 丈；上宽 3 丈，长 4 丈；高 3 丈。问它的体积是多少？

如图所示（刍童图），根据上面公式，

可得其体积 $V = \dfrac{[(2a+c)b + (2c+a)d]h}{6}$。

先证明该体积公式的正确：将刍童图分割成两个刍甍图，如图所示。

由第 2 题的证明可知，$V = \dfrac{(2a+c)bh}{6} + \dfrac{(2c+a)dh}{6}$

$$= \frac{[(2a+c)b + (2c+a)d]h}{6} 。$$

[3 题] 解：$V = \dfrac{[(2 \times 4 + 3) \times 3 + (2 \times 3 + 4) \times 2] \times 3}{6}$

$$= 265 \text{（平方丈）}$$

$$= 26500 \text{（平方尺）}。$$

注：请不要把这种图形误认为是棱台，然后用棱台体积公式去计算，可以试试。

例 4. 我国古代数学名著《九章算术》卷第七《盈不足》中第十九个问题（注：有改动）：今有良马与驽马发长安至齐，齐去长安一千一百二十五里，良马初日行一百零三里，日增十三里；驽马初日行九十七里，日减半里；良马先至齐，复还迎驽马，二马相逢。问几日相逢？

A. 12 日　　　　　B. 16 日　　　　　C. 8 日　　　　　D. 9 日

解析：设良马、驽马经 x 日相遇。二马行程成等差数列，其前 n 项和 $S_n = na_1 + \frac{1}{2}n(n-1)d$。

良马：$a_1 = 103$，$d = 13$，$n = x$，良马 x 日所走路程为 $103x + \frac{1}{2}x(x-1) \times 13$。

驽马：$a_1' = 97$，$d' = -\frac{1}{2}$，$n = x$，驽马 x 日所走路程为 $97x + \frac{1}{2}x(x-1) \times \left(-\frac{1}{2}\right)$。

由 $103x + \frac{1}{2}x(x-1) \times 13 + 97x + \frac{1}{2}x(x-1) \times \left(-\frac{1}{2}\right) = 1125 \times 2$，可解得 $x = 9$，故选 D。

例 5. 我国魏晋时期数学家刘徽是公元 3 世纪世界上最杰出的数学家，他在《九章算术注》中，用割圆术证明了圆面积的精确公式，并给出了计算圆周率的科学方法。所谓"割圆术"，即通过圆内接正多边形细割圆，并使正多边形的周长无限接近圆的周长，进而来求得较为精确的圆周率（圆周率指圆周长与该圆直径的比率）。刘徽计算圆周率是从正六边形开始的，易知圆的内接正六边形可分为六个全等的正三角形，每个三角形的边长均为圆的半径 R，此时圆内接正六边形的周长为 $6R$，此时若将圆内接正六边形的周长等同于圆的周长，可得圆周率为 3，当用正二十四边形内接于圆时，按照上述算法，可得圆周率为 _____。（参考数据：$\cos 15° \approx 0.966$，$\sqrt{0.068} \approx 0.26$）

解析：略，结果是 3.14。

本文只起抛砖引玉的作用，希望读者有时间多阅读一些中国古代经典数学名著，利用好教材中的《阅读与思考》和《探究与发现》加强对学生进行数学文化教育，加强数学文化教育也是对我国悠久历史文化的一种传承，让我们看到中国古代人民对人类社会的进步所做出的贡献，加强对学生进行数学文化教育也是培养学生的爱国主义精神。

参考文献

［1］张苍，等. 九章算术［M］. 曾海龙，译. 南京：江苏人民出版社.

［2］梅磊，史嘉. 例谈数学文化融入高考试题的意义和途径［J］. 中学数学教学参考，2015，（1－2）.

［3］陈昂，任子朝. 突出理性思维 弘扬数学文化——数学文化在高考试题中的渗透［R］. 中国考试，2015.

［4］代钦. 释数学文化［J］. 数学通讯，2013，52（4）.

一道立体几何题解析研究

一、问题

如图 1，在四棱锥 $V-ABCD$ 中，底面 $ABCD$ 是正方形，侧面 VAD 是正三角形，平面 $VAD \perp$ 底面 $ABCD$ 。

（Ⅰ）证明 $AB \perp$ 平面 VAD ；

（Ⅱ）求面 VAD 与面 VDB 所成的二面角的大小。

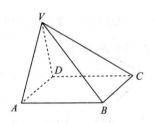

图 1

本问题解法可归纳为三类：几何定义法；公式法；向量坐标法。

第（Ⅰ）问的证法：

如图 2 所示。

证法一：（参考答案提供）

$$\left.\begin{array}{l} \text{平面 } VAD \perp \text{平面 } ABCD \\ AB \perp AD \\ AB \subset \text{平面 } ABCD \\ \text{平面 } VAD \cap \text{平面 } ABCD = AD \end{array}\right\} \Rightarrow AB \perp \text{平面 } VAD \text{ 。}$$

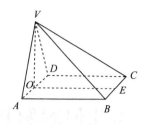

图 2

证法二：

设 AD 的中点为 O，连接 $VO(E$ 为 BC 中点$)$。

$\because$ $\triangle VAD$ 是正三角形，$\therefore$ $VO \perp AD$。

$\because$ 面 $VAD \perp$ 面 $ABCD$，$\therefore$ $VO \perp$ 面 $ABCD$，

则 $VO \perp AB$，又底面 $ABCD$ 是正方形，$\therefore$ $AB \perp AD$。

又 $AD \cap VO = O$，则 $AB \perp$ 平面 VAD。

证法三：

$\because$ 面 $VAD \perp$ 面 $ABCD$，$\therefore$ AD 是 VA 在平面 $ABCD$ 内的射影。

$\because$ 面 $ABCD$ 是正方形，$\therefore$ $AB \perp AD$。

由三垂线定理知 $AB \perp AV$，又 $AD \cap VA = A$，则 $AB \perp$ 平面 VAD。

证法四：

$\because$ 面 $VAD \perp$ 面 $ABCD$，由已知有 $\angle VAD = 60°$，$\angle DAB = 90°$。

由三面角公式有 $\cos \angle VAB = \cos 60° \cos 90° = 0$，则 $\angle VAB = 90°$，

即 $AB \perp AV$，又 $AB \perp AD$，$AV \cap AD = A$，则 $AB \perp$ 平面 VAD。

证法五：（参考答案提供）

以 D 为坐标原点，建立如图 3 所示的坐标系，

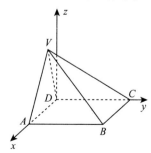

图 3

不妨设 $A(1, 0, 0)$，则 $B(1, 1, 0)$，$V\left(\dfrac{1}{2}, 0, \dfrac{\sqrt{3}}{2}\right)$，$\overrightarrow{AB} = (0, 1, 0)$，

$\overrightarrow{VA} = \left(\dfrac{1}{2}, 0, -\dfrac{\sqrt{3}}{2}\right)$。由 $\overrightarrow{AB} \cdot \overrightarrow{VA} = 0$，得 $AB \perp VA$，又 $AB \perp AD$，

且 $AV \cap AD = A$，则 $AB \perp$ 平面 VAD。

证法六：

建立如图 4 所示的空间直角坐标系，

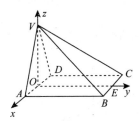

图 4

设 $AB = 2$，由已知则有 $A(1, 0, 0)$，$B(1, 2, 0)$，$D(-1, 0, 0)$，

$V(0, 0, \sqrt{3})$，则 $\overrightarrow{AB} = (0, 2, 0)$，$\overrightarrow{VA} = (1, 0, -\sqrt{3})$，

$\overrightarrow{AD} = (-2, 0, 0)$，$\because \overrightarrow{AB} \cdot \overrightarrow{VA} = 0$ 得 $AB \perp VA$，

$\overrightarrow{AB} \cdot \overrightarrow{AD} = 0$ 得 $AB \perp AD$，且 $AV \cap AD = A$，则 $AB \perp$ 平面 VAD。

证法七：仿证法六建立坐标系，有 $A(1, 0, 0)$，$B(1, 2, 0)$，$D(-1, 0, 0)$，$V(0, 0, \sqrt{3})$，则 $\overrightarrow{AB} = (0, 2, 0)$，$\overrightarrow{VA} = (1, 0, -\sqrt{3})$，$\overrightarrow{AD} = (-2, 0, 0)$。

设平面 VAD 的法向量为 $\overrightarrow{n}$，

则 $\overrightarrow{n} = \overrightarrow{VA} \times \overrightarrow{AD} = \begin{vmatrix} \overrightarrow{i} & \overrightarrow{j} & \overrightarrow{k} \\ 1 & 0 & -\sqrt{3} \\ -2 & 0 & 0 \end{vmatrix} = 2\sqrt{3}\,\overrightarrow{j} = (0, 2\sqrt{3}, 0)$，

则 $\overrightarrow{AB} \mathbin{/\!/} \overrightarrow{n}$，$AB \perp$ 平面 VAD。

点评：证法一、二、三、四无懈可击，证法五（参考答案提供）、六、七三种证法，只要细心的读者就会发现这三种证法都犯有相同的错误。试想一想，当建立 $D-xyz$ 或 $O-xyz$ 之后，写出 A，B 的坐标不是难事，但写出 V 点坐标

$\left(\dfrac{1}{2},\ 0,\ \dfrac{\sqrt{3}}{2}\right)$ 就承认了 V 点在 xOz 平面内，此时就已有 $AB \perp$ 面 VAD，所以证法五、六、七从数学逻辑上讲不通，犯了循环论证的错误，但评卷过程考虑到所给参考答案都是这样的就没有扣考生的分数。其实在评卷过程中也发现有相当一部分学生已经感觉到这个问题，但没一个考生合理写出来。问题的症结在于建立坐标系后直接写出 V 点的坐标，如果一定要建立坐标来证，只能先求出 V 点的坐标，本人在这里给上述证法五、六、七补充完善，仅以证法五所建坐标系为例加以证明。

证明：建立如图 5 所示的直角坐标系。

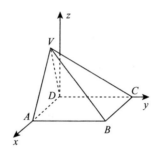

图 5

设 $AD = 1$，则 $A(1, 0, 0)$，$B(1, 1, 0)$，$D(0, 0, 0)$，

设 $V(x, y, z)$（$z > 0$），则 $\overrightarrow{DV} = (x, y, z)$，

$\overrightarrow{AV} = (x - 1, y, z)$，$\overrightarrow{DA} = (1, 0, 0)$，

设底面 $ABCD$ 的一个法向量 $\vec{m} = (0, 0, 1)$，

面 ADV 的一个法向量 $\vec{n} = (a, b, c)$，

$$\begin{cases} \vec{n} \cdot \overrightarrow{DA} = 0 \\ \vec{n} \cdot \overrightarrow{DV} = 0 \end{cases} \Rightarrow \begin{cases} a = 0 \\ ax + by + cz = 0 \end{cases} \Rightarrow \begin{cases} a = 0 \\ by + cz = 0 \end{cases},$$

由面 $VAD \perp$ 面 $ABCD$，有 $\vec{m} \cdot \vec{n} = 0$，得 $c = 0$，从而 $b \neq 0$，$y = 0$。

又 $|\overrightarrow{DV}| = 0$，$|\overrightarrow{AV}| = 0$，则有

$$\begin{cases} x^2 + z^2 = 1 \\ (x - 1)^2 + z^2 = 1 \end{cases} \Rightarrow \begin{cases} x = \dfrac{1}{2} \\ z = \dfrac{\sqrt{3}}{2} \end{cases} (z > 0),$$

于是 $V\left(\dfrac{1}{2},\ 0,\ \dfrac{\sqrt{3}}{2}\right)$，以下证明同证法五。

第（Ⅱ）问的解法：

解法一（定义法）：

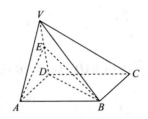

图 6

如图 6，取 VD 的中点 E，连接 AE，BE。

$\because$ $\triangle VAD$ 是正三角形，$\therefore$ $AE \perp VD$，$AE = \dfrac{\sqrt{3}}{2}AD$。

由（Ⅰ）知 $AB \perp$ 平面 VAD，则 $AB \perp AE$，

又由三垂线定理知 $BE \perp VD$，则 $\angle AEB$ 是二面角 $A - VD - B$ 的平面角，

于是 $\tan \angle AEB = \dfrac{AB}{AE} = \dfrac{AD}{AE} = \dfrac{2\sqrt{3}}{3}$。

从而面 VAD 与面 VDB 所成的二面角的大小是

$\arctan \dfrac{2\sqrt{3}}{3}$ 或 $\pi - \arctan \dfrac{2\sqrt{3}}{3}$。

解法二（公式法一）：

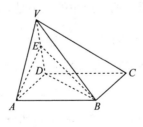

图 7

如图 7，设二面角 $A - VD - B$ 的大小为 θ，$\because$ 面 $VAD \perp$ 面 $ABCD$，

$\therefore$ 面 VAD 是面 VDB 的射影面，

则 $\cos\theta = \dfrac{S_{\triangle VAD}}{S_{\triangle VBD}}$，设 $AD = 1$，则 $S_{\triangle VAD} = \dfrac{\sqrt{3}}{4}$，

$BD = \sqrt{2}$，又知 $BV = \sqrt{2}$，则 $\triangle DBV$ 是等腰三角形。

$VD = 1$，取 VD 的中点为 E，连接 BE。

则 $BE = \sqrt{VB^2 - VE^2} = \dfrac{\sqrt{7}}{2}$，$S_{\triangle VBD} = \dfrac{1}{2}VD \cdot BE = \dfrac{\sqrt{7}}{4}$，

则 $\cos\theta = \dfrac{\sqrt{3}}{\sqrt{7}} = \dfrac{\sqrt{21}}{7}$，从而面 VAD 与面 VDB 所成的二面角的大小是

$\arccos\dfrac{\sqrt{21}}{7}$ 或 $\pi - \arccos\dfrac{\sqrt{21}}{7}$。

解法三（公式法二）：

设二面角 A—VD—B 的大小为 θ，且令 $AD = 1$，取 VD 的中点为 E，连接 BE。

则 $DE = \dfrac{1}{2}$，由解法二知，$BE \perp VD$，$\cos\angle EDB = \dfrac{\sqrt{2}}{4}$，

$\sin\angle EDB = \dfrac{\sqrt{14}}{4}$，由公式有

$\cos\angle ADB = \cos\angle ADV \cdot \cos\angle EDB + \sin\angle ADV \cdot \sin\angle EDB\cos\theta$（ $*$ ），

$\because \angle ADB = 45°$，$\angle ADV = 60°$，

则有 $\dfrac{\sqrt{2}}{2} = \dfrac{1}{2} \times \dfrac{\sqrt{2}}{4} + \dfrac{\sqrt{3}}{2} \times \dfrac{\sqrt{14}}{4}\cos\theta$，得 $\cos\theta = \dfrac{\sqrt{3}}{\sqrt{7}} = \dfrac{\sqrt{21}}{7}$，

从而面 VAD 与面 VDB 所成的二面角的大小是 $\arccos\dfrac{\sqrt{21}}{7}$ 或 $\pi - \arccos\dfrac{\sqrt{21}}{7}$。

点评：解法三中所用到的公式（ $*$ ）知道的人很少，评卷过程中只发现几个学生用这个公式在解，其解答结果完全正确，没有公式的推导过程，而是直接用公式来求解。可以说该公式的推导本身就有一定的篇幅，学生能记得这么长的公式（教材以外）难能可贵，经大题组长研究不予扣分。但其推导过程到底是怎样的？本人在这里给出一种推导方法：

如图 8 所示，设二面角 $A - DV - B$ 的大小为 θ，在 DV 上取 $OD = 1$，过 O 作 $OE \perp DV$ 交 DA 于 E，$OF \perp DV$ 交 DB 于 F，则 $\angle EOF = \theta$，$OE = \tan\angle ADV$，$OF = \tan\angle BDV$，

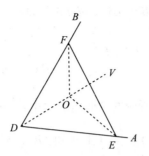

图 8

$$DE = \frac{1}{\cos\angle ADV} , DF = \frac{1}{\cos\angle BDV}。$$

由余弦定理知 $EF^2 = DE^2 + DF^2 - 2DE \cdot DF\cos\angle ADB$

$$= OE^2 + OF^2 - 2OE \cdot OF\cos\theta,$$

则有 $\dfrac{1}{\cos^2\angle ADV} + \dfrac{1}{\cos^2\angle BDV} - \dfrac{2}{\cos\angle ADV\cos\angle BDV}\cos\angle ADB$

$$= \tan^2\angle ADV + \tan^2\angle BDV - 2\tan\angle ADV\tan\angle BDV\cos\theta$$

$$\Rightarrow \cos\angle ADB = \cos\angle ADV \cdot \cos\angle BDV + \sin\angle ADV \cdot \sin\angle BDV\cos\theta。$$

解法四：（坐标法 1）由（Ⅰ）知 $AB \perp$ 平面 VAD，可建立如图 9 所示的坐标系。

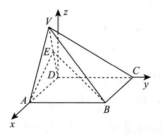

图 9

不妨设 $A(1, 0, 0)$，则 $B(1, 1, 0)$，$V\left(\dfrac{1}{2}, 0, \dfrac{\sqrt{3}}{2}\right)$，$\overrightarrow{AB} = (0, 1, 0)$，

$\overrightarrow{VA} = \left(\dfrac{1}{2}, 0, -\dfrac{\sqrt{3}}{2}\right)$。设 E 为 DV 的中点，则 $E\left(\dfrac{1}{4}, 0, \dfrac{\sqrt{3}}{4}\right)$，

$\overrightarrow{EA} = \left(\dfrac{3}{4}, 0, -\dfrac{\sqrt{3}}{4}\right)$，$\overrightarrow{EB} = \left(\dfrac{3}{4}, 1, -\dfrac{\sqrt{3}}{4}\right)$，$\overrightarrow{DV} = \left(\dfrac{1}{2}, 0, \dfrac{\sqrt{3}}{2}\right)$。

由 $\overrightarrow{EB} \cdot \overrightarrow{DV} = 0$，得 $EB \perp DV$，又 $EA \perp DV$。因此，$\angle AEB$ 是二面角 $A -$

$VD - B$ 的平面角，因 $\cos < \overrightarrow{EA}, \overrightarrow{EB} > = \dfrac{\overrightarrow{EA} \cdot \overrightarrow{EB}}{|\overrightarrow{EA}| \cdot |\overrightarrow{EB}|} = \dfrac{\sqrt{21}}{7}$，

从而面 VAD 与面 VDB 所成的二面角的大小是 $\arccos \dfrac{\sqrt{21}}{7}$ 或 $\pi - \arccos \dfrac{\sqrt{21}}{7}$。

解法五：〔坐标法 2（1）〕由（Ⅰ）知 $AB \perp$ 平面 VAD，可建立如图 10 所示的坐标系。

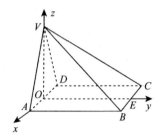

图 10

设 $AB = 2$，则 $A(1, 0, 0)$，$B(1, 2, 0)$，$D(-1, 0, 0)$，

$V(0, 0, \sqrt{3})$，设平面 VDB 的法向量 $\overrightarrow{n}$，且 $\overrightarrow{n} = (x, y, z)$，

$\begin{cases} \overrightarrow{n} \cdot \overrightarrow{DV} = 0 \\ \overrightarrow{n} \cdot \overrightarrow{DB} = 0 \end{cases} \Rightarrow \begin{cases} x + \sqrt{3}z = 0 \\ x + y = 0 \end{cases} \Rightarrow \begin{cases} y = -x \\ z = -\dfrac{1}{\sqrt{3}}x \end{cases}$，

取 $x = \sqrt{3}$，则 $y = -\sqrt{3}$，$z = -1$，

则平面 VDB 的一个法向量 $\overrightarrow{n} = (\sqrt{3}, -\sqrt{3}, -1)$。

又平面 VAD 的一个法向量是 $\overrightarrow{AB} = (0, 2, 0)$，设二面角 $A - VD - B$ 的大小

为 θ，则有 $\cos\theta = |\cos < \overrightarrow{AB}, \overrightarrow{n} >| = \dfrac{|\overrightarrow{AB} \cdot \overrightarrow{n}|}{|\overrightarrow{AB}| \cdot |\overrightarrow{n}|} = \dfrac{\sqrt{21}}{7}$。

则面 VAD 与面 VDB 所成的二面角的大小为 $\arccos \dfrac{\sqrt{21}}{7}$ 或 $\pi - \arccos \dfrac{\sqrt{21}}{7}$。

解法六：〔坐标法 2（2）〕

在解法五的前提下，设平面 VDB 的法向量 $\overrightarrow{n}$，

则 $\vec{n} = \overrightarrow{DB} \times \overrightarrow{DV} = \begin{vmatrix} \vec{i} & \vec{j} & \vec{k} \\ 2 & 2 & 0 \\ 1 & 0 & \sqrt{3} \end{vmatrix} = 2\sqrt{3}\vec{i} - 2\vec{k} - 2\vec{k} - 2\sqrt{3}\vec{j}$

$= (2\sqrt{3}, -2\sqrt{3}, -2)$，以下同解法五，在此略。

解法七［坐标法2（3）］：

在解法五的前提下，设平面 VDB 的方程为 $mx + ny + pz + q = 0$，将 V，B，D

坐标代入上面方程得 $\begin{cases} -m + q = 0 \\ m + 2n + q = 0 \\ \sqrt{3}p + q = 0 \end{cases} \Rightarrow \begin{cases} p = -\dfrac{1}{\sqrt{3}}q \\ n = -q \\ m = q \end{cases}$，不妨令 $q = \sqrt{3}$，$\begin{cases} p = -1 \\ n = -\sqrt{3} \\ m = \sqrt{3} \end{cases}$，

则平面 VDB 的方程为 $\sqrt{3}x - \sqrt{3}y - z + \sqrt{3} = 0$，

得平面 VDB 的一个法向量 $\vec{n} = (\sqrt{3}, -\sqrt{3}, -1)$。以下同解法五，在此略。

二、反思

以上第一问的证法和第二问的解法大多数是从学生卷面上反映出来的，上述解法和证法的优劣不用说大家都明白。这道题实属简单，而且是很基础的一道常规题。立体几何题大多数是中低档题，以教材为中心，注重基础，解题方法以常规法为主，用上述证法一来证第（Ⅰ）问，可以说是很容易想到的，证法也是最简单的，比起建立直角坐标系来证明（包括提供的参考证法在内的三种证法还有误）以及有的学生还用到了高等数学知识来证，不知要简单多少。同样在第（Ⅱ）问的解法中仍以解法一（定义法）为最佳。在评卷过程中发现用证法一和解法一这种较传统的方法来完成的考生，占不到总考生人数的四分之一，除了一少部分考生放弃对该题的解答外，大部分学生都是建立坐标系来完成的。说明大多数学生平常学习数学学得不灵活，学习数学的目的本身就是要培养人们的灵活性，反映出我们目前的数学教育急需处理一些存在的问题。片面追求新方法、巧方法，忽视或淡化传统的方法。

从考生中反映出来一个重要信息，有的老师过多增加学生的负荷，课堂上讲起了高等数学的知识，如上面证法七中的平面法向量的求法（用了向量积的

知识），用这种方法做的考生占很大一部分。现在不是在提倡给学生减负吗？像这样把似乎对中学有点用的大学知识不惜时间讲给学生，一定占用学生很多时间。这至少对学生有两方面不利：一是由于增加的内容占了相当的时间，致使学生对教材上的基础知识掌握得不好，记得不牢。同时也容易造成学生学习的误区，学生认为老师补充的知识一定很重要，于是就不惜花时间用来巩固这些知识；二是增加了学生学习数学的畏难情绪。

三、建议

考试复习要以基础知识、常规方法、基本技能的训练为主。灵活讲解每一个知识点，让学生在解题时能合理选用适当的方法。解题技巧方面的训练，要尽量讲一些学生在不需要花很多时间就能掌握的、同时要能常用来解题的技巧。

老师课堂上一定不要任意补充中学以外的知识，增加学生的负荷，同时也要正确引导学生不要把时间耗在这方面。可以肯定地说，高考题一定能用中学的常规方法来解答，并不是有些人认为的那样，中学内容要是用高等数学知识来解答就一定很简单。因此花大量时间去补充这方面的知识，这样会得不偿失。

我们一定要告诉学生，考试答题方法越常规越容易让评卷老师接受，考生要是在答题中用的方法知道的人很少，甚至评卷场的老师一时都想不到，还要花时间去慢慢推导公式，这种情况下很容易造成给分上的误差，一般都会少给分，吃亏的是考生本人。比如上面解法三（公式法二），在今年的考生中有上千人是用这种方法解的，都没人给出公式的推导过程，公式 $\cos\angle ADB = \cos\angle ADV \cdot \cos\angle EDB + \sin\angle ADV \cdot \sin\angle EDB\cos\theta$ 又不常见，能解出正确答案当然不扣分，但如不能得出正确答案，评卷老师是不好把握其步骤分的。

数学的课堂教学

一、教学三原则

人们常说教学有法，但无定法，但绝不能因无定法而违背教学原则。尽管怎样教学是有一定原则的，但不能违背。归纳起来有如下三种：

1. 主动学习原则

教师在课堂上讲了些什么并非不重要，但学生想了些什么更重要千万倍。思想应在学生的头脑里产生，教师则只起助产士的作用。教学的原则是，尽量让学生在现有条件下亲自去发现尽可能多的东西。

2. 最佳动机原则

一位教师的注意力应该放在如何选择一道题；如何阐述它；如何以适当的方式把问题摆在学生面前来。问题应该在学生看来是富有意味的，应该尽量与学生的日常经验有所关联；在引入问题时，如果可能，尽量做到诙谐有趣或说一些似是而非的自相矛盾的见解；也还可以从一些非常熟悉的知识入手引入问题；如果可能的话，问题应带有普遍意义或有实际应用价值。如果我们希望激发学生真下一番功夫，那么我们就应该给出使他能够相信他的努力是值得的理由。

最佳在于学生对学习任务的，除此之外，还有一些不应忽视的动机。我想谈一个小小的建议；可以在学生做题之前，让他们猜猜该题的结果，或者部分结果。一个孩子一旦表示出某种猜想，他就把自己与该题连载在一起，他的威信和自尊心就会在一定程度上取决于该题的最终结果，他会急切地想知道他的猜想最后正确与否，于是他便主动地关心这道题，关心课堂上的进展——他就不会打盹睡觉或搞小动作了。

3. 循序阶段原则

中学教材里习题的缺点在于这些题几乎都不过是一些常规的例题。常规性例题应用范围狭窄，它说明的只是一个孤立的规则；给出这个规则的实际应用。我并不否认这样的常规例题是有用的，甚至是必需的；但是这些题目忽略了两个重要的学习阶段——探索阶段和吸收阶段。这两个阶段的目的是把手头上的题目与我们周围的实际和其他的知识联系起来——第一阶段在正式解题之前，最后一个阶段在正式解题之后。而常规例题显然只与它要说明的规则相联系，几乎不与其他方面联系，因此要想在里面再寻找其他联系，其"油水"不多。与这样的常规性例题相对照，中学教学应（至少不时地）给学生提出一些能引起思考和争论性的题目，即一些知识背景内含丰富的、值得进一步探究的题目，一些富有科研工作味道和迹象的题目。

二、如何实施课堂教学中的随机控制

课堂教学中会遇到一些课前估计不到的情况，面对课堂中出现的各种情况教师应如何控制，在这里介绍一些方法作同行参考。

1. 难度控制

学生感到教学内容难度太大，教师采用启发的方法予以调节。一般地讲，产生困难的原因往往是因为学生的认知结构中缺乏适当的知识去同化新知识，从而使已知与未知之间台阶太大，坡度太陡，解决的办法即是在学生原有认知结构和新知识之间架设起一座"认知桥梁"。

2. 密度控制

教学密度太大，学生对信息的加工处理不充分，难以消化吸收，密度太小，学生容易懈怠，教学效率低，教师都应适时调节。

3. 偏差控制

如果发现学生对某些知识、方法的结果或技能、技巧的掌握与预定目标有差距，则要采取重点讲解、重点练习的方法，集中精力予以矫正。

4. 质疑控制

遇有意外质疑，教师要当机立断，果决处理，切忌拖泥带水，纠缠不休。若学生提出的问题偏离教材，或者超纲，教师应马上指出，并且课堂上不予研究。问题不脱离教材，不超纲，教师胸有成竹，立即答复；教师一时吃不透，又不影响学生对本节课主要内容的理解，可对学生说明，课下再讨论；如果影响学生对主要内容的理解，则必须组织学生发表意见，利用大家的智慧解决问题。

5. 情境控制

如果全班学生学习积极性不高，单靠纪律约束效果是不好的。较好的调节办法是教师于平淡处见奇异，恰好设疑，创造问题情境，引起学生的学习动机，激发学生思维活动。例如"在等比数列 $\{a_n\}$ 中，已知 $a_5 = 4$，$a_7 = 6$，求 a_9"，学生认为由已知容易求得 a_1，q，因而 a_9 易求，感到问题太容易了，很不以为然，但当教师提出："若不允许求 a_1，q，怎样求出 a_9"时，学生又开始了积极思维。

如果是个别学生注意力不集中，最好采用"暗示法"予以控制，例如利用眼神提醒，或提出问题让该生回答等。

6. 环境控制

当外界干扰太厉害时，教师应暂停讲课，改让学生思考问题或看书、练习。有时可走到学生中间，以便全班能听到教师讲解。另外，教师还应控制自己的情绪，自始至终精神饱满，语言幽默，尽量减少语病，板书清晰、工整。

7. 应注意的问题

（1）充分准备

恰恰由于课堂教学随机控制的随机性，使得它比有目的、有计划的程序控制对教师的要求更高。它不仅要求教师具有广博的教学知识、教育学知识、心理学知识，而且要求教师具有丰富的教学实践经验。另外，充分的课前准备也是十分必要的。课前应对各种可能出现的情况充分估计，预定对策。例如，遇到难点怎样启发，掌握不好的地方怎样补救，课时容量怎样根据学生接受程度进行调整，等等，从而使得随机控制尽量带有计划性。

（2）冷静处理

课堂教学的随机控制，不单纯是一个方式方法问题，也不单纯取决于教师的知识水平，还在于教师对学生的态度，即对学生的了解、理解、谅解。中学生有较强的自尊心、自信心，希望教师尊重他们、信任他们；他们有自己的道德需要、智力需要、审美需要，希望教师用精细灵敏的思想去理解它、满足它；中学生看问题容易片面化和表面化，出现失误是正常现象，应该得到教师的谅解。有了这种态度，对于教学中出现的问题，就能冷静地从自身教学找原因，恰当处理。否则，埋怨、指责学生，必然导致失败。

（3）及时适度

及时获取反馈信息，及时对教学进行调节。适度有两层含义：一是控制范围，不要将个别问题视为全局；二是适可而止，例如学生已集中精力听讲，再大谈遵守纪律的重要性，反而使系统不稳定，干扰了教学。

三、课堂教学的几个误区

误区之一：教师讲得清，学生就听得懂

讲是教师传授知识的主要途径，而听，则是学生获取知识的主要渠道，教师清晰透彻且带有启发性的讲解是学生掌握所学知识的先决条件，然而，教师讲得清，学生却未必听得懂，往往教师讲得头头是道，学生却如坠云雾，如果教师讲课只顾自己津津有味，不顾来自学生一方的反馈信息，教师与学生的思维不能同步，学生只是被动地接受，毫无思考理解的余地，这样不是听不懂，便是囫囵吞枣。为了做到教师讲得清，学生听得懂，教师必须努力改进教学方法，精心设计教学过程，严格按"循序渐进"的教学原则，把握起点，抓住关键，突出重点，分清难点，用事先准备好的语言，由浅入深、由易到难地将学生引入到知识的"最近发现区"。在课堂的空余时间段内让学生通过主动探索后发现知识，领悟所学。同时要及时反馈学生的情况，加强效果回收，对未听清之处给学生以二次补授的机会，及时扫清障碍，将学习上的隐患消灭在萌芽状态。

误区之二：教师觉得简单，学生就学得容易

教师常常埋怨学生，"这么简单的题都做不出来！"殊不知，教师与学生的认识水平与接受能力往往存在很大反差，就学生而言，接受新知识需要一个过程，绝不能用教师的水平衡量学生的能力，况且，有时教师对教材的难点不清楚，习题讲得不透彻，也会导致简单问题变为学生的难点，因此，在教学时，必须全面理解学生的基础与能力，低起点、多层次、高要求地施教，让学生一步一个脚印，扎扎实实学好基础知识，在学知识中提高能力。

误区之三：教师讲得越多越充分利用课堂 45 分钟

力争在尽可能少的时间内解决尽可能多的问题，这是提高课堂教学效率的一个目标，但是，提高课堂效率，必须紧扣教材，围绕重点，充分考虑学生的实际，并不是讲得越多越好，课堂教学任务完成的好坏与否不能只看容量的大小，关键

应看学生对所学知识的掌握程度和能力培养的效果。因此教师应该潜心钻研教材，在明确教材系统及其主次的基础上，居高临下地驾驭教材，灵活自如地处理、"裁剪"教材，凭着自己对教材的切身感受去适度地旁征博引，合理地拓宽加深。宁可少些，但要精些，果断删去与主题无关的内容，真正搔到痒处，切实给学生编织出一张完整的知识网络，让学生懂一点，晓一类，通一片。

误区之四：学生在课堂上听懂了，所学知识就掌握了

在教育教学活动中，常常出现这样的现象，学生在课堂上听懂了，但课后解题，特别是遇到新题型便无所适从。这说明学生听懂是一回事，而达到对所学知识的切实掌握是另一回事，波里亚说得好："教师在课堂上讲什么当然重要，然而学生想什么更是千百倍的重要，思想应该在学生脑海中产生出来，而教师仅仅应起一个助产婆的作用。"仅就习题教学而言，如果不能很好地发挥例题的榜样及培养功能，教师只注意娴熟地解题，不重视充分暴露教学的思维过程，学生悟不出解题思路及技巧，产生不出求解欲望，掌握所学知识就是一句空话，针对这种现象，教师应努力挖掘课堂教学的潜能，精心安排课堂教学结构，全面展示知识发生发展过程，并发挥学生的主体作用，充分调动学生参与教学的全过程，让全体学生能在问题的探索中理解知识，掌握方法，感悟数学思想。

四、教学不是一门科学，而是一种艺术

教学显然与舞台艺术有许多共同之处。例如，你要给一班学生演示一个证明，这道题你已经教过不知多少遍了，多年来你十分熟悉这段教材，的确，你对这个证明已经兴奋不起来了。但是，请你不要把自己的这种情绪流露出来；要是你显得有些厌烦无趣，那全班学生都会厌倦的。证明一开始，你就要装得很兴致勃勃的样子；证题过程中，要装得自己有许多灵机和高招；最后证完时，要装得十分惊奇，犹如出乎意料一般，显出得意洋洋的表情。有时，一些学生从你的教态上学到的东西可能比你要讲的东西还多一些，为此，你应该略作表演。

教学与音乐也有些共同点。不用说，你肯定知道，一位教师不能只把话说一遍或两遍，而往往要说上三遍、四遍乃至更多遍。但是毫无抑扬顿挫地把同一句话不加改变地重复若干遍是讨厌不堪的，并且适得其反，破坏了本来的目的。你可从作曲家那里学会怎样做得更好些。音乐的一种主要艺术形式是"变

凑曲"。你可以把这种艺术形式从音乐移植到教学上来。你第一遍可以把话说得十分简单；第二遍稍加变化地重复一次；第三遍重复时又略添新的色彩，如此下去。结束这段讲话的时候；你可以回到原始最简单的说法上来。另一种音乐艺术形式是"回旋曲"。当你把"回旋曲"的形式从音乐移植到教学上来的时候，你可以把一句极为重要的话稍加改变或原封不动地多重复，但是在两次重复之间，你插进一些适当的对比说明。希望你今后听贝多芬的变奏曲或莫扎特的回旋曲时，多少联想一下如何改进你的教学。

教学时而可能接近诗歌，时而又可接近庸俗。所以，如果在课堂上感到自己诗兴欲发，那么不必约束自己；如果想说几句似乎不登大雅的话，也不必顾虑重重。

五、数学教学中的板书艺术

板书艺术，也是提高课堂教学效果的一种重要手段，板书作为书面语言，在教学中具有重要意义，数学教学中许多知识是通过板书来传递的，数学中的解题、绘图、运算等是通过一定的板书来示范的。有人赞誉板书为"微型教案"。的确如此，好的板书在课堂教学中可以发挥"五个有利"的作用：（1）有利于教师讲课时层次分明，重点突出；（2）有利于学生做笔记，以便于对知识的复习和记忆；（3）有利于激发学生兴趣，增强求知欲；（4）有利于启迪学生智慧，活跃学生思维；（5）有利于产生美感，陶冶情操。因此，数学教学中板书设计恰当与否，直接影响课堂教学的效果。数学教学中充分发挥板书的作用，是课堂教学中重要的一环，应引起我们的高度重视。我们不妨从以下几个方面来探讨一下数学教学中的板书艺术。

1. 板书要清晰、条理，具有层次性

为了使学生对所学知识便于理解和系统记忆，板书应具有"形象、概括、条理"的特点，这就要求教师必须层次清楚，条理分明，主线清晰……

2. 板书要生动鲜明，重点突出，具有目的性

一般情况下，讲课的重点就是板书的重点，能够让学生一目了然地看清一节课的重点是什么，是板书的目的，但必须做到言简意赅，重点突出。如果语言烦琐，板书过多，则会影响教师讲课和学生听课……

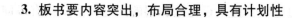

3. 板书要内容突出，布局合理，具有计划性

要充分体现一节课的内容和教学目的，板书必须有周密的计划、合理的布局。哪些写在左边，哪些写在右边，哪儿写大标题？哪儿写小标题？都要心中有数。需相互比较的内容要对比着写，紧密联系的内容要写在一起，以利加深学生记忆。

4. 板书要确切、精当，具有启发性

板书语言要做到确切、精当，给人以凝练之感，便于学生观察分析，利于诱导学生思维，探究发现其中规律。

5. 板书形式要灵活、多样，具有趣味性

以教学内容为依据，采取灵活、多样的板书形式，好似一支美妙的乐曲，引起学生的共鸣，激发学生浓厚的学习情趣，加深学生的理解和记忆。

6. 板书要字迹工整，绘画规范，具有示范性

教师板书的一个很重要的目的，就是在传授知识的同时引导学生养成良好的书写、绘图、语言表述习惯，这就要求板书时做到：概念、定义、定理、法则的完整性与严密性。

综上所述，好的板书凝结着教师的独具匠心，体现教师的基本功和素质水平，是数学课堂教学中不可或缺的重要组成部分。

六、掌握好"怎样解题"是教学的必需

美国著名数学教育家 G·波利亚在其世界数学名著之一《怎样解题》中，为了学习数学的人们解好数学题列举了一张表。"怎样解题"表如下：

1. 须弄清问题

弄清问题：①未知数是什么？已知数据是什么？条件是什么？满足条件是否可能？要确定未知数、条件是否充分？或者它是否不充分？或者是多余的？或者是矛盾的？②画张图，引入适当的符号。③把条件的各个部分分开，你能否把它们写下来？

2. 找出已知数与未知数之间的联系

如果找不出直接的联系，你可能不得不考虑辅助问题。你应该最终得出一个求解的计划。

拟订计划：①你以前见过它吗？你是否见过相同的问题而形式稍有不同？②你是否知道与此有关的问题？你是否知道一个可能用得上的定理？③看着未知数，试想出一个具有相同未知数或相似未知数的熟悉的问题。④这里有一个与你现在的问题有关，且早已解决的问题。⑤你能不能利用它？你能利用它的结果吗？你能利用它的方法吗？为了能利用它，你是否应该引入某辅助元素？⑥你能不能重新叙述这个问题？你能不能用不同的方法重新叙述它？⑦回到定义去。⑧如果你不能解决所提出的问题，可先解决一个与此有关的问题。你能不能想出一个更容易着手的有关问题？一个更普遍的问题？一个更特殊的问题？一个类比的问题？你能否解决这个问题的一部分？仅仅保持条件的一部分而舍去其余部分，这样对于未知数能确定到什么程度？它会怎样变化？你能不能从已知数据导出某些有用的东西？你能不能想出适合于确定未知数的其他数据？如果需要的话，你能不能改变未知数或数据，或者二者都改变，以使新未知数和新数据彼此更接近？⑨你是否利用了所有的已知数据？你是否利用了整个条件？你是否考虑了包含在问题中的所有必要的概念？

3. 实现你的计划

实现计划：①实现你的求解计划，检验每一步骤。②你能否清楚地看出这一个步骤是正确的？你能否证明这一步骤是正确的？

4. 验算所得到的解

回顾：①你能否检验这个论证？你能否用别的方法导出这个结果？你能不能一下子看出它来？②你能不能把这个结果或方法用于其他的问题？

教师若能很好领悟这张"怎样解题表"，对自己的教学一定会发挥很大的作用。

参考文献

[1] G. 波利亚. 怎样解题 [M]. 上海：上海科技教育出版社，2007.

[2] 言雨. 教师语言艺术 [M]. 广州：暨南大学出版社，1999.

◀后 记

　　《高中数学的教与研》凝聚了我 1986 年 8 月从事中学数学教育以来的所有的爱！由于篇幅所限，该书只选录了三十几篇教育教学论文或经验总结。从教 36 年来，除了个人的不懈努力外，还得到学校领导的关心和培养，得到学生的鞭策和鼓励，一直坚持教学相长，在教学上积累了一点经验，并通过教学得到验证。在临近退休之际，把几十年来的教学所得编辑成册以作纪念。

　　此书能出版要感谢我所在学校的支持，特别要感谢袁景涛校长，在他的不断鼓励下，我才有勇气将此书出版。感谢我的家人这几十年来对我工作的支持和理解！感谢我亲爱的学生们，是他们的成长成就了我的今天！

　　此书是我的第一本著作，疏漏之处在所难免，请读者用一颗宽容的心对待我，理解一位一线教师在基层中学奋斗几十年教师不易，谢谢！